前景理论视域下投资者行为偏差与股票收益研究

郑 睿 著

中国财经出版传媒集团
经济科学出版社
Economic Science Press

图书在版编目（CIP）数据

前景理论视域下投资者行为偏差与股票收益研究/郑睿著. —— 北京：经济科学出版社，2021.11
ISBN 978 - 7 - 5218 - 3041 - 5

Ⅰ.①前…　Ⅱ.①郑…　Ⅲ.①股票投资 - 投资行为 - 影响 - 投资收益 - 研究　Ⅳ.①F830.91

中国版本图书馆 CIP 数据核字（2021）第 230848 号

责任编辑：李一心
责任校对：蒋子明
责任印制：范　艳

前景理论视域下投资者行为偏差与股票收益研究
郑　睿　著
经济科学出版社出版、发行　新华书店经销
社址：北京市海淀区阜成路甲 28 号　邮编：100142
总编部电话：010 - 88191217　发行部电话：010 - 88191522
网址：www.esp.com.cn
电子邮箱：esp@esp.com.cn
天猫网店：经济科学出版社旗舰店
网址：http://jjkxcbs.tmall.com
北京密兴印刷有限公司印装
710×1000　16 开　14 印张　230000 字
2022 年 4 月第 1 版　2022 年 4 月第 1 次印刷
ISBN 978 - 7 - 5218 - 3041 - 5　定价：56.00 元
(图书出现印装问题，本社负责调换。电话：010 - 88191510)
(版权所有　侵权必究　打击盗版　举报热线：010 - 88191661
QQ：2242791300　营销中心电话：010 - 88191537
电子邮箱：dbts@esp.com.cn）

前　　言

　　随着研究不断深入，基于理性人假设以及期望效用的传统金融理论暴露出较大的局限性。投资者自身知识水平有限、处理信息能力不足，且易受心理因素影响，不能始终保持决策正确性。加之经典模型无法准确刻画真实的投资者效用，导致理论与实际出现较大分歧。国内股票市场起步较晚，相关制度尚待完善，且个体投资者占比较高，表现出明显的非理性特征。面对越来越多难以解释的市场异象，围绕行为偏差展开探索成为一种有效的分析途径，对于散户数量庞大的国内市场，意义尤为明显。由于逐利性原因，股票收益的变动能够敏锐地反映投资者心理活动，因此常常被当作行为研究的对象。作为一项基础性研究，前景理论以投资者在不确定条件下的风险偏好为核心内容，对行为金融的发展产生了深远影响。为此，本书以国内股票市场为研究样本，依托前景理论，对投资者行为偏差如何影响收益的过程展开了研究。

　　首先，提炼多种价格参考点，并对其特性展开深入研究。价格参考点是前景理论的研究基础，本书从现有文献以及市场交易策略中筛选出6种主流计算方式，通过理论推导与实证分析研究参考点对股票收益的影响。结果表明，参考点产生的极端正、负反馈使投资者低估市场噪声，致使股票收益出现反转效应，这种负自相关性在高风险资产组合中尤为明显。而当交易频率被控制在较低水平时，反转效应有所减弱。同时，追求主观价值最大化使过度反应的投资者在"追涨"时买入波动较小的股票，在"杀跌"时保留波动较大的股票，进而导致盈亏状态下非对称的风险收益关系：盈利时，预期收益与风险负相关；损失时，预期收益与风险正相关。根据这一特性构建的多空组合能够获取超额收益。此外，短、中、长三种参考周期的回归结果显示，周期越短，检验效果越明显，意味着国内投资者存在短期投资偏好。

　　其次，搭建前景理论分析框架，揭示行为偏差对股票收益的影响。在均值方差模型基础上，加入前景投资者，理论推导非理性资产配置对股票收益的作用路径。根据累积前景理论将多种价格参考点转换为前景值，并通过再平衡投资组合分析法实证检验前景值与股票收益的关系。研究表明，投资者偏好的存在使股票收益与前景值负相关，低前景值组合与高前景值组合的收益差在 CAPM、Fama-French 三因子、Carhart 四因子以及 Fama-French 五因子模型下均有显著的 α 收益，意味着基于理性因素的资产定价模型无法解释前景值的收益预测性。

再次，研究前景值与其他指标的内部联系，探索前景效应的异象解释能力与横截面定价能力。关联性分析表明，前景值能够反映投资者的择股偏好。具体地，高前景值股票一般是市值较大、风险较小、价格较高的成长型股票，这类资产也是机构投资者追逐的对象。而且，高前景值股票的特质波动率、偏度、峰度较低。进一步来说，对于基本面较差的非优质股，前景值表现出较强的收益预测性。围绕流动性展开机制分析后，发现套利行为造成了前景效应的组间差异。对于市场中存在的收益异象，前景值具有一定的解释能力。其中，对市场 beta、偏度、峰度异象尤为明显，而对换手率、价格、特质波动率异象的解释只在高前景值组合中有效。此外，前景因子表现出较好的定价能力，将其加入 Fama-French 五因子模型后，模型整体的定价效果得到提升。

最后，引入宏观环境，进一步分析不同市场外部条件下前景效应的表现。将前景偏差、宏观环境以及股票收益纳入统一的理论框架中，相关推导表明信息质量或外部不利冲击的上升会弱化前景效应，而信息质量或外部不利冲击的下降会强化前景效应。为验证上述推论，构建市场信息效率、经济政策不确定性等市场外部指标并逐一检验，再平衡组合分析与 Fama-Macbeth 回归结果均支持模型假设——宏观信息效率、智能科技水平较高时，前景值对股票收益的负向预测性不明显，而经济政策越稳定，市场行情越好，前景值的负向收益预测性越强，反之亦然。

本书的贡献主要体现在四处：第一，构建了包含理性投资者、前景投资者以及外部环境因素的理论模型，以揭示偏差对股票收益的影响机制。现有文献在分析股票市场中前景理论的不同表现时，鲜有涉及市场外部环境。本书围绕市场信息质量与宏观不利冲击两类外部环境因素，以非理性投资者占比为切入点，基于均值方差模型推导了外部环境、前景偏差对股票收益的影响机制。通过投资组合分析、资产定价模型检验以及外部环境因素交叉回归等方法验证了模型假设，相关结论进一步佐证了前景效应的客观存在性，丰富了资产定价与行为金融领域的研究内容。第二，建立了以前景理论为内核的价格参考点分析框架，以描述反转效应、非对称风险收益的产生过程。本书将正、负反馈作为起点，结合个体投资者"追涨杀跌"与参照依赖的交易特性，研究了过度反应向反转效应的演化路径，分析了非对称风险偏好对收益的作用机理。根据交易规律，提炼投资者的主观参照标准，采用滚动迭代的方式构建了价格参考点，并从短、中、长三种周期视角实证检验了股市反转效应与非对称风险收益。第三，搭建了前景值与基本面、技术面等收益预测性指标之间的连接脉络，以厘清股票内部特征之间的属性关联。本书采用组合分析方法，验证了高前景值股与优质股之间的高度重合性，意味着前景值是潜在的股票投资偏好综合性代理指标。以流动性为传导路径，阐明了前景效应组间差异的产生机制。研究了前景效应的异象解释能力以及横截面定价能力，将反映偏好补偿的前景因子加入 Fama-French 五因子模型，显著改善了模型的定价效率。第四，提升了前景理论各环节之间的研究连续性，以达到系统分析的目的。本书在细化参考点、前景值特性分析的同时，增强了各环节之间的联系，相比同类文献的局部研究，本书整体性更强，构建的指标具有更好的检验效果，进一步拓展了前景理论的内涵与外延。

目　　录

第 1 章　绪论 ⋯⋯⋯⋯⋯⋯⋯⋯⋯⋯⋯⋯⋯⋯⋯⋯⋯⋯⋯⋯⋯⋯⋯ 1

　1.1　研究背景和意义 ⋯⋯⋯⋯⋯⋯⋯⋯⋯⋯⋯⋯⋯⋯⋯⋯⋯⋯⋯ 1
　1.2　国内外文献综述 ⋯⋯⋯⋯⋯⋯⋯⋯⋯⋯⋯⋯⋯⋯⋯⋯⋯⋯⋯ 4
　1.3　研究内容与方法 ⋯⋯⋯⋯⋯⋯⋯⋯⋯⋯⋯⋯⋯⋯⋯⋯⋯⋯⋯ 23
　1.4　主要工作和创新 ⋯⋯⋯⋯⋯⋯⋯⋯⋯⋯⋯⋯⋯⋯⋯⋯⋯⋯⋯ 26
　1.5　基本结构与技术路线 ⋯⋯⋯⋯⋯⋯⋯⋯⋯⋯⋯⋯⋯⋯⋯⋯⋯ 27

第 2 章　前景理论的相关基础 ⋯⋯⋯⋯⋯⋯⋯⋯⋯⋯⋯⋯⋯⋯⋯ 29

　2.1　前景理论的由来 ⋯⋯⋯⋯⋯⋯⋯⋯⋯⋯⋯⋯⋯⋯⋯⋯⋯⋯⋯ 29
　2.2　前景理论主要内容 ⋯⋯⋯⋯⋯⋯⋯⋯⋯⋯⋯⋯⋯⋯⋯⋯⋯⋯ 32
　2.3　累积前景理论 ⋯⋯⋯⋯⋯⋯⋯⋯⋯⋯⋯⋯⋯⋯⋯⋯⋯⋯⋯⋯ 37
　2.4　小结 ⋯⋯⋯⋯⋯⋯⋯⋯⋯⋯⋯⋯⋯⋯⋯⋯⋯⋯⋯⋯⋯⋯⋯⋯ 40

第 3 章　价格参考点的构建 ⋯⋯⋯⋯⋯⋯⋯⋯⋯⋯⋯⋯⋯⋯⋯⋯ 41

　3.1　参考点的计算方式 ⋯⋯⋯⋯⋯⋯⋯⋯⋯⋯⋯⋯⋯⋯⋯⋯⋯⋯ 41
　3.2　参考周期 ⋯⋯⋯⋯⋯⋯⋯⋯⋯⋯⋯⋯⋯⋯⋯⋯⋯⋯⋯⋯⋯⋯ 45
　3.3　参照收益率的计算方式 ⋯⋯⋯⋯⋯⋯⋯⋯⋯⋯⋯⋯⋯⋯⋯⋯ 45
　3.4　参考价格的构建 ⋯⋯⋯⋯⋯⋯⋯⋯⋯⋯⋯⋯⋯⋯⋯⋯⋯⋯⋯ 46
　3.5　小结 ⋯⋯⋯⋯⋯⋯⋯⋯⋯⋯⋯⋯⋯⋯⋯⋯⋯⋯⋯⋯⋯⋯⋯⋯ 49

第 4 章　价格参考点与股票收益研究 ⋯⋯⋯⋯⋯⋯⋯⋯⋯⋯⋯⋯ 51

　4.1　价格参考点与股票收益的理论研究 ⋯⋯⋯⋯⋯⋯⋯⋯⋯⋯⋯ 51
　4.2　价格参考点与股票收益的实证研究 ⋯⋯⋯⋯⋯⋯⋯⋯⋯⋯⋯ 59
　4.3　参考期、价格参考点与股票收益的实证研究 ⋯⋯⋯⋯⋯⋯⋯ 65
　4.4　相关对策建议 ⋯⋯⋯⋯⋯⋯⋯⋯⋯⋯⋯⋯⋯⋯⋯⋯⋯⋯⋯⋯ 88

4.5 小结 ··· 89

第 5 章 前景偏差与股票收益研究 ······································· 90
5.1 前景偏差与股票收益的理论推导 ································· 90
5.2 前景值与股票收益的实证研究 ····································· 95
5.3 前景值与资产定价模型 ··· 107
5.4 前景值的收益预测能力 ··· 114
5.5 小结 ··· 115

第 6 章 基于股票内部特征的前景效应研究 ··························· 116
6.1 前景值与股票其他指标的关联研究 ······························ 116
6.2 不同指标下的前景效应研究 ······································· 120
6.3 基于流动性的前景效应机制分析 ································· 123
6.4 前景值对部分异象的作用 ··· 129
6.5 前景值的定价能力研究 ··· 135
6.6 小结 ··· 142

第 7 章 基于市场外部环境的前景效应研究 ··························· 144
7.1 市场外部环境与前景效应的理论研究 ·························· 144
7.2 宏观信息效率与前景效应 ··· 149
7.3 经济政策不确定性与前景效应 ···································· 154
7.4 投资者情绪与前景效应 ··· 161
7.5 市场行情与前景效应 ·· 169
7.6 智能科技与前景效应 ·· 174
7.7 小结 ··· 179

第 8 章 结论与展望 ·· 181
8.1 研究结论 ·· 181
8.2 研究展望 ·· 184

参考文献 ·· 186
附录 ·· 204
后记 ·· 214

第 1 章

绪　　论

1.1　研究背景和意义

1.1.1　研究背景

自 20 世纪中叶摩根斯坦和冯诺依曼（Morgenstern & Von Neuman, 1953）提出期望效用理论后, 现代金融学的序幕被正式拉开。紧接着, 均值方差模型（Markowitz, 1952）、资本资产定价模型（Shape, 1963; Linter, 1965; Mossin, 1966）、有效市场假说（Samuelson, 1965; Malkiel & Fama, 1970）、期权定价模型（Black & Scholes, 1973; Merton, 1973）等一系列经典理论逐一出现, 为人们提供了清晰的指导框架。然而, 随着研究不断深入, 越来越多与传统金融理论相悖的市场异象（anomalies）被发现, 其中, 以收益为核心的市场异象最为常见。在探索原因的过程中, 部分沿袭经典理论的学者认为, 由于市场信息不能及时传递, 且存在交易摩擦, 故导致收益异象。但更多学者将视角落在"理性人"假设上, 他们认为完整性、自利性以及传递性的设定初衷保证了个体决策机制的一致性、通用性, 便于理论自洽, 但与实际情况相违背。在此背景下, 行为金融学（behavioral finance）应运而生, 通过充分融合心理学的研究成果, 进而产生理论洞见, 以更合理地分析异象。行为金融学之所以受到多数学者认可, 不仅因为其研究设定更贴近实际, 以人的真实行为展开探索, 而且该理论谨慎地调试传统金融学的假设条件, 是经典理论的一种平滑过渡。面对愈发精细的研究需求, 不断审视已存在的理论与方法, 并逐步完善, 是解决复杂环境下各类难题的不二法门。因此, 在传统分析中引入行为模式是当前研究的一种必然趋势。

无论是交易频度还是资金规模，上交所与深交所均处于世界前列，是重要的股票交易场所。作为经济晴雨表，股市理应准确反映经济整体的状况。但由于成立较晚，相关制度尚待完善，我国股市难以实现与经济同步增长。相比成熟金融市场，国内股市存在公开信息有效性较差、个体投资者占比高的特点。因关注力有限，信息获取难度大，专业技能不足，个体投资者极易表现出非理性行为。巨大的散户占比与庞大的资金规模增加了市场波动的可能性与影响力。同时，由于逐利性原因，拥有信息与技术优势的机构投资者不再只关心价值型公司，反而通过供求影响短期价格，获取高额利润，增加市场整体的投机性与风险性，从而偏离优化资源配置的初衷，加大资产价格的扭曲程度。目前我国正处于结构调整转型升级的关键阶段，建立合理、稳定、健康的资本市场的必要性与迫切性日益突出。为完善我国股票市场体系，充分发挥其在优化资源配置、分散市场风险等方面的功能，需要重视投资者的非理性行为。充分考虑个体行为特征有助于加深对资本市场运行规律的理解，正如塞勒（Thaler，1999）预言，未来的金融经济学家将习惯于考虑行为因素的驱动作用，如果不把这一因素纳入现实经济模型中，反而是一种非理性行为，那么对投资者尤其是个体投资者而言，收益无疑是最重要的指标。该指标不断变化的背后反映了各种心理活动与行为决策，因此股票收益常常作为行为金融的主要研究对象。

在众多行为学派的研究中，由卡尼曼和特沃斯基（Kahneman & Tversk，1979）提出的前景理论影响十分巨大。与风险厌恶的理性人不同，前景理论中行为人的风险偏好在盈亏状态下呈动态变化，这一研究结论更贴近不确定条件下的真实决策。该理论提出后，得到包括金融在内各大学科的广泛支持（杨虎涛，2018；贺京同等，2017；丁际刚和兰肇华，2002）。需要指出的是，盈利与亏损取决于价格参考点，并非实际得失，因此构建参考点是前景理论研究的基础。参考点的自身特性不容忽视，已有文献表明微观经济学模型在考虑参考价格后能更好地反映实际需求（Koszegi & Rabin，2006；Putler，1992）。因此，构建合适的参考点是展开行为研究的关键。然而，因投资者内心不可测性，该指标的计算方式尚未有统一标准，故成为相关研究领域的一大难题。过去几十年里，价格参考点的类型多种多样，皆由学者们基于不同的研究视角提出。但由于计算方式、数据频度、样本大小等存在差异，部分结论彼此矛盾。现阶段，尚未有较好的判断标准对多种参考价格进行评价，相关研究受到一定制约。

除参考点问题,股票市场关于前景理论的研究还存在一些不足。首先,该理论包含参照依赖、损失厌恶、小概率迷恋等多种行为,获取价格参考点后,如何建立与上述特征之间的联系。其次,现有文献多从单一角度分析个别现象,如博彩偏好(An et al.,2020;陈文博等,2019)、处置效应(伍燕然等,2016;任德平等,2013)等,若要全方位展开探索,这种方式存在诸多不便。那么对于前景理论中多种行为偏差,怎样进行综合性量化,才能实现系统性研究的目的。再次,股票收益能够灵敏地反映投资者行为决策,常作为行为金融的研究对象。那么前景理论所描述的行为偏差是否会引起收益变动,这种变动是否稳定存在,与其他异象之间又有什么关联。最后,卡尼曼和特沃斯基(1979)在研究时排除了复杂的外部因素,所得结论是一种纯粹的、本能的、未受干扰的心理机制。然而,作为现实社会的微观个体,投资者难以脱离复杂环境的影响。当外部条件变化时,其表现不可能始终如一,那么行为偏差的影响程度是否存在差异性?不同国家、市场之间存在较大的区别,关于非理性行为的研究只有立足于本土市场环境,才有助于形成符合我国现实特征的研究结论。因此利用前景理论,围绕各类外部环境,对中国股票市场的投资者行为及其影响展开深入研究有着重要的意义。

鉴于以上背景,本书在已有文献的基础上,进行全方位的价格参考点研究,并以前景理论为框架,探索中国股票市场投资者行为偏差对收益的影响路径。同时,通过综合量化多种行为偏差,分析前景理论与其他异象之间的联系,甄别不同外部环境下的效应差异,达到系统研究的目的。特别说明,为方便表述,本书将前景理论描述的投资者称为前景投资者,将相关的偏差称为前景偏差,将该偏差产生的收益预测性称为前景效应。本书研究不仅能发掘切实有效的投资组合策略,提高资产模型的定价效率,丰富相关领域的研究内容,而且有助于监管机构了解投资者行为规律,制定有效的监管政策。

1.1.2 研究意义

1. 理论意义

围绕行为偏差展开研究是解决资产定价难题的有效途径,但关于前景理论在股票收益方面的研究,已有文献尤其是国内文献只集中于局部分析,缺乏整体性与系统性。作为一种影响深远的基础性理论,其所描述的行为偏差会产生哪些影响尚不明确，因此系统地展开研究有助于正确识别个体投资者的动态风险偏好，理解股票市场内在的收益变动规律，一定程度上能够起到完善和拓展作用。

在前景理论研究过程中，判断投资者盈亏状态的关键在于寻找合适的参考点，但由于个体内心的不可测性，参考点的构建成为前景理论研究的一大难题。本书全方位研究了中国股票投资者的价格参考点，充分比较了各类指标的有效性，为相关方向的探索提供了科学的方法借鉴。

行为是心理机制与外界环境共同作用的结果，基于国内股票市场特点进行分析，不仅能挖掘新的研究证据，形成契合于我国的行为金融理论，也能通过外部条件归纳出前景理论的适应性结论，实现理论内涵与外延的深入理解，进一步实现心理学与金融学的交叉融合，促进该领域的发展。

2. 现实意义

中国股票市场自20世纪90年代诞生以来，历经了多年的高速发展期，在全球金融市场占据越来越重要的地位。然而，相较成熟的资本市场，国内股市相关制度尚待完善，个体投资者占比较高。Wind数据库相关资料显示，2017年A股市场的散户投资者所占市值超过40%，成交量超过90%。2018年深圳证券交易所发布的个人投资者状况调查报告显示，中小型投资者的比例高于70%，交易活跃度远超机构投资者。由于信息不充分，加之专业技能孱弱，个体投资者交易行为中的非理性特征十分明显。

前景理论细致地描述了人们在不确定情况下的决策。从该理论出发研究我国股票市场的行为偏差，有助于纠正投资者错误的理念，增强收益异象认知，进而改善投资能力。同时，有利于监管者充分识别个体行为机制，为政策制定提供理论依据。进一步，巧妙利用"助推"机理，防范股市风险。因此，基于前景理论对中国股票市场进行研究有极强的现实意义。

1.2　国内外文献综述

1.2.1　股票收益的相关研究

1. 可预测性的争论

股票收益主要指价格变动产生的预期收益。作为股票最重要的指标之一，股票收益能否被预测一直是金融领域重点关注的话题。对投资者而言，可预测性意味着投资者能够制定有效的策略进而获取超额收益。对学者而言，可预测性意味着价格变化存在内在规律，围绕这些规律可进行市场有效性、模型定价能力等方面的研究。对监管者而言，可预测性有助于改善相关机制，提升市场整体的资源配置效率。早期观点较为一致，即收益无法预测。如马尔基尔和法玛（Malkiel & Fama，1970）在有效市场假说中指出，当期价格已反映股票所有信息，因此无法对未来走势做出判断。罗伯茨（Roberts，1973）认为，股票价格服从随机游走过程，未来价格的预期应该与当前价格相同。更早地，考维斯（Colwes，1933）通过对多家机构展开调查，发现收益预测性在短期内并不存在。詹森和班宁顿（Jensen & Bennington，1970）通过实证研究发现，由于有交易成本，大部分投资组合难以跑赢大盘，反向证明了收益不可预测。

然而，随着数据不断丰富，技术水平不断进步，20世纪90年代前后，大量研究挖掘到了寻找预测性指标的路径。如坎贝尔和希勒（Campbell & Shiller，1988）发现股息率以及贴现率的波动能够有效预测股票价格。法玛和弗伦奇（Fama & French，1993）通过再平衡投资组合分析的方法发现小市值股票与高账市比股票在未来有较高的收益。罗和迈肯尼（Lo & Mackinlay，1988）分析了股票价格回归残差的分布，并进行了一系列检验，所得结果与随机游走假说相悖。

面对诸多关于收益可预测的研究证据，部分学者认为样本选择导致了这一结果。如格林等（Green et al.，2017）与侯等（Hou et al.，2019）认为，很多看似能提供超额收益的指标只在特定样本中有效，缺乏很好的持续性。戈亚尔和韦尔奇（Goyal & Welch，2008）选择了12个在样本内具有显著收益预测能力的指标，发现它们在样本外的表现甚至不如历史平均收益。因此收益可预测性是由计量模型估计偏误导致，某些指标只适合特定样本，或者这些指标是在特定样本中通过 Data Mining 的方法所得。还有一部分学者适当放宽了传统理论的经典假设，承认市场存在摩擦，认为恰恰是由于摩擦导致了收益的可预测性。如拉帕奇和周（Rapach & Zhou，2013）表示，只要预期收益在减去交易成本后为零，就说明市场依然有效。换言之，收益预测性可以存在，但等价于套利交易时付出的费用。

总体而言，股票收益能被预测曾经一度被视为一种市场异象，但随着实证研究的不断深入，社会各界已逐渐接受这一事实。只是，预测的收益是否持续存在，去除成本后收益是否为零，背后是否具备一定的经济意义，成为新的争论点。

2. 收益预测性指标

（1）基本面指标。当前，能够预测收益的指标有很多，其中，反映上市公司基本信息以及日常经营情况的指标叫作基本面指标。真实有效的基本面指标能够帮助投资者对公司未来现金流做出有效分析，进而判断目标股票的价值。

国外研究起步较早，公司规模、账市比几乎是最常用的基本面指标，如法玛和弗伦奇（Fama & French，1992）分别对纽交所、美交所、纳斯达克的股票按照账市比进行分组，发现高账市比股票能够获得显著的超额收益。紧接着，法玛和弗伦奇（1993）又利用市值与账市比对股票进行 2×3 交叉分组，发现收益与市值负相关、与账市比正相关。拉科尼绍克等（Lakonishok et al.，1994）研究了账市比、市盈率、现金流净额与价格比（C/P）在五年之内的收益预测能力，发现这些指标伴随着额外收益。同样利用这三种指标，法玛（Fama，1998）对欧洲、东亚等 13 个国家进行了检验，结果显示新加坡、德国、意大利的股市不存在收益异象，但其他 10 个国家均有超额收益。此外，还有一些基本面指标具有收益预测性。如沙卡等（Sadka et al.，2009）研究了单个企业与整体的关系，发现盈利性更强的公司具有更高的股票收益，同时二者之间的相关性呈动态变化。拉帕奇等（Rapach et al.，2016）发现，卖空者是消息灵通的交易者，他们能够预测未来的总现金流与收益。通过做空基本面持续下降的公司，可以在不同的时间频度下获取超额收益。姜等（Jiang et al.，2018）检验股市收益与基本面信息时发现，ROA、ROE 等盈利性指标均有一定的收益预测能力。不过，随着市场摩擦的增大，这些指标的预测性显著降低。此外，价格也可以作为一种收益预测的基本面指标，布鲁姆和胡西奇（Blume & Husic，1973）发现低价股的收益要大于高价股，且风险 beta 与价格的变化相反。即使考虑了交易成本，低价股在未来依然有显著的超额收益（Hwang & Lu，2009）。然而，扎伦巴等（Zaremba et al.，2016）以 2000~2014 年的波兰股市为研究对象，发现高价股的预期收益反而比低价股高。

国内研究虽起步较晚，但内容丰富。孙友群等（2002）对国内经济环境以及上市公司进行详细的定性分析后，肯定了价值投资的可行性。肖军和徐信忠(2004)、王春艳和欧阳令南(2004)都通过详细的实证研究,验证了账市比对股票收益的正向预测性。孙美和刘亚萍(2008)以市盈率为基本面指标,分行业检验了收益预测性,结果都十分显著。相似地,林树(2011)、王化成等(2012)也证实了国内股票市盈率倒数越大,未来收益越高。其他的基本面指标研究中,汪荣飞和张然(2018)计算了异常存货、异常应收款、异常其他应收款、异常预收款、异常销售管理费用和异常毛利润,发现这6种指标具备较强的收益预测性。姜富伟等(2011)挑选股息率、通货膨胀率、货币供给等研究基本信息对我国股票收益的影响,发现在样本内外都具有显著的收益预测能力。向为民等(2017)以2000~2014年沪深300指数成分股为样本,对基本面进行了研究,发现股票收益与公司净资产收益正相关,与投资成本负相关。同样,国内学者也对股票价格的收益预测性展开了探索,如梁丽珍(2008)研究1998~2007年的价格效应,发现高价股存在溢价现象,且这种溢价无法被流动性、市值、账市比等因子解释。而阙登峰和李群(2016)认为投资者对低价股预期较好,因此价格越低,股票收益越高。李俊声和卓建伟(2018)通过组合分析的方法,发现价格水平较低的组合整体收益率更高。

(2)技术面指标。

技术面指标一般与基本面信息无关,大多围绕股票历史价格构建,常用于辅助技术交易者进行分析。在早期,作为有效市场与随机游走假说的对立面,技术面指标因缺乏经济含义,且存在过度的 Data Mining 而饱受争议。如今,随着机器学习、智能投顾技术的兴起,技术面指标再次受到社会各界的重视。当股市存在大量技术交易者时,技术面指标反而是一种传递信息的指标(Han et al.,2016),因此,该指标也存在一定的收益预测性。

国外文献中,帕克和欧文(Park & Irwin,2007)认为20世纪80年代之前,技术面指标在股票市场并未占据优势。随着数据的丰富以及分析工具的提升,该指标开始表现出显著的收益预测性。法伯尔(Faber,2007)利用移动平均法构建价格辅助线,抛售高于辅助线的股票,购入低于辅助线的股票,这种投资方法获得了较高的超额收益。其他研究中,韩等(Han et al.,2017)结合股价平均值与波动率,尼利等(Neely et al.,2014)融合宏观经济信息与传统的技术面指标,唐和怀特劳(Tang & Whitelaw,2011)结合夏普比例与经济周期,利用这些方法都能获得显著的超额收益。另外,韩等(Han et al.,2016)通过理论模型研究了技术决策如何影响股票收益，同时构造出一种代表价格趋势的技术面指标，该指标在横截面收益上具有较强的解释作用。陈等（Chen et al.，2017）对中国股票市场多种技术面指标进行了研究，通过逐步筛选的方法探索其效率。结果发现以择时能力与夏普比例为分析原则的技术面指标能够在各种周期下表现出较强的收益预测性，且即使考虑交易成本，这一特性依然不变。

国内文献中，王志刚等（2009）利用神经网络方法验证了技术分析在我国股市的盈利能力。孙碧波（2005）探索了技术分析的获利方式，发现利用移动平均法可以在短期内获取超额收益。曾劲松（2005）肯定了均线交易法在国内的盈利性，但认为随着市场发展，该方法的盈利能力会逐渐降低。杨宝臣和张涵（2017）认为技术分析者对历史数据的敏感性会长期影响市场均衡价格。李斌等（2017）将机器学习与技术交易相结合，投资组合的年化收益能达到25%以上。

由上述文献可知，不论是基本面指标还是技术分析指标，都存在一定的收益预测性，表明股价变化的内在规律有迹可循。那么，这些规律是否存在经济意义，为此众多学者展开了进一步研究。

3. 收益预测性的解释

（1）传统金融学派的观点。

为探寻内在规律，首先须知收益会对有关信息做何反应。部分学者认为收益与风险正相关，若投资者持有的股票有更高风险，则理应予以更高的补偿，相应的收益也应该更高，反之亦然。为了度量股票风险，学者们采取了各种方法。弗伦奇等（French et al.，1987）通过检验不同情况下市场波动率对股票收益的影响，得出了市场风险越大，股票收益越高的结论。巴伊和霍瓦基米安（Bail & Hovakimian，2009）认为，股票的波动率、隐含波动率在横截面上具有较强的收益预测性。同样是隐含波动率的研究，博勒斯列夫等（Bollerslev et al.，2009）从时间序列的角度验证了高风险对应高收益。凯利和姜（Kelly & Jiang，2014）利用价格暴跌数据构建了尾部风险指标，发现尾部风险与经济活动负相关，同时在三因子模型下，高尾部风险的股票收益比低尾部风险的股票收益高5.4%。可见，风险是探寻收益变化规律的一个重要线索。

从CAPM理论开始，学者们就希望通过定价模型实现风险信息向收益的有效转换。不过，CAPM模型存在一些不足，诸多难以解释的收益异象促使学者们不断对定价模型进行扩展。由罗斯（Ross，1976）提出的套利定价理论影响较为深远，根据一些经济理论或经济直觉选取公共因子，将其作为影响横截面收益的变量，检验收益能否被解释。后续有大量研究都符合这种多因子分析的思想，以著名的 Fama-French 三因子模型为例，市值与账市比是两个无法被分散的变量，独立于市场 beta，因此将二者作为因子，添加到 CAPM 模型中。新模型的可决系数达到了 93%，可见其对收益出色的解释能力。同时，对于市盈率、现金流净额、价格比等基本面收益异象，三因子模型的解释能力也较为出色（Fama & French，1996）。对于市值与账市比背后的经济含义，法玛和弗伦奇认为，股票市值越小，相应抵抗风险的能力就越弱；股票账市比越高，公司的发展状况就越差。因此 SMB 与 HML 分别是投资者对不确定状态的风险溢价。之后，为进一步提升定价有效性，法玛和弗伦奇（Fama & French，2015）又在三因子模型的基础上，加入代表营业利润水平的盈利因子与代表投资激进程度的投资因子。除了上述因子模型，还有学者从其他风险角度优化定价模型，如刘（Liu，2006）认为流动性较差的股票对应更高的风险，因此在 CAPM 模型基础上加入了流动性因子。

（2）行为金融学派的观点。

风险溢价导致收益异象是上述文献的核心思想。经典理论派认为 CAPM 模型之所以失效，是因为模型设定的不够完整，因此需要补充相关的定价因子。然而，市场中仍有一些异象并不符合风险越大、收益越高的原则。这种被称为 beta 异象的结果分别在市场风险研究（如 Bali et al.，2016；Frazzini & Pederson，2014）、尾部风险研究（邢红卫等，2017；Bali et al.，2011）、特质风险研究（Liu et al.，2018；邢红卫，2015；Ang et al.，2006）、动量与反转效应研究（宋光辉等，2017；高秋明等，2014；何诚颖等，2014）中发现，围绕投资者的行为特点展开研究是解决 beta 异象的一个有效途径。

如关于高偏度 beta 异象的解释，安等（An et al.，2020）、陈文博等（2019）将其归结为博彩偏好，即面对低成本、小概率的高收益资产，投资者会趋之若鹜。而关于低偏度 beta 异象的解释，邢红卫等（2017）、博勒斯列夫等（Bollerslev et al.，2015）、博勒斯列夫和托多罗夫（Bollerslev & Todorov，2011）认为投资者对小概率、高损失股票的厌恶程度非常大，因此会抛售该类资产，使其低于正常价值。另外，关于动量效应与反转效应的解释，巴贝里斯（Barberis et al.，1998）认为，动量效应在信息逐步传递到价格的过程中形成。进一步，一旦越过股票真实价值，便形成反转效应。相似地，张（Zhang，2006）认为由于投资者存在反应不足，有好消息的股票价格被低估，在未来会获得超额收益；有坏消息的股票价格被高估，在未来会遭受异常损失，再加上当期股票价格随消息同方向变化，相邻两期收益会表现为正相关。丹尼尔等（Daniel et al.，1998）将投资者分为知情交易者与非知情交易者。由于知情交易者会对私人信息过度自信，资产价格会偏离真实价值，导致股票市场先动量再反转。格茨曼和黄（Goetzmann & Huang，2018）研究了沙皇时期的动量效应，认为是投资者过度自信导致了这一异象。对于非 beta 类异象，行为学派也有不同的看法。如经典理论学派已解释过的账市比异象，德邦特和泰勒（De Bondt & Thaler，1987）、拉科尼绍克等（Lakonishok et al.，1994）都认为既定认知产生的过度反应使投资者偏好低账市比股票，抵触高账市比股票，导致前者被高估，后者被低估，进而造成收益与账市比正相关。

除了解释异象，行为学派也尝试挖掘具有收益预测性的行为指标。如王春峰等（2019）发现市值较小且博彩性质强烈的股票在未来具有十分显著的负向收益。李等（Lee et al.，1991）认为封闭式基金折价率能够较好地度量投资者情绪，且该指标在市值较小、机构持股比例较低的股票中具有较强的收益预测性。贝克和沃格勒等（Baker & Wurgler，2000）发现新股发行数量能够在一定程度上反映市场投资者情绪，且情绪越大，股票收益越高。进一步，二人在 6 年后通过主成分分析的方法将新增开户数、换手率、消费者信心指数、封闭式基金的平均折价率、IPO 数量、IPO 收益率拟合成一种指标，以反映市场整体的投资者情绪。同时，他们发现市场整体情绪低落时，市值小、盈利性差、高波动且存在套利限制的股票在未来有较高收益，而这些股票在市场整体情绪高涨时对应较低的收益（Baker & Wurgler，2006）。将研究范围扩大至全球后，贝克等（Baker et al.，2012）发现投资者情绪越高，股票收益越低，反之亦然。姜等（Jiang et al.，2018）通过文本分析的方法建立了经理人情绪指数，发现股票收益与高管情绪呈显著的负向关系。由此可见，无论收益异象还是 beta 异象，行为金融理论提供了一种新的分析思路，较好地补充了传统金融理论的不足。

综上所述，金融理论建立的初衷是通过精确的模型灵敏反映市场所有信息，以达到市场有效的目的。因此，"有效市场理论"与"资产定价模型"既独立又统一。换言之，验证定价因子是否能够敏锐地将信息反映到价格的过程,实质上就是验证市场是否有效(Fama,2014)。市场有效性的重点在市场,检验实际值是否等于理论值;而资产定价模型的重点在模型,检验理论值是否等于实际值(尹昱乔,2016)。若一切皆成立,股票收益自然不可能被预测。然而,理想的假设条件太过于苛刻,大量的实证研究表明收益能够被基本面指标、技术面指标甚至行为指标预测,针对这一事实,学者们采用不同的方式对经典理论进行修补、优化,并在不同程度上放松了最初理论的假设条件,只不过,沿袭经典理论的研究者放松了市场环境的假设条件,如承认市场存在交易摩擦、套利限制、信息低效传递等。而行为金融理论的践行者调整了"理性人"假设,充分考虑"社会人"的各种心理特征,并将行为规律纳入资产定价的研究框架中。

两种学派的共同点都是在不断更新定价因子,以提高模型定价效率。只是因子不止局限于风险溢价或风险补偿,也可以扩展到行为溢价或行为补偿。相比市场环境,实际中人的量化要更加复杂,研究面临的不确定性也更多。同时,行为金融的研究需要充分结合心理学的实验成果,两大学科的融合虽能够提升理论自洽性,但也大大增加了系统研究的难度。不过,从另一面讲,这种复杂性也意味着未开发领域较多,应用前景十分广阔,因此围绕投资者行为特征展开更细致的研究,已成为一种越来越普遍的趋势。

1.2.2 前景理论的相关研究

1. 前景理论的客观存在性

众多学者认为,人们在不确定条件下的判断与决策常常会系统地偏离传统理性假设。在实际生活领域中,人们并不完全具备运用经济学和统计学知识全面分析问题的能力,而是常常依赖某些捷径、经验以及直觉进行信息处理。因此,势必会产生系统性偏差。特沃斯基和卡尼曼(Tversky & Kahneman,1974)指出,最为常见的一种系统性偏差叫作代表性偏差(representativeness bias),指人们习惯于根据观察到的某种事物模式,或以往经验中该类事物的相似程度进行判断,而常常忽视先验概率、样本大小等关键因素,进而造成虚构效度、向平均值回归等错误。小数定律(law of small numbers)的运用是另一种常见系统性偏差,将小样本均值的统计分布等同于大样本均值的分布。第三种系统性偏差是易得性信息偏差

（availability bias），指人们进行判断和决策时依赖容易得到的信息而不是全部信息。卡尼曼等学者对传统理论提出了不同观点，使得西蒙的"有限理性"理论轮廓更为清晰。人们的推理系统常常违背基本概率法则，认知局限抑制其理性发挥。经历过大量实验与前期理论积淀后，卡尼曼和特沃斯基（1979）在《计量经济学》（*Econometrica*）上发表的"前景理论"引起了各界前所未有的关注，这也意味着心理学家的工作开始引起经济学家的注意。

在前景理论中，风险决策过程被分为编辑阶段（edit stage）和评价阶段（evaluation stage）。在编辑阶段，决策者为做出选择而建立适当的参照水平，大于参照水平的部分被定义为"收益"，低于参照水平的部分被定义为"损失"。在评价阶段，决策者按照公式进行相应的计算，并做出最终决策。根据卡尼曼和特沃斯基（1979）的研究，人们的风险决策过程有以下五个特征：第一，参照依赖——收益与损失是相对参照点而言的，并不是绝对概念。当结果相对于参照点的偏离程度不同时，人们的敏感程度也不同。第二，确定效应——人们在盈利时，往往小心翼翼、厌恶风险，喜欢见好就收，害怕失去已有的利润。换言之，处于收益状态时，大部分人都是风险厌恶者。第三，反射效应——人们在亏损时，会极不甘心，宁愿承受更大的风险来赌一把。也就是说，处于损失状态时，大多数人都是风险追寻者。第四，损失规避——大多数人对损失和获得的敏感程度不对称，面对损失的痛苦感要大大超过面对获得的快乐感。第五，小概率迷恋——面对小概率的赢利，多数人是风险喜好者；面对小概率的损失，多数人是风险厌恶者。

部分学者（如 Schmeidler，1989；Yaari，1987；Quiggin，1982）提出了称之为等级依赖（rank dependent）或累积函数（cumulative functional）的表达形式，用累积的概念代替期望效用理论中的概率。卡尼曼和特沃斯基（Tversky & Kahneman，1992）借鉴这一方法，并将新的成果称为累积前景理论，该理论不仅实现了前景理论的数值计算，也能较好地解释随机占优等现象。在累积前景理论中，风险偏好分为四种模式，人们对小概率的盈利事件表现为风险追寻，中大概率的盈利事件表现为风险厌恶；对小概率的亏损事件表现出风险厌恶，中大概率的亏损事件表现为风险追寻。这四种风险偏好模式是价值函数和权重函数共同决定的结果。

前景理论的内容与演化心理学的观点不谋而合。杨勇华（2014）发现在演化仿真模拟中，系统外部环境越恶劣，损失厌恶型主体的适应性越强；系统外部环境越温和，损失厌恶型主体的适应性越差。这意味着损失厌恶本身是人类在长期面临恶劣自然条件和残酷生存斗争进化而来的产物。损失厌恶型的主体比非损失厌恶型的主体表现出更好的适应性，这是该特征能够被观察到的真正原因。而参照依赖效应源于趋社会性偏好，本质是为了解决人类在石器时代的社会问题。从源头上，我们可以把趋社会性分为两类，一类与社会合作有关，另一类与社会竞争有关。趋社会性偏好是这两类社会关系的选择结果，两者都严重地依赖于"对他人的判断"，行为经济学所表现出的参照依赖效应，即在群体内竞争时，只有比竞争对手获得更多才会有更强的适存度（舍默，2009）。前景理论的观点也得到了神经学科的支持，人们从事与风险相关的决策活动时，多巴胺变化明显（Fiorillo，2003），其中损失厌恶与人体的去甲肾上腺系统有关（Rogers et al.，2004）。此外，与前景理论有关的恐惧、焦虑等情绪与杏仁核有关，而期望、期待等情绪与腹侧纹状体有关（高利苹等，2006）。何飞（2009）采用核磁共振（nuclear magnetic resonance imaging，MRI）成像、事件相关脑电位分析技术（event-related brain potentials，ERP）和多模式神经影像系统（multi-modal neuroimaging）等方法验证了确定效应、反射效应以及损失厌恶效应的存在。

由此可见，前景理论并非空中楼阁，产生过程既包含了以 Simon 为代表的有限理性观点，又结合了大量心理学与行为实验结果。理论提出后，又得到了其他学科的肯定与支持。值得一提的是，前景理论相关的研究结果排除了复杂环境的干扰，更能反映行为人本能的风险偏好与决策选择，因此是一种基础性的行为研究理论。

2. 前景理论的相关计算

前景理论对社会各界有着深远影响，尤其在金融领域。但由于行为人内心的价格参考点与效用不可观测，该理论在股票市场的检验成为一大难题。综合现阶段研究，与前景理论有关的探索途径可大致分为四类：一是结合投资者个人交易账户进行的探析（赵学军和王永宏，2001）；二是围绕调查问卷或行为实验展开的研究；三是通过模型推导或仿真模拟实施的演绎（Li & Yang，2013）；四是针对证券市场公开交易数据设计的检验（陈智颖等，2019；Barberis et al.，2016；Wang et al.，2017）。

上述四类研究中，前两类更贴近微观层面，结果认可度较高。但由于数据的客观性以及可获得性，学者们只能拿到个别营业部某段时间的数据，考虑到地区差异，研究结论往往缺乏代表性。另外，模型推导、仿真模拟可以简化金融市场的环境，只针对单个问题展开分析，不过，实验样本的充分性、环境的真实性以及结果的稳健性是上述方法的缺陷。利用市场公开交易数据进行的研究在抓取微观行为特征方面存在局限性，但由于数据量充足，可以反映任意股票任意时刻的信息。同时，公开数据是所有投资者交易的总和，信息囊括整个市场，在研究横截面收益以及挖掘股市异象方面有一定优势。进一步，利用市场公开交易数据对前景理论进行检验的步骤有二，分别是价格参考点的计算与前景值的计算。

（1）价格参考点的选取。

构建价格参考点是研究前景理论最基础、重要的环节。如科塞吉和拉宾（koszegi & Rabin，2006，2009）所提，价格参考点有两种作用，一种是作为参考值影响即将进行的决策。购买商品时，若当期价格小于参考价格，顾客购买的倾向就大；若当期价格大于参考价格，顾客购买的倾向就小。另一种是对已发生的选项结果进行评价（Ranyard et al.，2008），进而影响下一次决策。如在失望厌恶理论中，实际价格与预期水平的差距使人们产生了失望情绪（Delikouras，2017；Routledge & Zin，2010；Zeelenberg & Pieters，2004）。同样，前景理论与累积前景理论也是基于预期对已发生事实的一种评价——处于不同盈亏状态的行为人会有不同的风险偏好。现阶段，基于预期的探索已逐步成为参照价格研究领域的主流（Ericson & Fuster，2011；Crawford & Meng，2011；Koszegi & Rabin，2009），对于参考价格的计算方式可大致归纳为以下四类：

①以历史价格为参考点。早期研究中，最近的交易价格常常被视为参考点。如韦伯和卡默勒（Weber & Camerer，1998）将购买价格作为参考点考察投资者在不同阶段的"处置效应"。根据适应性水平的观点，参考价格应包含过去的信息，因此不少学者会利用过去多期的价格进行计算。如尼德里希等（Niedrich et al.，2001）采用前三期价格的几何平均，以保证参考价格的累积性。马祖达和帕帕特拉（Mazumdar & Papatla，1995）认为任何一期的价格都代表了某种信息，因此计算过去所有价格的指数平滑结果。不过，部分学者认为，可供投资者参考的交易价格越少，参照依赖效应越明显。参考价格变多时，投资者会出现选择困难症。因此，从过去的价格中随机选取一个作为参照点也是投资者经常采取的措施，这种随机价格产生的参照效应在实践中已经被证明。

②以情景价格为参考点。在有限注意力下，投资者对极端价格（如最

大值、最小值以及频次最高的值)印象深刻,这种强烈的外部刺激能够产生比历史价格更明显的参照依赖效应。邹燕和郭菊娥(2007)认为投资者在评价损失时,会以市场收益率作为价格参考点,如果大盘涨幅高于所持有股票时,投资者会表现出焦虑和痛苦,但是如果自己持有股票的跌幅小于大盘跌幅时,他们的痛苦并不强烈,有时还会感到满意。

③包含混合信息的价格参考点。部分学者认为参考点的构成不是往期交易价格的简单平均,而是多种信息混合的结果。如购买趋势、交易环境等市场因素常常被考虑在内(Baucells et al., 2011)。尼德里希等(Niedrich et al., 2001)提出价格的分布频次会对参考价格产生较大影响。相似地,弗拉齐尼(Frazzini, 2006)计算价格参考点时将共同基金经理过去的购买份额与支付价格进行加权平均。格林布拉特和韩(Grinblatt & Han, 2005)在研究前景理论、心理账户与处置效应时,利用前260周的收盘价格与换手率滚动计算了各只股票每一期的参考价格。值得一提的是,该参考价格包含了每一期股票至今未被交易的信息,这种计算方式也受到学术界高度认可。陈文博等(2019)、王等(Wang et al., 2017)、任德平等(2013)在研究时都采用了该方法。此外,其他市场的同类指标也可以作为参考标准,如李和杨(Li & Yang, 2013)将债券的无风险收益率作为投资者在股票市场的参考点。

④以理论价格为参考点。金融市场的投资者可分为价值投资者与技术交易者。其中,价值投资者根据该股票的基本面信息分析股票价格处于被低估还是高估的状态,以此判断价格未来走势。如巴特拉姆和格林布拉特(Bartram & Grinblatt, 2018)利用上市公司28个常用会计科目数据推算出股票的理论参考价格,与实际价格相比后得到各股票误定价的程度。

部分学者认为影响市场参与者决策行为的不仅仅是某一个参考点,而是一套参考体系(Koop & Johnson, 2012)。如范围参考理论的支持者认为参照依赖效应与当期价格在历史价格分布中的相对位置有关(Janiszewski & Lichtenstein, 1999)。价格参考点具有不确定的特征,因此判断参照依赖的关键是看其能否包含于历史价格形成的区间范围内(Chandrashekaran & Grewak, 2003)。针对多维参考体系,人们的解决方式主要有两种。一种叫作整合模式(integrated mechanism),即在适应水平理论下,将多种信息整合成单一参照点,前文描述的情景参照点、混合信息参考点在计算时常常采用整合模式。另一种是独立模式(segregated mechanism),该模式假设人们会同时考虑多个参照点,并将选项结果与各个参照点比较后进行整体判断。王和约翰逊（Wang & Johnson, 2012）、王（Wang, 2008）认为决策过程中，最重要的是拒绝失败，其次是取得成功，最后是维持现状，因而提出了包含最低要求（MR）、现状（SQ）以及目标（G）的多重参照体系。通过这三类参考点可以将行为主体的风险决策划分为成功（大于G）、收益（小于G大于SQ），损失（小于SQ大于MR）以及失败（小于MR）四种类别。不论单一参考点还是多维参考体系，人们普遍接受自适应水平理论，即参考价格是过去交易经验与其他信息动态综合的预期值。

（2）前景值的计算。

前景理论描述了不确定条件下的风险决策，涵盖了多种违反期望效用理论的行为。前景理论使用主观价值函数 $v(x)$ 代替期望效用函数，使用决策权重 $\pi(p)$ 代替客观概率。其中 x 不是财富值，而是相对于参考价格的收益或损失。因此前景值是主观价值函数 $v(x)$ 与决策权重函数 $\pi(p)$ 的线性组合。不过，前景理论只描述了价值函数与决策权重函数的表现，并未给出明确的表达式，直到累积前景理论的出现，这一问题才得以解决。在累积前景理论中，主观价值函数与决策权重函数均为分段函数。其中，前者包含 α、β、λ 三个参数，后者包含 γ、δ 两个参数，这些参数都由实验估计得出（卡尼曼和特沃斯基，1992）。之后较多的学者在研究相关问题时都采用了累积前景理论的算法（Barberis et al., 2016；赵胜民和刘笑天，2019）。

上述文献表明，前景理论的研究过程可聚焦于参考点与前景值两个环节。后者的转换较为统一，即采用累积前景理论提及的方法，但前者的计算尚未明确。不同投资者的交易策略、衡量标准并不一致，彼此之间存在较大差异。同时，参考点会随外界信息的变化不断更新，因此该指标的构建成为研究的一大难题。

3. 前景理论的应用研究

前景理论常用于股票交易过程中的异象分析，其第一个应用是对处置效应的解释。弗拉齐尼（2006）和奥登（Odean, 1998）发现，个人投资者与基金经理人倾向把表现优秀的股票卖出，继续持有表现不佳的股票，这种现象被称为处置效应（disposition effect）。赵学军和王永宏（2001）研究了某大型证券营业部近1万个账户的交易记录，发现处置效应在国内普遍存在。根据前景理论，当资产获利时人们厌恶风险，当股票亏损时，人们追寻风险,因此投资者过快地卖出盈利的股票,而长期持有亏损的股票。前景理论的第二个应用是解释股票市场的总体溢价。贝纳齐和塞勒(Benartzi & Thaler, 1995)指出,股市收益与消费资产定价模型的预测并不一致,且一般情况下远超国库券平均水平。他们认为,正是由于投资者损失厌恶的行为特性,导致风险补偿进一步扩大,因此股票平均收益高于无风险资产。前景理论的第三个应用是解释 beta 异象。根据资本资产定价理论,高 beta 股票应该拥有较高的平均收益,但从布莱克等(Black et al., 1972)、法玛与麦克白(Fama & Macbeth, 1973)开始,越来越多的实证结果表明高 beta 股票的收益小于低 beta 股票。前景理论的"小概率迷恋"有助于这一现象的解释,如巴贝里斯和黄(Barberis & Huang, 2008)认为偏度会影响证券价格,当收益率分布的右尾厚于左尾时,这只股票将变得特别受欢迎,进而股价被高估,最终导致较低的未来收益。康拉德等(Conrad et al., 2013)、巴伊等(Bali et al., 2011)也发现,偏度较大的股票一般收益较低。另外,格林和黄(Green & Hwang, 2012)认为,首次公开发行股票的右偏程度越高,之后的收益越低。此外,巴贝里斯等(Barberis et al., 2016)使用股票历史收益率计算前景理论价值,发现股票收益率随前景理论价值的增加而降低。李等(Li et al., 2018)认为证券发行人会迎合投资者的前景值偏好发行金融产品,从而赚取高额利润。

综上所述,卡尼曼与特沃斯基通过大量行为实验对不确定情况下的决策问题进行了研究,所得结论也更贴近投资者的本能反应,对后续理论与实证探索产生了深远影响。为便于计算,卡尼曼与特沃斯基在 1992 年提出累积前景理论,明确了主观价值函数以及决策权重函数的具体表达式,并通过行为实验给出了各项参数的估计值,实现了从描述性理论到数理性理论的转变。然而,关于前景理论的研究,尤其是针对股票市场的探索,仍存在较大问题。首先,作为投资者内心动态变化的主观指标,价格参考点的构建方式并不统一。学者们基于不同视角提出了多种计算方式,那么哪种更适合中国股票市场的研究,尚未有人进行综合比较。若仅选择其中一种计算方式,则存在片面性问题。因此,同时兼顾多种股价参考点,或是筛选具有代表性的股价参考点,方可系统性地研究前景理论在中国股票市场的表现。其次,前景理论描述了一系列行为偏差,那么这些偏差对股票收益会产生哪些影响?进一步,不同股票具有不同的属性,所受影响是否有所差异?换言之,哪些股票易受投资者行为偏差的影响，而哪些股票具有较强的抗干扰能力？由于缺乏系统的研究，国内文献尚未对此类问题作出解答。最后，不确定条件下的决策反映了投资者本能的风险偏好，这种偏好必然催生一些收益异象。已有文献多集中于博彩偏好的研究（如 An et al.，2020；陈文博等，2019），较少涉及其他异象。作为行为金融学的重要支柱，前景理论对应的异象分析远远不足，亟须相关文献予以补充。

1.2.3 投资者行为与市场外部环境的相关研究

1. 市场信息效率与投资者行为

市场信息效率是否高效影响着资产定价的准确性。作为公司内在价值的载体，价格是实现市场资源合理配置的关键纽带。由于实际条件的制约，公司层面的特质信息难以完全反映到价格中，这一转换比例被视为市场的信息效率（袁知柱等，2012）。

市场的披露与监管机制是影响信息效率的最基本因素（黄超，2019；吴战篪等，2008；董峰和韩立岩，2006；姜新旺，1998）。上市公司遮掩负面消息会导致强烈的信息不对称，当不利信息无法掩盖时，将导致收益大幅下降（Jin & Myers，2006）。同时，巨大的信息差异会使知情投资者进行逆向操作，扰动股票的正常价格（Jiang et al.，2016）。随着第三方机构的出现，新闻媒体、证券分析师、审计师等媒介对市场信息效率起到了重要作用（姜超，2013；潘越等，2011）。其中，新闻媒体传播的信息具有公开性和公众性，容易形成投资者共识，从而为投资者之间的策略互动提供信息平台（陈鹏程和周孝华，2016；Hubemran & Regve，2001）。而证券分析师作为公司信息的重要传播者，既能对市场公开信息进行解读，也能对场外私人信息进行挖掘，因此能够改善公司外部信息环境，提供更多的增量信息。费迪南德等（Fernando et al.，2012）认为，证券分析师关注能够有效减少股票收益的异常变动，关注数越多，价格越稳定。此外，审计师由于具备较强的行业专长，能够有效监督公司管理层的信息披露行为，增加相关财务报告的信息透明度，进而降低信息不对称（熊家财，2015）。

一般而言，当市场信息效率较高时，投资者能够准确甄别有价值的公司，资金更容易流向效益上升的行业。而在低透明市场，信息被噪声掩盖，价格易产生误导作用，增大投资者的心理偏差（Hirshleifer & Luo，

2001），同时也增加资源配置中的摩擦（袁知柱等，2012；Wurgler，2000）。徐浩峰（2009）研究了盈余公告前后的交易状况，发现个体投资者并没有根据上市公司的基本面进行交易，其关注点反而聚焦在一些非基本面的交易中，属于明显的非理性投机行为。巴贝里斯等（1998）认为，受历史交易经验的影响，处于低信息效率中的投资者会产生代表性偏差。贺宏和崔学刚（2015）、陈鹏程和周孝华（2016）指出，公司披露的信息以及被第三方机构传递与加工过的信息共同构成外部信息环境，指引着投资者的决策。黄宏斌等（2017）认为，新闻媒体的措辞会影响投资者的情绪，且不同类型的媒体影响效果不一样。由此可见，市场信息环境对投资者的交易行为有着重要的影响。

如前文所述，为解释股票市场异象，传统学派调整了信息完美传递的基础假设，而行为学派将"理性人"替换为"社会人"。实际中，信息既不能及时传递，投资者也只能保持有限理性，二者之间互相交织，具有复杂的联系。但现有文献关于非理性行为在不同信息环境下的表现尚不明确，对于前景理论的研究更是缺乏。国内股票市场起步较晚，相关披露制度尚待完善，流于市面的公开信息有效性明显不足（张原野和白彩全，2019；刘捷和侯卫真，2018）。与此同时，市场中个体投资者的占比远大于国外。面对如此巨大的个体投资者数量，重视其在不同信息效率中的偏好变化对促进国内市场稳定发展有重要意义。

2. 经济政策稳定与投资者行为

为促进就业、维持物价稳定、实现经济增长、保证国际收支平衡，政府会制定一系列政策干预经济。然而，一旦缺乏稳定性与连续性，经济政策将充满不确定，影响人们的日常经营。王曦与叶茂（2011）发现，股票市场与实体经济的波动并未表现出一致性，相比稳定的宏观经济增长，股票市场一直呈现出较强的振荡。胡荣才和龙飞凤（2010）认为，国内股票市场对政策反映的灵敏性要大于经济。

很多学者就经济政策与股票市场之间的联系进行了研究，并探索其内在原因。如朱东辰和余津津（2003）分析了多种宏观时间序列，证明经济预期与市场波动之间存在一定的因果关系。刘炳茹等（2008）研究了二者间的影响效果，肯定了彼此的相关性。时勘等（2005）分别从短期间断性政策、长期持续性政策入手，发现多种情况下经济政策对股市震荡有正向影响。进一步，骆颖与何小锋（2005）指出，经济政策出台后，交易产生的正反馈增加了投资者的非理性行为,进而使市场愈发不稳定。乔桂明(2004)认为国家颁布的经济政策会放大金融市场的波动。王曦和叶茂(2011)认为,国内股票市场相关制度尚待完善,面对外部的经济政策,常表现出强烈的"政策市"特征。作为新兴市场,我国股票市场仍处在升级转型的阶段。管理者既要担负监督职能,保证市场健康运行,也需配合总体经济规划,制定相关规则(贺显南,2009;项韶明和王方华,2004)。由此可见,我国股票市场深受宏观经济政策的影响。

公司管理层以及投资者都在紧密关注经济动态。未来政策是否稳定,对股票市场的各类参与者都意义重大。作为一个相对宏观的外部条件,经济政策稳定性同时影响市场内外的决策。如贝克和沃格勒(Baker & Wurgler,2006)所述,若经济政策的制定方向与执行强度存在多种可能,决策将面临更大的困难。

对公司而言,稳定的经济政策能够降低公司的超额现金持有,进而增加现金资源的配置效果(王红建等,2014)。而经济政策不确定性的上升,也会降低上市公司的投资、研发与专利申请量(顾夏铭等,2018)、李凤羽和杨墨竹,2015)。由于经济政策不确定性会影响企业现金流,股票的风险也会有所增加(陈国进等,2018)。

对投资者而言,宏观经济政策引领股市资金流动方向的固有观念使其产生代表性偏差,个体投资者尤为明显。当个体认知偏差上升为系统认知偏差时,股票价格就会整体偏离内在价值,加剧收益异象(骆颖和何小锋,2005)。如林建浩等(2014)发现,经济政策不确定性会影响沪深300与上证综指的收益。与此同时,面对高不确定性的经济政策时,投资者会调整风险资产比例,以避免外部冲击的不利影响。IMF在2012年的《世界经济展望》中指出,经济政策波动较大的时期,家庭部门的投资大大减少。相似地,贝克等(Baker et al.,2016)认为在该时期民间投资降低了约16%。陈国进等(2017)也发现该时期的投资者降低了风险资产持有比例,进而干扰股票价格。

前景理论的研究聚焦于投资者基本的动态风险偏好,并未考虑外界干扰。那么在经济政策的影响下,投资者的行为又会做何表现?是否会产生"类占优"现象?换言之,当面临较好或较差的经济政策环境时,前景理论描述的投资者行为是否有所改变?目前鲜有文献填补这一研究空白。

3. 其他外部环境因素

除市场信息效率与宏观经济政策,外部环境还包括其他一些元素。接下来，本书重点介绍情绪、市场行情、智能科技水平下股票市场以及投资者行为的相关文献。

首先是关于投资者情绪的研究。受教育背景、知识结构、先前经历以及风险偏好的影响，投资者会对资产价格未来的变动趋势形成自身的主观预期。当预期与事实出现偏差时，便形成投资者情绪（王美今和孙建军，2004；饶育蕾，2003）。现如今，投资者情绪已是资产定价研究不可忽视的因素。如迟骏和杨春鹏（2020）利用日内交易明细构建了投资者行为指标，并发现投资者情绪与行为对 ETF 有正向的折溢价影响。刘维奇与刘新新（2014）发现国内市场的投资者情绪与股票收益呈显著的正相关性，且机构投资者对个体投资者的情绪有一定的预见作用。罗剑宏和徐子涵（2019）研究了投资者情绪、拥挤交易（crowded trades）以及股票风险溢价三者之间的关系，发现情绪对股票收益的影响为正，而拥挤交易对股票收益的影响与投资者类型有关，其中机构投资者为正，个体投资者为负。石勇等（2017）将各大股票平台的网络评论转化为投资者情绪指标，对该指标的影响力进行了综合比较，结果显示投资者情绪比新闻媒体更能影响股票收益。

一般情况下，投资者存在异质信念，因此情绪会彼此分散。但出现某种社会性的原因使情绪趋于一致时，所有人便会产生同样的错误，证券价格就会发生扭曲，因此，部分学者对投资者情绪的宏观影响进行了研究。如德隆等（De Long et al.，1990）通过模型研究发现，当投资者情绪具备较大的社会性时，误定价无法被套利行为消除，此时投资者情绪将扩大成为影响价格的系统风险。刘维奇和武翰章（2018）发现股票市场的误定价主要产生于投资者情绪高涨的时期。贝克和沃格勒（2006）认为，投资者情绪高涨时，市场中的投机行为会大大增加。陈文博等（2019）发现情绪能够改变投资者的风险偏好，从而增加或减少"博彩型"股票的持有比例。现有文献在研究投资者情绪时，通常将其作为一种宏观指标，衡量市场整体状况（如 Baker & Wurgler，2006；易志高和茅宁，2009）。相比之下，前景理论的探索更为微观，对象多集中于单只股票。然而，同为非理性研究不可忽视的因素，二者的交叉分析却并不多见。

其次是关于市场行情的研究。国内外学者通常按照牛市与熊市划分市场行情，其中，牛市中投资者的预期往往更加乐观，甚至会表现出过度自信、代表性偏差等非理性特征，相应地，交易频率也会大大增加。而在熊市中，投资者的预期普遍较为悲观，担心价格持续下降，对交易决策变得十分谨慎，甚至会抛售资产躲避风险。

针对市场行情，学者们从不同角度展开了研究。陆蓉和徐龙炳（2004）发现了不同市场行情下政策信号对股市的影响存在非对称性。具体地，牛市中"不利信号"对股票市场的冲击效果明显强于"有利信号"，而在熊市中，"有利信号"对股票市场的冲击效果远不及"不利信号"。这种非对称性也被其他学者发现，如崔婧等（2008）研究了牛市与熊市中的周内效应，发现在牛市中存在显著正向的周一效应，而熊市中周一效应却显著为负。张安宁和金德环（2014）利用百度搜索指数研究了投资者关注度，发现在牛市中投资者对单只股票的关注程度显著大于熊市，而熊市中出现的价格反转要强于牛市。陈磊和曾勇（2005）使用某营业部近1万个账户的交易记录进行研究，发现处置效应在牛市十分明显，而在熊市不明显。雅各布森等（Jacobsen et al., 2018）发现铜和铝等工业金属价格走势能够有效预测股票收益。在经济衰退期与扩张期，工业金融价格的上涨有着不同的意义。在衰退期，工业金属价格上涨对股市有利好作用。而在扩张期，工业金属价格上涨却不利于股市。可见，作为一种宏观外部条件，市场行情对股市研究的重要性不言而喻。

最后是关于智能科技的研究。大数据、云计算、人工智能等技术已逐步进入社会生产的各个领域，随着《新一代人工智能发展规划》的制定，发展信息科技已成为国家战略的重要规划。金融行业拥有大量可供分析的数据，因此该技术在金融行业的应用处于相对前沿的位置。通过机器学习挑选最优路径，能够在一定程度上提升投资者的资产管理效率。

当前，机器学习的技术算法包括岭回归（ridge regression）、套索算法（lasso algorithm）、决策树法（decision tree）、支持向量机（support vector machine）等（何诚颖，2019）。以智能量化投资为例，国内外股票市场存在多种能够预测收益的因子，深度糅合技术面指标与基本面指标的内在规律，不断地构建投资组合，以获取超额收益是该技术的基本思路（Lee & So, 2015；张然和汪荣飞，2017）。迄今为止，学术界与业界已提出几百个可以获取超额收益的异象因子。但古等（Gu et al., 2018）认为多数因子之间相关度极高，彼此之间互有替代性。同时，格林等（2017）和侯等（2019）发现因子提供超额收益的持续性能力差异较大。许等（Hsu et al., 2018）发现美国的异象在中国市场并不完全奏效。通过人类自身兼顾众多因子，且在短时间内做出正确决策几乎是一件不可能的事。这种情况下，机器学习与深度学习的优势得以显现（Athey & Imbens, 2019；黄乃静和于明哲，2018），由于能够自动分析复杂数据结构，并对其进行降维，达到简化研究的目的，因此常常被用于辅助分析（Hastie et al.，2009；周志华，2016）。如李斌等（2019）通过12种机器学习算法对国内A股市场96个异象因子进行了模型预测，新技术构建的投资组合具有显著的超额收益。何诚颖（2019）评价了美股人工智能投资绩效，发现以人工智能技术为投资方式的基金AIEQ虽未能全面领先大盘，但平均绩效尚可，在2000只ETF基金中排名前20%。新型技术手段在股票市场展现出一定的竞争力，随着时间的推移，该技术在市场中的覆盖率必然大大增加，进而影响绝大多数人的投资方式。那么，智能投顾的出现是否会产生一种替代效应，使个体投资者大幅减少？抑或是，投资辅助技术对投资者产生一种提醒作用，及时纠正行为偏差？无论是哪种研究动机，探索智能科技水平下投资者的非理性行为都是一个充满现实意义的命题。

综上所述，市场信息效率、经济政策稳定性、投资者情绪、市场行情以及智能科技水平更多用于描述市场整体状态，这些状态在影响股票收益变化的同时，也会影响投资者行为。如投资者在低信息效率下易产生代表性偏差，高政策不确定下会减少风险资产比例，情绪高涨时股票交易更频繁，牛市中预期更加乐观等。如前文所述，卡尼曼与特沃斯基关于前景理论的研究排除了复杂环境的干扰，结论更偏向投资者本能的风险偏好与决策选择。但贝纳茨和塞勒（Benartzi & Thaler，1995）认为，如果考虑到总财富、工作收入以及实验次数等其他条件，损失厌恶的表现可能会发生变化。实际中的行为是心理机制与外在环境共同作用的结果，在不同市场状态下，投资者有限理性的表现具有较大的差异（吴承尧等，2011）。然而，已有文献尤其是国内文献关于外部环境与前景理论的交叉研究寥寥无几。因此，细化风险偏好在不同情形下的影响，不仅可以进一步厘清股票收益变动的内在机制，丰富相关领域的研究，而且对投资者预防非理性交易、监管者维护市场稳定运行有重要的现实意义。

1.3 研究内容与方法

1.3.1 研究内容

本书以中国股票市场为研究对象，结合理论分析、模型推导和实证研究，利用现代计量模型和方法，通过投资组合分析、双重分组分析、横截面回归分析和时间序列回归分析等实证方法，进行了如下研究：

第一，股票价格参考点的构建。价格参考点是探索前景理论的起点，其构建过程存在较大难度。研究中，为系统展开分析，避免选择片面性，对相关文献进行了整理筛选，并采用移动平均、指数平滑、最高价、最低价、交易频度、初始交易价格6类方式逐一计算每只股票每一时期的参考价格。与国外5年的参考期不同，研究充分考虑了投资者不同的样本期选择偏好，并分别以短、中、长三种周期视角展开分析。价格参考点的构建为后续探索奠定了数据基础，是全书研究的重要环节。

第二，股票价格参考点的特性研究。参考点能对投资者的交易产生反馈效应，具有一定的价格指导作用。基于国内市场信息有效性差的背景，对丹尼尔等（1998）的模型进行扩展，推导了正、负反馈产生的过度反应如何影响股票收益。进一步，将追涨杀跌行为视作研究媒介，糅合价格参照依赖效应，探索了盈利与损失阶段非对称的风险收益关系。之后，采用多种价格参考点对1990年1月1日~2019年6月30日的股票收益数据进行检验，以证明过度反应与参照依赖效应稳健存在于市场中。同时，根据短、中、长三种参考周期的检验效果，综合分析国内投资者的周期偏好。

第三，前景偏差与股票收益研究。前景理论描述的行为偏差可归结为5类，这些偏差均能明显地影响行为人在不确定情形下的投资决策。为统一研究，按照累积前景理论的计算过程将价格参考点转化为前景值。同时，在均值方差理论的研究框架中加入前景投资者，推导存在非理性偏好时股票收益的偏离方向。接下来，根据前景值构建多空投资组合，并利用CAPM模型、Fama - French三因子模型、Corhart四因子模型、Fama - French五因子模型检验组合的截距项在未来多期是否显著存在，以考量非理性投资偏好产生的超额收益能否被理性定价模型解释。最后，综合比较各类前景值的检验效果，筛选具有代表性的指标，便于后续研究。

第四，基于股票内部特征的前景效应研究。不同指标之间存在一定联系，本书从流动性、机构持股比例、基本面指标、技术面指标四种角度探索股票前景值的内部属性。首先，通过对股票进行组合分析，查看不同前景值水平的股票具备哪些特征。其次，结合股票收益，研究什么类型的股票更容易产生前景效应。然后，以前景值为切入点，探索投资者偏好对部分收益异象的解释力。最后，检验股票横截面收益是否存在偏好溢价，并将前景因子加入 Fama-French 五因子模型中，以提升模型的定价能力。

第五，基于市场外部环境的前景效应研究。投资者处于复杂的市场环境中，决策行为同时受心理机制与外界条件双方面影响。行为偏差在动态变化的市场环境中会有所差异，为此，将市场外部环境纳入前景偏差与股票收益的理论框架中，推导其影响机制，进而逐一构建市场外部指标，验证相关假说。关于实证检验，首先，围绕市场信息环境展开研究，通过对股价非同步性指标加权平均，获取每一期的市场信息效率水平，进而分析不同信息环境下前景效应的表现。其次，将经济政策稳定性作为分析对象，利用由《南华早报》《人民日报》《光明日报》构建的指标，研究经济政策不确定性对前景效应的影响。再次，构建中国资本市场投资者情绪指数，探索情绪高涨期与情绪低落期下行为偏差之间的具体差异。然后，针对市场行情进行分析，检验繁荣期、萧条期前景值的收益预测能力。最后，以智能科技水平为线索，从技术进步的角度研究社会发展对前景值的影响，进而得到一种普遍规律。

1.3.2 研究方法

为完成各环节的研究目标，本书分别采用了以下方法：

（1）文献研究法：跟踪经典文献的研究成果，获知前景理论中认知偏差的形成原因；整合已有文献的研究思路，筛选主流的股票价格参考点构建方法；借鉴相关文献的实验结果，设置模型的计算参数。

（2）数理推导法：基于投资者缺乏信息优势与技术优势的事实，推导正负反馈产生的过度反应如何影响股票收益自相关性；在追涨杀跌行为中充分考虑参照依赖效应，研究二者的交叉作用如何引起非对称的风险收益关系；在均值方差模型中加入投资者偏好，搭建包含前景投资者与理性投资者的模型，分析预期收益的偏离状况。

（3）计量分析法：在价格参考点以及前景值的实证研究中，通过再平衡投资组合分析方法不断更新每一期的资产配置，以观测各指标在不同水平下的收益差异；在探索前景值的收益预测性以及前景因子的偏好溢价时，运用 Fama-Macbeth 两阶段回归从横截面角度进行检验；在测评前景因子的定价效率时，选用 GRS 等方法检验组合收益的截距项。

1.4　主要工作和创新

基于我国资本市场尚不成熟、个体投资者占比极高的背景，本书以股票市场为研究对象，以前景理论为研究途径，以参考价格为研究切入点，探索了投资者行为偏差在不同情形下对股票收益的影响。全书的核心工作开始于价格参考点的研究，挑选6类主流的计算方法，结合不同的周期视角，构建多种股票参考价格。并通过理论与实证两种途径分析价格参考点对投资者行为的影响，对该特性引起的反转效应以及非对称风险收益进行了探索。之后，根据累积前景理论计算股票前景值，并通过多种资产定价模型验证其收益预测能力。接下来，在与其他指标的关联性研究中，重点关注前景效应集中分布于哪些股票，前景值对收益异象的解释能力以及前景因子的定价能力。最后，逐一构建信息效率、经济政策不确定性等市场外部环境指标，研究不同宏观环境下前景效应的表现。

相较已有文献，本书在以下几个方面具有一定的创新之处：

（1）构建了包含理性投资者、前景投资者以及外部环境因素的理论模型，以揭示偏差对股票收益的影响机制。现有文献在分析股票市场中前景理论的不同表现时，鲜有涉及市场外部环境。本书围绕市场信息质量与宏观不利冲击两类外部环境因素，以非理性投资者占比为切入点，基于均值方差模型推导了外部环境、前景偏差对股票收益的影响机制。通过投资组合分析、资产定价模型检验以及外部环境因素交叉回归等方法验证了模型假设，相关结论进一步佐证了前景效应的客观存在性，丰富了资产定价与行为金融领域的研究内容。

（2）建立了以前景理论为内核的价格参考点分析框架，以描述反转效应、非对称风险收益的产生过程。本书将正、负反馈作为起点，结合个体投资者追涨杀跌与参照依赖的交易特性，研究了过度反应向反转效应的演化路径，分析了非对称风险偏好对收益的作用机理。根据交易规律，提炼投资者的主观参照标准，采用滚动迭代的方式构建了价格参考点，并从短、中、长三种周期视角实证检验了股市反转效应与非对称风险收益。

（3）搭建了前景值与基本面、技术面等收益预测性指标之间的连接脉络，以厘清股票内部特征之间的属性关联。本书采用组合分析方法，验证了高前景值股与优质股之间的高度重合性，意味着前景值是潜在的股票投资偏好综合性代理指标。以流动性为传导路径，阐明了前景效应组间差异的产生机制。研究了前景效应的异象解释能力以及横截面定价能力,将反映偏好补偿的前景因子加入 Fama-French 五因子模型,显著改善了模型的定价效率。

(4) 提升了前景理论各环节之间的研究连续性,以达到系统分析的目的。本书在细化参考点、前景值特性分析的同时,增强了各环节之间的联系,相比同类文献的局部研究,本书整体性更强,构建的指标具有更好的检验效果,进一步拓展了前景理论的内涵与外延。

1.5　基本结构与技术路线

本书的结构安排如下:

第 1 章为绪论,依次介绍了研究背景与意义、国内外相关文献、研究内容与方法、创新点以及技术路线。

第 2 章为理论基础,阐述了前景理论的由来、主要内容以及后续的累积前景理论。

第 3 章为价格参考点的构建,整理筛选出 6 类主流的参考点计算方法,利用我国股票市场 1990 年 1 月 1 日~2019 年 6 月 30 日的公开数据,从短、中、长三种周期视角逐一构建参考价格。

第 4 章为价格参考点特性研究,通过模型推导与实证检验两种途径探索价格参考点引起的过度反应与参照依赖效应如何影响股票收益。

第 5 章为前景值计算与收益预测性研究,基于上述价格参考点,借鉴累积前景理论的内容,计算各只股票每一期的前景值,并利用多种资产定价模型对投资组合的收益预测能力进行检验。

第 6 章为前景值内部特征研究,依次从股票流动性、机构持股比例、基本面指标、技术面指标四种途径入手,建立多种股票变量,研究其与前景值之间的内部联系。同时,分析前景值对股票收益异象的解释能力与前景因子的定价能力。

第 7 章为前景值外部环境研究,分别从市场信息效率、经济政策不确定性、投资者情绪、市场行情、智能科技水平分析不同外部环境下前景效应的影响效力。

第 8 章为结论与展望,对前文研究做出概括,对缺点不足进行总结,对未来方向提出建议。

图 1.1 给出了本书研究的技术路线图。

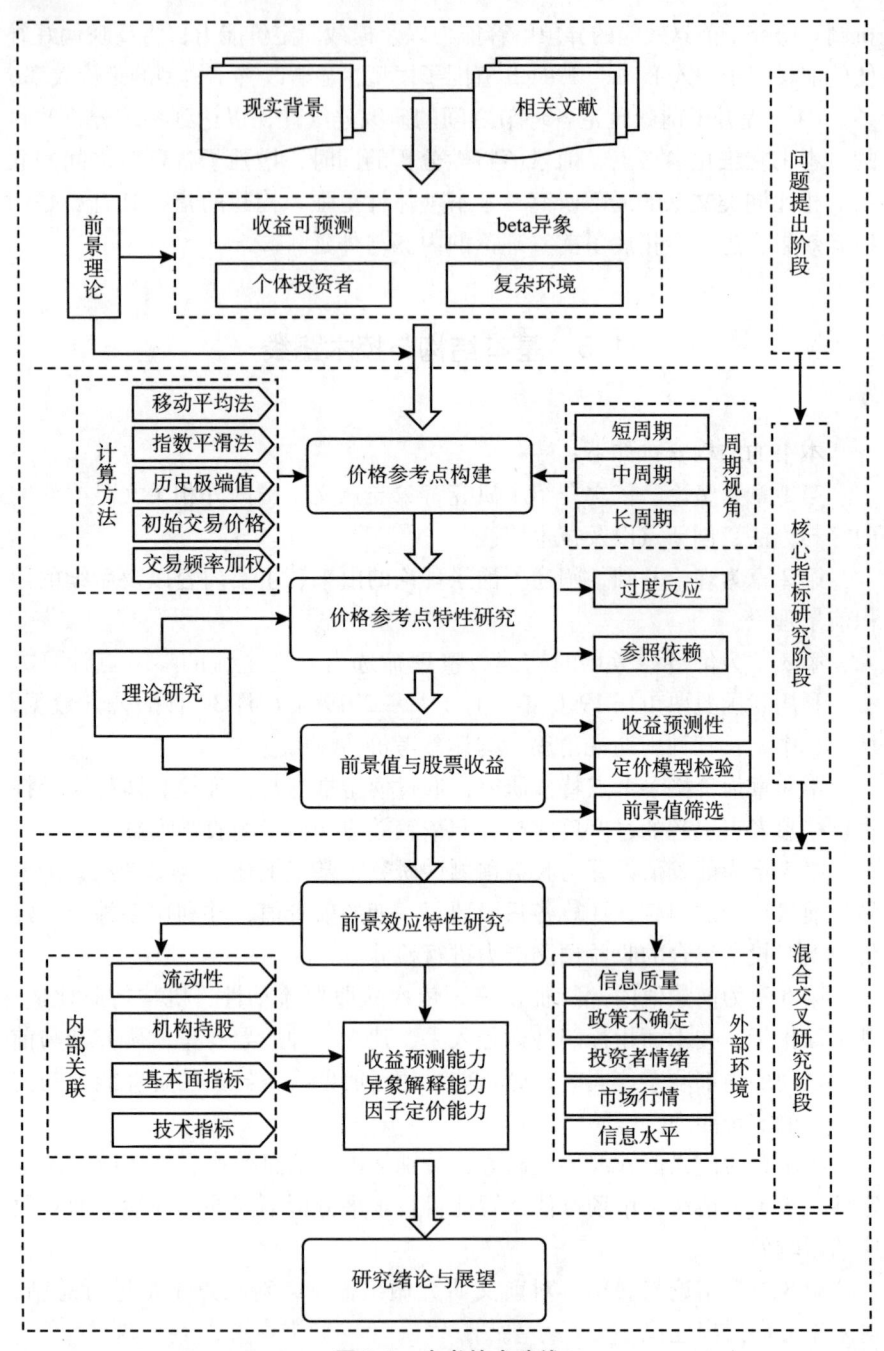

图 1.1　全书技术路线

第 2 章

前景理论的相关基础

自期望效用理论创立后,以理性人为基本假设的传统金融理论得到长足发展,一系列如均值方差模型、有效市场理论、资本资产定价模型等对社会各界产生了巨大的影响。但随着研究的进一步细化与深入,大量与预期相悖的市场异象不断被挖掘,为此,行为金融学应运而生。将理性人替换为社会人,通过对各类认知偏差与行为偏差不断总结,从"人"的角度解决金融市场中的各种难题。众多研究中,卡尼曼与特沃斯基提出的前景理论是影响最大的行为金融理论,同时也是本书研究的基础理论。接下来,本章将逐一回顾前景理论的产生过程、核心内容以及后续用于实际操作的累积前景理论。

2.1 前景理论的由来

2.1.1 理性人假设的局限

经济学里,"合乎理性的人"通常简称为"理性人"或者"经济人"。理性人抽象描述了人的基本特征,其主要表现就是:每一个从事经济活动的人都是利己的。换言之,人所采取的经济行为都是力图以自己最小的经济代价换取最大的经济利益,即趋利避害的自利本质。其中,"利"和"害"被作为刺激和感受看待。追本溯源,这种"自利"是心理学对人类主要特征的概括。实际上,经济学的发展一直与心理学密不可分,因为二者都是研究人类行为的科学(Frey & Benz, 2002)。如斯密在《道德情操论》中准确地表达了损失厌恶——"人从较好处境落到较差处境所感受的痛苦，甚于从较差处境上升到较好处境所享受的快乐"（亚当·斯密，2017）。在当时，理性人是一个看似合理又能满足理论自洽的条件，因此传统金融理论沿用了这一设定。然而，面对越来越多的市场异象，"理性人"假设已难以满足当前的研究需要。

行为学派之所以在解释市场异象方面表现优异，是因为他们充分结合了心理学研究结果。心理学是生物学的分支，而生物学是建立在进化论基础上的自然科学。人类进化而来的心理机制与更新世（pleistocene，2588000年前~11700年前）漫长的狩猎、采集活动密不可分（杨虎涛，2018）。在心理机制的演化视角下，一系列现代社会情景中的非理性行为，恰好体现了生物进化理性。比如，人类之所以"损失厌恶"，是因为在严酷的生存环境和低下的生产力下，生存保障非常不确定。不抓住当下确定的食物，就没有繁衍机会。从生物进化角度看，损失厌恶可能是最有利于群体繁殖和存活的一种行为机制。同样，在时间规划上表现出的非理性和自我控制失效（如跨期选择中的非理性，延迟享乐的困难），皆源于环境的高度不确定。纽森等（Newson et al., 2007）指出，自人类告别狩猎、采集的小社团生活以来，基因进化还没有足够的时间重塑我们的大脑。部分学者指出，大脑在进入定居社会以来很少发生基因变化。如弗雷德曼（Friedman, 2001）认为，心理特征形成于早期农业社会，它并不适应现代环境。很多现象都说明人类在复杂的逻辑推理与数值转换中表现出非理性和谬误选择。但与此同时，人类在涉及欺骗判断、合作对象选择等社会契约问题上，具有超强的正确性。著名的沃森实验和社会契约理论检验表明，在相同的逻辑结构问题上，用人和符号进行表征所得到的结果完全不同。因此，即使传统金融理论展示了最优的决策途径，投资者仍然会出现行为偏差。

20世纪80年代，为揭示心灵起源，解释精神现象，以图比等（Tooby et al., 2009）为代表的演化心理学派充分结合了进化生物学和认知心理学的成果。其核心内容可归结为两点，第一，心理机制不是一个适用于通用目的的计算机，而是一系列模块（modularity），每一模块用于处理特定的适应性问题。第二，这些模块在进化过程中形成，其目的在于提高进化适应性。同样，神经学科与认知学科也认为心理机制的物质基础——神经回路造成了现代人复杂的神经系统和众多功能专门化的心理机制。行为经济学家的实验结果之所以在不同的群体、约束条件、重复次数中表现不同，就在于不同的环境下本能有不同的表达方式，这恰是对后天环境作用的肯定。

综上所述，理性人假设并非只为理论自洽，它借鉴了心理学关于人类行为特征的研究成果，在早期看起来极其合理。然而，该假设并不能完全包含人的行为特征，因此市场上出现了许多与理论预期相悖的异象。演化心理学的研究表明，这种有别于"理性人"的行为特征正是人类长期进化的结果，不会消失也不能忽视。正如塞勒（Thaler, 1999）预言，未来的金融经济学家将习惯于考虑行为因素的驱动作用，如果不把这一因素纳入现实经济模型中，反而是一种非理性行为。此外，任何一种特定的心理机制，都是为了解决生存或繁衍问题形成的适应器，不同的心理机制就是不同的适应器，所有的外显行为都需要环境输入和心理机制共同作用。因此，深入研究行为的内涵是解决金融、经济领域问题的关键。

2.1.2 前景理论的提出

"理性人"是传统金融理论最基本的假设条件。以摩根斯坦和冯诺依曼（1953）的期望效用理论为例，风险厌恶的设定使效用函数呈现"凹"性，因此人的决策成为一种公理化的规范行为。投资者根据有限的信息甄别不确定条件下的各种可能，采用效用最大化原则选择期望值最大的方案。同样，均值方差模型、资本资产定价模型、有效市场假说、期权定价模型等也都将理性人作为基本假设。

随着研究的深入，一些诸如"阿莱斯悖论（allais paradox）""埃尔斯伯格悖论（ellsberg paradox）"等实践结果均表明期望效用理论存在较大的描述性缺陷，在此背景下，学者们开始质疑期望效用理论以及"理性人"假说。事实上，早在20世纪50年代，诺奖得主赫伯特·西蒙（Herbert Simon）就提出了著名的"有限理性"观点，认为既不能做到绝对理性、又难以在短时间内获得所有信息的投资者常常根据历史经验进行判断。众多学者逐渐尝试从"社会人"视角重新探索不确定情况下的行为决策，其中影响最广泛的莫过于卡尼曼与特沃斯基提出的前景理论。

卡尼曼与特沃斯基的研究出发点是寻找期望效用理论无法解释的非理性因素。基于西蒙"有限理性"的观点，二人在大量行为实验后指出，决策者在实际中并不会利用统计学或者经济学知识对事物加以分析，而是根据过去的经历以及个人的感觉进行判断，这种行为常常导致系统性偏差的出现（特沃斯基和卡尼曼，1974）。具体地，行为人根据过往经验判断相似性事物，不考虑样本的整体分布、先验概率等重要特征，这一偏差称为"代表性偏差"（representativeness bias）；行为人不通过所有信息而是根据最容易获取的信息进行决策的偏差称为"易得性信息偏差"（availability bias）；而将一开始获取的信息看作是下一次决策参考标准的偏差称为"锚定效应"（anchoring effect）。此后，经过一系列心理学研究与经济学研究的糅合，卡尼曼与特沃斯基于1979年正式提出"前景理论"。由于对不确定情况下行为人决策的描述更加准确，该理论受到众多学者的认可。目前，前景理论广泛应用于投资、消费、交通、管理等多个领域，对于相关科学的研究产生了深远影响。

2.2 前景理论主要内容

根据前景理论的描述，行为人的风险决策过程可分为编辑（editing）与评价（evaluation）两个阶段。编辑阶段的目的是简化获取的信息，进而使行为人更容易做出评价与选择。评价阶段则是根据编辑阶段的结果选择前景值最高的行为路径。编辑阶段主要内容包括编码（coding）、整合（combination）、分离（segregation）、抵消（cancellation）、简化（simplification）、占优检查（detection of dominance），评价阶段主要依赖行为人的价值函数（the value function）和决策权重函数（the weighting function）。接下来，本书对两个阶段的内容进行详细阐述。

2.2.1 前景理论的编辑阶段

编辑阶段的对象是事件未来的状态以及各状态发生的概率。通过用特殊方式对既定预期状态进行编辑，以达到简化后续评估、决策的功效。

编辑阶段的第一内容是编码（coding）。卡尼曼与特沃斯基的实验表明，行为人对财富的敏感程度要远远低于对盈利或亏损的敏感程度。编码就是将决策对应的或有状态写成标准化的结构范式，该表达式包含了盈利、损失以及概率三种元素。举个例子，赌徒参与赌局的结果是获胜盈利1000元，失败亏损3000元。其中，获胜的概率是75%，失败的概率是25%，那么编码的结果就是（1000，0.75；-3000，0.25）。需要说明的是，前景理论中的盈利或者亏损并非真实的收益变动，而是指实际数值与行为人心目中参考点的距离。若上面例子中赌徒的参考点就是获利 1000 元，那么编码的结果就是（0，0.75；-4000，0.25）。一般情况下，参照点会随时间与周围环境的变化而变化，因此，行为人心目中的收益与损失也会随之变化。

编辑阶段的第二个内容是整合（combination）。若未来的几种状态发生概率相同，则能够进行整合。如编码（1000，0.1；1000，0.1）可以整合为（1000，0.1）。编码的整合实际是一种简化，方便进一步作评估。

编辑阶段的第三个内容是分离（segregation）。与整合类似，若未来的几种状态能够组合成无风险的因素，则可以进行分离。如编码为（1000，0.5；500，0.5）的赌局可以分离成一个 500 元的确定性收益与（500，0.5）的不确定收益。相似地，编码为（-500，0.25；-300，0.75）的赌局可以分离成一个 300 元的确定性损失与（-200，0.25）的不确定损失。

编辑阶段的第四个内容是抵消（cancellation）。卡尼曼与特沃斯基在实验中发现，行为人在面对多种选择时，往往聚焦于不同的内容而忽视相同的部分。因此，抵消指的是去除或有状态中相同的部分。如两个编码（1000，0.4；500，0.3；200，0.3）、（800，0.4；300，0.3；200，0.3）可以相抵成（1000，0.4；500，0.3）、（800，0.4；300，0.3）。

编辑阶段的第五个内容是简化（simplification）。该部分通过调整概率与状态以简化计算过程，如编码（505，0.396）可以简化为（500，0.40）。

编辑阶段的最后一个内容是占优检查（detection of dominance）。对于两种编码，占优的编码可以淘汰掉不占优的编码。比如编码（300，0.3；505，0.396）就优于编码（300，0.2；495，0.404），行为人便会选择前者。行为人在编辑阶段的操作一共包括如上六个内容，接下来，本书介绍前景理论的评估阶段。

2.2.2 前景理论的评估阶段

评估阶段是指行为人根据一定的规则对不同编码进行选择。根据前景理论的描述，评价规则由价值函数（the value function）和决策权重函数（the weighting function）两部分构成。通过这两类函数，计算前景值最高的编码，即可获知行为人将要进行的选择。接下来，本书先对前景理论中的价值函数进行介绍。

价值函数是卡尼曼与特沃斯基按照预期效用理论的研究范式，提出的用于评价相关决策信息的效用函数，该函数刻画了行为人主观效用与或有状态之间的联系。卡尼曼与特沃斯基指出，人们的感知往往来源于变化而非绝对值，正如一个人对温度变化的反馈要比温度绝对值更稳健。举个例子，3摄氏度增加至6摄氏度的感觉要强烈于13摄氏度增加至16摄氏度的感觉。温度变化的感知力同样适用于财富的变化，100元的收益增加至200元带来的主观价值要明显强烈于1100元增加至1200元，相反，行为人对于变化的感知力在参考点以下呈现一定的凸函数特性，如100元的损失增加至200元带来的主观价值要明显强烈于1100元增加至1200元。卡尼曼与特沃斯基通过行为实验的方法对风险资产进行了检验，具体过程如下：

对于编码（6000，0.25）与（4000，0.25；2000，0.25），有82%的人选择后者。而对于编码（-6000，0.25）与（-4000，0.25；-2000，0.25），有70%的人们选择前者。换成数学表达式为：

$$\pi(0.25)v(6000) > \pi(0.25)[v(4000) + v(2000)] \quad (2.1)$$

和

$$\pi(0.25)v(-6000) > \pi(0.25)[v(-4000) + v(-2000)] \quad (2.2)$$

式（2.1）和式（2.2）中，π代表决策权重，v代表价值函数。基于这种结果，卡尼曼与特沃斯基假定价值函数在盈利阶段为凹函数，在亏损阶段为凸函数。价值函数研究的基本单位是资产的变动值，这是价值函数的主要特征之一，也是前景理论与预期效用理论的一大区别。

虽然着重刻画"变化"这一研究对象，但是前景理论并未完全脱离资产的绝对值。行为人心目中的参考点便是联系资产绝对值与变化值之间的关键纽带。例如，过去某次经历所记录的信息，既能反映实际中的绝对属性，也能作为指导当下抉择的参考点。通过参考点，行为人便能感知相应的变化。实际上，参考点是前景理论最重要的元素，也是相关研究最基础的工作内容。如何构建参考点完全取决于个人主观感受，由于行为人之间的异质性，参考点的选取方式也各式各样。高于参考点与低于参考点对行为人而言有着截然不同的意义。处于盈利状态时为确定效应，风险与收益呈边际效用递减的状态，即人们表现出风险规避；处于损失状态时为反射效应，风险与收益呈边际效用递增，即人们表现出风险追寻。

此外，卡尼曼与特沃斯基在研究中发现，行为人对损失和盈利的敏感程度不同，面对损失的痛苦感要大大超过面对盈利的快乐感，这种不对称

性被称为损失规避效应,相应的数学表达式为:

$$v(y) + v(-y) > v(x) + v(-x) \quad (2.3)$$

和

$$v(-y) - v(-x) > v(x) - v(y) \quad (2.4)$$

式(2.3)和式(2.4)中,x≥y≥0。当 y=0 时,有 v(x) < -v(-x)。

根据上述研究,卡尼曼与特沃斯基将价值函数描绘成图2.1的形式。这种S形的效用函数具备三点特性:(1)盈利与亏损由参考点决定。(2)盈利状态的价值函数呈现凹性,损失状态的价值函数呈现凸性。(3)盈利时的曲线较为平缓,损失时的曲线较为陡峭。

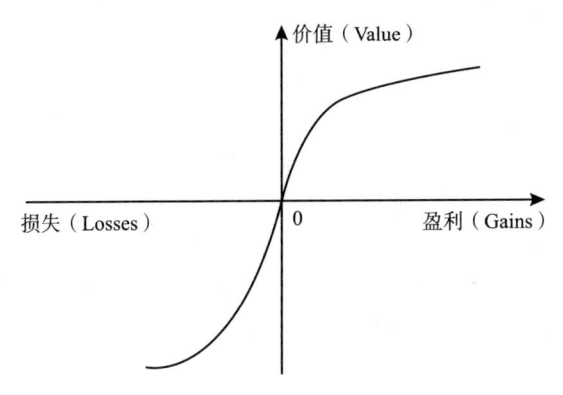

图 2.1　前景理论价值函数图

决策权重函数(the weighting function)

对于每一个主观收益,需要乘以相应的系数,以此反映投资者对概率的偏好,比如小概率迷恋现象——在面对小概率的极大赢利时,多数人是风险喜好者;在面对小概率的极大损失时,多数人是风险厌恶者。为了刻画这种由偏好导致的概率分布不均匀现象,卡尼曼与特沃斯基引入了决策权重函数 π(p)。与拉姆齐和萨维奇的主观概率选择方法相似,决策权重由行为人对前景值的选择倒推而来。不过,这些权重并不服从相关的概率论公理,它仅仅是用以评价概率的指标。卡尼曼与特沃斯基在试验时发现,对于编码(6000,0.45)与(3000,0.9),86%的人选择后者,但对于(6000,0.001)与(3000,0.002),73%的人选择前者。相似地,对于编码(-6000,0.45)与(-3000,0.9),92%的人选择前者,但对于(-6000,0.01)与(-3000,0.02),70%的人选择后者。此外,对于编码（5000，0.001）与（5，1），72%的人选择前者，对于（-5000，0.001）与（-5，1），83%的人选择后者，由此可见决策权重函数具有如下几点性质：

①决策权重函数 $\pi(p)$ 对概率 p 而言单调递增，且当 p = 0 时，$\pi = 0$；p = 1，$\pi = 1$。

②决策权重具有一些小概率属性。当概率 p 较小时，决策权重 $\pi(p)$ 是 p 的次级可加性（sub-additive）函数，即当 $r \in (0, 1)$ 时，存在 $\pi(rp) > rp$。这种设定是为了回应卡尼曼与特沃斯基在实验中发现的确定效应与反射效应。

③决策权重函数 $\pi(p)$ 对极小概率予以极高比重，反映了行为人对小概率事件的高估。反之，当概率 p 较大时，决策权重函数 $\pi(p)$ 不是 p 的次级可加性函数，同时 $\pi(p) > p$，也说明行为人会低估大概率事件发生的可能性。

④决策权重函数 $\pi(p)$ 具有次级确定性（sub-certain）。由阿莱斯悖论（allais paradox）的案例以及卡尼曼与特沃斯基的实验可以发现多种关于概率 p 的次确定性证据。因此，前景理论指出，虽然互补事件发生概率的和为 1，但对应的权重之和小于 1。即对任意 $p \in (0, 1)$，存在 $\pi(p) + \pi(1 - p) < 1$。决策权重函数的次级确定性进一步反映了行为人对未知事件的态度。

⑤决策权重函数 $\pi(p)$ 具有次级比例性（sub-proportionality）。若概率比相同，小概率事件的决策权重之比要小于大概率事件的决策权重比。公式表达为：

$$\frac{\pi(pq)}{\pi(p)} < \frac{\pi(rpq)}{\pi(p)} \tag{2.5}$$

其中，p 代表事件发生的概率，r、q 是任意小于 0 的正实数。值得一提的是，次级比例性与小概率事件的高估反过来又说明了决策权重函数在小概率中是次级可加性的。根据上述性质，卡尼曼与特沃斯基将决策权重函数设定为图 2.2 这种形式。

图 2.2 中颜色较浅的直线是 45 度线，表示 $\pi(p) = p$。颜色较深的曲线表示决策权重函数，可以发现，当概率较小时，曲线在 45 度线之上，$\pi(p) > p$。而当概率较大时，曲线在 45 度线之下，$\pi(p) < p$，充分体现了投资者对小概率事件的高估，对大概率事件的低估。

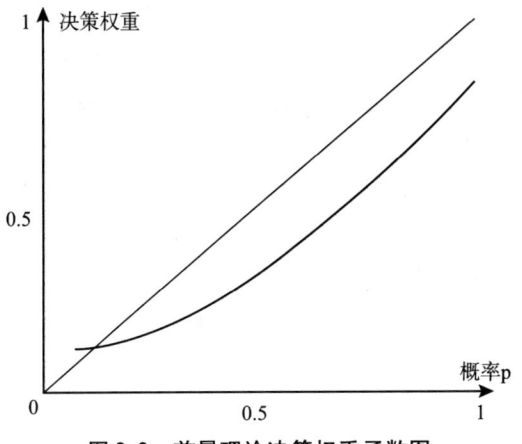

图 2.2　前景理论决策权重函数图

前景理论结合了行为实验以及心理学的研究成果，充分考虑了人们在不确定条件下决策的非理性因素，结论更加贴近于实际。然而，在具体操作中，相关研究人员会碰到两类难题。一类是无法同时处理多种编码，另一类是经常忽视随机占有原理。奎根（Quiggin，1982）曾利用累积泛函的思想解决过风险与抉择的问题，相似地，卡尼曼和特沃斯基（1992）也运用累积泛函的思想对前景理论升级，形成后来的累积前景理论。接下来，本书将对该理论展开介绍。

2.3　累积前景理论

在累积前景理论中，卡尼曼与特沃斯基为主观价值函数赋予了具体的表达式。传统金融理论中的效用函数是凹函数，且处处可微，但前景理论中的主观效用函数 v(x) 在原点处存在拐点，拐点的右边是凹函数，拐点的左边是凸函数。这就表达了投资者在盈利时厌恶风险，在损失时追寻风险，而拐点便是行为人的参考点。这种分段形式的效用函数是前景理论与预期效用理论的另一大区别。价值函数的表达式如下：

$$v(x) = \begin{cases} x^\alpha, & x \geq 0 \\ -\lambda(-x)^\beta, & x < 0 \end{cases} \tag{2.6}$$

式（2.6）中，参数 α 与参数 β 均在 0 到 1 之间，以反映敏感性逐渐降低的过程。其中，前者用以调整行为人在盈利域时幂函数的凹度，后者用以调整在损失域时幂函数的凸度。参数 λ 大于 1，以反映损失规避效应。正如卡尼曼与特沃斯基在实验中发现，(-100，0.5) 与 (110，0.5) 在投资者眼中是可以抵消的。上式中，α = β = 0.88，λ = 2.25，由卡尼曼与特沃斯基在实验中所得。

与前景理论相比，引入累积泛函的新模型能够同时处理多个编码。具体地，令所有互斥事件未来状态的集合为 S，那么 S 的子集 s 就是当中的某一事件。这些事件的状态都对应一个能够用货币度量且经过参考点处理的相对产出 x，所有 x 构成的集合为相对结果集 X。在 X 中，大于 0 就视为盈利，小于 0 则视为亏损。

编码可以视为状态转换为产出的函数，本书将其记为 f，那么对于任意 $s \in S$，都有 $f(s) = x$，且 $x \in X$。按照累积前景理论的描述，用 (x_i, A_i) 表示 A_i 发生时得到 x_i 的盈利或损失。将所有 x 从小到大依次排列，若 i > j，则有 $x_i > x_j$。

考虑一个无可加性的集函数——容量 w，它具有的性质是：任何包含于 S 中的子集都存在某个元素，使得 $w(\varphi) = 0$，$w(S) = 1$，且当 s_1 包含于 s_2 时，有 $w(s_1) \leq w(s_2)$ 接下来，令 f^+ 表示 f 大于 0 的部分，f^- 表示 f 小于 0 的部分，累积前景理论中价值函数的计算公式可表示为：

$$V(f) = V(f^+) + V(f^-) \tag{2.7}$$

$$V(f^+) = \sum_{i=0}^{n} \pi_i^+(p) v(x_i) \tag{2.8}$$

$$V(f^-) = \sum_{i=-m}^{0} \pi_i^-(p) v(x_i) \tag{2.9}$$

其中，$-m \leq i \leq n$，$V(0) = 0$，$\pi_i^+(f^+) = (\pi_0^+, \pi_1^+, \cdots, \pi_n^+)$，$\pi_i^-(f^-) = (\pi_{-m}^-, \cdots, \pi_{-1}^-, \pi_0^-)$，$\pi_i^+$、$\pi_i^-$ 的具体数值能够通过 w 求出：

$$\pi_{-m}^- = w^-(A_{-m}) \tag{2.10}$$

$$\pi_n^+ = w^+(A_n) \tag{2.11}$$

$$\pi_i^+ = w^+(A_i \cup \cdots \cup A_n) - w^+(A_{i+1} \cup \cdots \cup A_n), \ 0 \leq i \leq n-1 \tag{2.12}$$

$$\pi_i^- = w^-(A_{-m} \cup \cdots \cup A_i) - w^-(A_{-m} \cup \cdots \cup A_{i-1}), \ 1-m \leq i \leq 0 \tag{2.13}$$

当 $i \geq 0$ 时，记为 $\pi_i^+ = \pi_i$，当 $i \leq 0$ 时，记为 $\pi_i^- = \pi_i$，则价值函数可重新表示为：

$$V(f) = \sum_{i=-m}^{n} \pi_i(p)v(x_i) \qquad (2.14)$$

若事件 A_i 的概率分布是 $p(A_i) = p_i$，那么 (x_i, A_i) 就可以视为 (x_i, p_i)，决策权重 π_i 可以重新写成：

$$\pi_{-m}^{-} = w^{-}(p_{-m}) \qquad (2.15)$$
$$\pi_{n}^{+} = w^{+}(p_n) \qquad (2.16)$$

但是，这种决策权重无法通过具体的表达式进行计算，因此，通过一种累积泛函的方法。举个例子，对于每一个参照收益 x_i，当 $x_i > 0$ 时，客观概率 p_i 可用 $(p_i + p_{i+1} + \cdots + p_n) - (p_{i+1} + p_{i+2} + \cdots + p_n)$ 计算。当 $x_i < 0$ 时，客观概率 p_i 可用 $(p_{-m} + \cdots + p_{i-1} + p_i) - (p_{-m} + \cdots + p_{i-2} + p_{i-1})$ 计算。在累积前景理论中，投资者不会采用客观概率 p_i 进行估计，而是通过函数 w^+、w^- 将客观概率调整为决策权重 π_i。具体表达式如下：

$$\pi_i^{+} = w^{+}(p_i + \cdots + p_n) - w^{+}(p_{i+1} + \cdots + p_n), \; 0 \leq i \leq n-1 \qquad (2.17)$$
$$\pi_i^{-} = w^{-}(p_{-m} + \cdots + p_i) - w^{-}(p_{-m} + \cdots + p_{i-1}), \; 1-m \leq i \leq 0$$
$$(2.18)$$

其中 w^+、w^- 的表达式为：

$$w^{+}(p) = \frac{p^{\gamma}}{[p^{\gamma} + (1-p)^{\gamma}]^{1/\gamma}} \qquad (2.19)$$

$$w^{-}(p) = \frac{p^{\delta}}{[p^{\delta} + (1-p)^{\delta}]^{1/\delta}} \qquad (2.20)$$

式 (2.19)、式 (2.20) 中，γ 与 δ 分别是盈利域、损失域权重函数中对应的参数。为获取 γ 与 δ 的数值，卡尼曼和特沃斯基（1992）进行了大量实验，最终 γ 的评估结果为 0.61，δ 的评估结果为 0.69。相关的检验也证实此设定能够在 5% 的置信区间内有较好的逼近效果。

图 2.3 是 w^+、w^- 的曲线图，之所以这样设定，是为了增加尾部概率的权重，以描述投资者存在的博彩偏好——小概率赢利时为风险偏好，小概率损失时为风险厌恶。举个例子，投资者在损失时追寻风险，但面对 (-500, 0.1) 与 (-50000, 0.001) 时，会选择前者；投资者在盈利时规避风险，但面对 (500, 0.1) 与 (50000, 0.001) 时，会选择后者。代入式 (2.17) 与 (2.18) 后可知，当概率 p_i 较小时，$\pi^{+}(p_i) > p_i$，$\pi^{-}(p_i) > p_i$。当概率 p_i 较大时 $\pi^{+}(p_i) < p_i$，$\pi^{-}(p_i) < p_i$。

图 2.3　决策权重转化函数曲线图

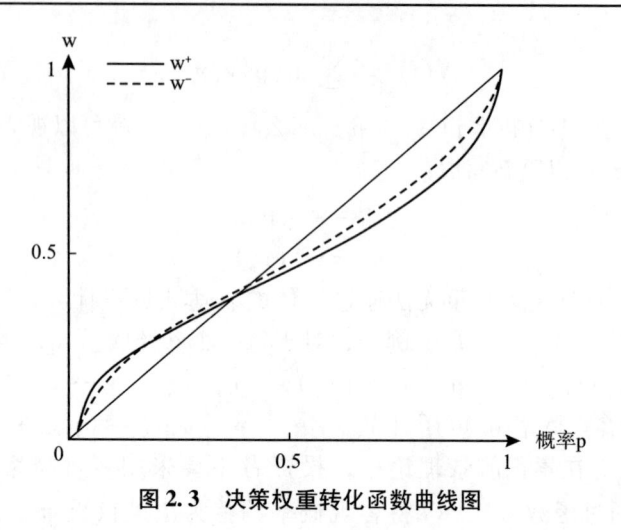

2.4　小　　结

  本章对前景理论进行了较为全面的阐述，相关研究内容可概括为以下几点：第一，人们对财富变化的感知远比财富值本身强烈，因此变化值是前景理论研究的基本单位。第二，行为人会将或有状态以及相应概率通过编码的方式转化成标准化的结构范式，并根据自己需求进一步整合、分离、抵消与简化，同时也会通过占优检查忽视劣质编码。第三，行为人的风险偏好取决于参考点，参考点之上为风险规避，参考点之下为风险追寻。同时，行为人对损失的敏感性远大于盈利，因此损失域的效用函数更加陡峭。第四，客观概率经行为人主观意识"加工"后成为或有状态的决策权重，这种主观意识表现为高估小概率事件，低估大概率事件。第五，前景理论属于一种描述性研究，为将其应用于实际计算，卡尼曼与特沃斯基在累积前景理论中给出了主观价值函数与决策权重的具体表达式，并通过大量实验拟合出各参数的具体值。通过介绍前景理论，本章梳理了不确定条件下行为人的决策过程，总结了行为偏差的主要特点，给出了相关模型的基本范式，后续章节的研究将围绕这些要点展开。

第 3 章

价格参考点的构建

前景理论的研究围绕财富变化展开,其盈利与亏损取决于价格参考点,与实际得失无关。寻找合适的价格参考点是本书研究的基础,由于投资者内心不可测性,该指标的构建尚未有统一标准,故成为相关研究领域中的一大难题。现阶段,价格参考点的类型多种多样,皆由学者们基于不同研究视角提出。充分考虑不同类型的参考点是细致研究前景理论在中国股票市场影响的必要条件。因此本章对现有文献进行整理筛选,构建了 6 类价格参考点,并从短、中、长三种样本区间观测投资者的周期偏好。本章内容为后续的探索奠定了数据基础,是整体研究的重要一环。

3.1 参考点的计算方式

价格参考点也称为参考价格,指投资者心目中的参考标准。与收盘价、复权价等客观指标不同,参考价格是投资者内心的主观指标,并不能直接获取。通过对现有文献的整理,本章挑选出 6 类计算方法,分别是基于简单移动平均法构建的参考价格、基于指数平滑法构建的参考价格、基于历史最大值、最小值构建的参考价格、基于交易频度构建的参考价格以及基于初始交易构建的参考价格,具体的计算方式如下:

3.1.1 基于简单移动平均法构建的参考价格

均线分析理论是股票市场中最常用的分析技术之一,该理论由格兰威尔(Joseph E. Granville)于 20 世纪 60 年代提出。通过计算过去一段时间内股票价格的算术平均,判断股票价格的真实价值,同时预测未来股票价格的变动趋势，进而及时调整当前的投资决策。借鉴统计学中"移动平均"的思想，简单移动平均法计算的价格均线过滤了短时期内股票价格的波动，能够更加贴近股票的内在价值。同时，由于计算简便，可获得性较强，均线对于普通投资者尤其是个体投资者而言，是一种常用的分析工具。鉴于此，本书首先通过简单移动平均的方法计算每只股票每一时期的价格参考点，具体计算方式如下：

$$\mathrm{RP}_{SMA,i,t}(T) = \frac{1}{T}\sum_{j=t-T}^{t-1} P_{i,j} \qquad (3.1)$$

式（3.1）中，$\mathrm{RP}_{SMA,i,t}$表示股票i在t时刻通过简单移动平均计算的参考价格。T表示被平均的参考期数，$P_{i,j}$表示参考期内的股票i在j时刻的价格。

3.1.2 基于指数平滑法构建的参考价格

除简单算术移动平均外，指数平滑法（exponential smoothing）也是一种产生均值时间序列的方法。该方法最早由布朗（Robert G. Brown）于1962年提出，他认为过去的状态会在一定程度上影响当前状态，且距离当前时刻越近，影响程度越大。由于在计算过程中平滑系数按照指数形式衰退，因此指数平滑法最突出的特点是"重近轻远"。相比简单移动平均不考虑远期的做法，布朗提出的指数平滑法包含过去所有的数据信息，且随时间的推移，过去数据信息产生的影响逐渐降低。

这种计算原理兼容了全期平均和移动平均弱化异常波动的优点，又能突出近期信息的作用，同时，与简单移动平均法相似，指数平滑法也具有易掌握、易操作、计算量较小等优良性能，因此该方法在股票市场的价格研究中被广泛采用。接下来，本书通过指数平滑的方法计算每只股票每一时期的价格参考点，具体计算方式如下：

$$\mathrm{RP}_{EMA,i,t}(T) = \frac{1}{T}P_{i,t-1} + \left(1 - \frac{1}{T}\right)\mathrm{RP}_{EMA,i,t-1} \qquad (3.2)$$

$$\mathrm{RP}_{EMA,i,0}(T) = \frac{1}{T}P_{i,0} + \frac{1}{T}P_{i,1} + \cdots + \frac{1}{T}P_{i,-T+2} + \frac{1}{T}P_{i,-T+1} \qquad (3.3)$$

式（3.2）中，$\mathrm{RP}_{EMA,i,t}$代表股票i在t时刻通过指数平滑法计算的参考价格，$P_{i,t}$代表股票i在t时刻的收盘价，$\frac{1}{T}$是$P_{i,t}$对$\mathrm{RP}_{EMA,i,t}$的影响程度。$\mathrm{RP}_{EMA,i,0}$是指数平滑法计算的初始值，本书采用第0期至第T期股票价格的算术平均值计算。

3.1.3 基于历史极端值构建的参考价格

根据有限关注理论的观点，投资者并不具备同时处理所有信息的能力，面对市场每时每刻涌现的大量信息，他们的注意力往往被那些极端信号吸引。特沃斯基和卡尼曼（1974）认为，投资者在情况不确定时常常将过去的某次经历作为参照点，从而影响之后的分析与决策，甚至产生预测偏差，这种情况即锚定效应（anchoring effect）。近年来，围绕过去一段时间内最高价格展开的研究从未间断。如希思等（Heath et al.，1999）在控制公司员工的个人心理因素与外部经济因素后发现当股票价格高于过去一年的最高价时，期权的执行价格远远高于其他情况下的执行价格。哈达特等（Huddart et al.，2009）对美国股市 1982~2006 年的价格进行了实证研究，发现股票过去一年的最高价格常常会吸引投资者关注，作为一种参照基准，一旦当期价格接近甚至超过该参照价格，成交量会大大增加。袁（Yuan，2015）在对道琼斯指数进行研究时发现，关注力有限的中小规模投资者易受处置效应的影响，一旦指数接近或超过之前最高点，他们会迅速做空股票，导致市场收益发生扭曲。吴晶和王燕鸣（2015）认为，个体投资者既缺乏信息优势，也没有技术优势，相较而言，过去一段时间内的最高价格是一个容易获取且能够反映部分真实信息的参照点。

鉴于此，本书将过去一段时间作为投资者的参考期，并将该时期内的最高价格视为投资者的参考点，即：

$$RP_{Max,i,t}(T) = Max\{P_{i,t-1}, P_{i,t-2}, \cdots, P_{i,t-n}\} \quad (3.4)$$

式（3.4）中，$RP_{Max,i,t}$ 是以最高价为标准的参考价格。相似地，本书也提出最低参考价格，即：

$$RP_{Min,i,t}(T) = Min\{P_{i,t-1}, P_{i,t-2}, \cdots, P_{i,t-n}\} \quad (3.5)$$

3.1.4 基于交易频度构建的参考价格

股票换手率是投资者重要的分析指标，它既能反映时间价值、交易成本等基本面信息（吴冲锋等，2002），也能反映市场整体的投资者情绪（贝克和沃格勒，2006）。由于我国投资者热衷于短线操作，股票市场一直具有高换手率的特点（张峥和刘力，2006）。作为标准化的交易量指标，换手率的高低对应某一时刻市场整体的交易活跃性。同时，关注能力有限的投资者在回溯过去交易信息时，对高换手率的交易过程有深刻的记忆。若在计算均值的过程中，将换手率作为价格的权重，则能够产生同时包含价格信息与换手率信息的股票参考价格。接下来，本书借鉴弗拉齐尼（Frazzini，2006）文中的结构范式，提出如下参考价格的构建方法：

$$RP_{Fra,i,t} = \frac{1}{k_i} \sum_{n=1}^{T} Turnover_{i,t-n} P_{i,t-n} \qquad (3.6)$$

式（3.6）中，$RP_{Fra,i,t}$代表股票 i 在 t 期的股票参考点，$Turnover_{i,t-n}$代表股票 i 在 t-n 期的月度换手率，$P_{i,t-n}$代表股票 i 在 t-n 期的收盘价格。由上式可知，$RP_{Fra,i,t}$是 t-1 期到 t-n 期 $P_{i,t-n}$的加权平均，权重是每一期的换手率。为使权重和为 1，模型中加入常数 k，表达式为：

$$k_i = \sum_{n=1}^{T} Turnover_{i,t-n} \qquad (3.7)$$

需要说明的是，弗拉齐尼（Frazzini，2006）在计算中用来反映交易量的指标是基金经理购买股票的份额，而上述参考价格计算中采用的是换手率指标。

3.1.5 基于初始交易构建的参考价格

格林布拉特和韩（2005）在研究心理账户与处置效应的过程中，提出一种同时包含价格信息以及换手率信息的参考点构建方法。这种方法在后续与前景理论相关的研究中受到多数学者的认可，如任德平等（2013）采用该方法构建了中国股票市场的价格参考点，并检验了中国股票市场中的处置效应。王等（Wang et al.，2017）根据价格参考点将投资者状态划分为盈利域与损失域，并研究了不同风险的股票在未来收益的变化。安等（An et al.，2020）通过价格参考点进一步分析了不同状态下投资者的博彩偏好。陈文博等人（2019）通过价格参考点研究了不同盈亏、不同情绪状态下投资者的博彩行为。同样，本书也采用格林布拉特和韩（Grinblatt & Han，2005）的方法计算每只股票每一时期的价格参考点，具体计算方式如下：

$$RP_{Gri,i,t} = \frac{1}{k_i} \sum_{n=1}^{T} \left[Turnover_{i,t-n} \prod_{\tau=1}^{n-1} (1 - Turnover_{i,t-n+\tau}) \right] P_{i,t-n} \qquad (3.8)$$

式（3.8）中，$RP_{Gri,i,t}$代表股票 i 在 t 期的价格参考点，$Turnover_{i,t-n}$代表股票 i 在 t-n 期的流通股换手率，$P_{i,t-n}$代表股票 i 在 t-n 期的收盘价格。由上式可知，$RP_{Gri,i,t}$实质上是$t-1$期到$t-n$期$P_{i,t-n}$的加权平均，权重是$t-n$期购买后至今没被交易的概率。为使权重和为1，模型中加入常数k，表达式为：

$$k_i = \sum_{n=1}^{T}\left[\text{Turnover}_{i,t-n}\prod_{\tau=1}^{n-1}(1-\text{Turnover}_{i,t-n+\tau})\right] \quad (3.9)$$

3.2　参考周期

在探索前景理论价格参考点的过程中，除了股票参考价格的计算方式，样本参考期的选择也十分关键。众多文献（如 An et al., 2020; Wang et al., 2017; Grinblatt et al., 2005）在研究美国股票时都将参考期设置为5年。然而，根据巴贝里斯等（2016）的观点，美股的参考期之所以选择5年，是由于过去市面上流行的投资手册普遍将5年作为统计收益分布的标准周期，因此该样本长度更能够捕捉美国投资者的心理特征。

中国与美国资本市场差异较大，是否将我国的样本参考期设定为5年仍需进一步商榷。首先，就市场环境而言，国内相关制度尚待完善，基本面信息难以及时反映到股票价格上。其次，就市场参与者而言，国内的个体投资者占比较高，博彩偏好严重，且偏爱短期投资。最后，就技术手段而言，中国股票市场发展的时期恰逢互联网科技腾飞，信息更新迅速，通过报纸、期刊、手册等获取信息的方式早已不再适用。因此，无论从上述哪种角度看，参考期的设定都是一个值得重新研究的问题。

学术界和业界通常将股票周期分为短、中、长三种。具体地，短周期指3个月以下，中周期指半年到1年，长周期指3年至5年。鉴于此，本书将样本参考期划分为4周、8周、26周、52周、156周、260周，其中，4周（1个月）、8周（2个月）为短周期，26周（半年）、52周（1年）为中周期，156周（3年）、260周（5年）为长周期。在此基础上构建一系列股票价格参考点。

3.3　参照收益率的计算方式

获得参考价格后，进一步求取每只股票在各时期的参照收益率，以确定投资者的盈亏状态。与王等（Wang et al.，2017）、任德平等（2013）、弗拉齐尼（Frazzini，2006）计算方式相同，本章参照收益率的表达式为：

$$\text{RDR}_{i,t} = \frac{P_{i,t} - RP_{i,t}}{P_{i,t}} \qquad (3.10)$$

式（3.10）中，RDR 大于 0 代表投资者处于参照盈利状态，RDR 小于 0 代表投资者处于参照损失状态。

3.4 参考价格的构建

3.4.1 数据来源

本章选取 1990 年 1 月 1 日~2019 年 6 月 30 日中国股票市场公开交易数据进行股价参考点的构建。所需指标主要是股票收盘价、流通股换手率，数据均来源于锐思金融数据库。周数据拥有比月数据更高的观测频度，且受市场微观结构的干扰小于日数据（Grinblatt & Han，2005），故采用周数据进行构建。本书在滚动计算每只股票每一期的价格参考点时，自动忽略了数据量不足一半的窗口。

3.4.2 描述性统计

根据上述计算表达式，本章构建出短（4 周、8 周）、中（26 周、52 周）、长（156 周，260 周）三类周期视角的股价参照收益率。以初始交易价格计算的 RDR_Gri 为例，表 3.1 给出了其描述性统计结果，图 3.1 ~ 图 3.3 描绘了截面数据第 10% 分位、第 50% 分位、第 90% 分位时间序列图。

表 3.1　　　　　参照收益率 **RDR_Gri** 的描述性统计

项目	RDR_4	RDR_8	RDR_26	RDR_52	RDR_156	RDR_260
观测值数	2079191	2066684	1998740	1922951	1599406	1322991
最小值	-98.934	-99.223	-126.636	-100.454	-63.428	-30.733
最大值	0.902	0.861	0.758	0.907	0.910	0.910

第3章　价格参考点的构建　　47

续表

	RDR_4	RDR_8	RDR_26	RDR_52	RDR_156	RDR_260
中值	-0.008	-0.018	-0.045	-0.065	-0.083	-0.083
均值	-0.019	-0.035	-0.077	-0.106	-0.135	-0.137
标准误	0.000	0.000	0.000	0.000	0.000	0.000
方差	0.031	0.046	0.100	0.148	0.101	0.080
标准差	0.175	0.215	0.316	0.384	0.318	0.283
变异系数	-9.012	-6.055	-4.091	-3.607	-2.345	-2.070

资料来源：本表根据初始交易价格构建的 RDR_Gri 计算而得。

由表3.1可知，参考期从4周增加到260周，有效观测值从2079191变至1322991个。其中 RDR_4 的最小值为 -98.934，最大值为 0.902，中值为 -0.007，平均值为 -0.019，整体的标准差为 0.175，变异系数为 -9.012。RDR_260 的最小值为 -30.733，最大值为 0.910，中值以及平均值分别为 -0.083、-0.137，整体的标准差为 0.283，变异系数为 -2.070。

由于数据频度较高且存在部分极端值，为保证合适的图形比例，以方便观测序列波动，本章对各数据进行了99%的 Winsorize 与稀疏化处理。图3.1是参考期为4周、8周、26周、52周、156周、260周的 RDR_Gri

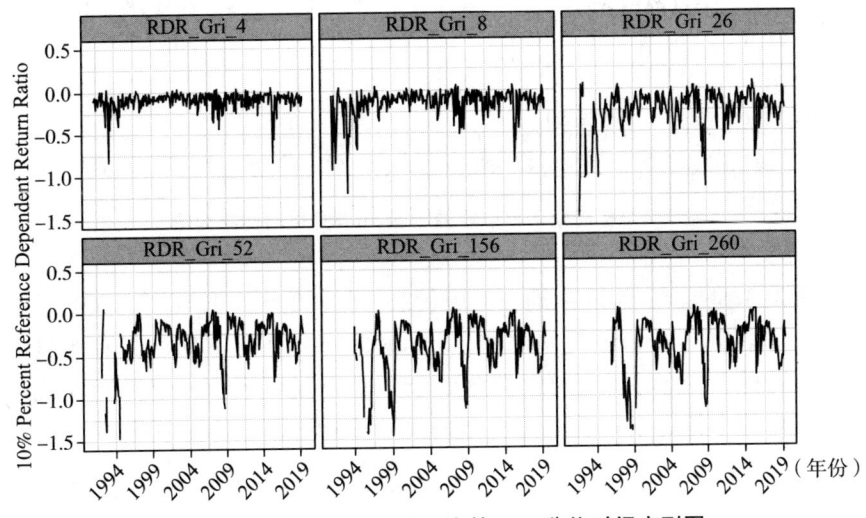

图3.1　各周期下参照收益率第10%分位时间序列图

第 10% 分位的时间序列，由图可知，6 类时间序列从 1990 年 1 月 1 日～2019 年 6 月 30 日波动明显，且 RDR_Gri 之间存在明显差异。此外，6 类时间序列大部分处于 0 水平线以下，对应了中值、平均值为负的描述性统计结果。RDR_Gri_4、RDR_Gri_8 在 2015 年处于低位，RDR_Gri_26、RDR_Gri_52、RDR_Gri_156、RDR_Gri_260 在 2009 年、2016 年处于低位，意味着投资者处于明显的"参照损失"状态。

图 3.2 是参考期为 4 周、8 周、26 周、52 周、156 周、260 周的 RDR_Gri 第 50% 分位的时间序列，同样，6 类时间序列之间存在明显差异，且从 1990 年 1 月 1 日～2019 年 6 月 30 日波动明显。整体来看，6 类时间序列大部分处于 0 水平线以下，与中值、平均值为负的描述性统计结果相对应。RDR_Gri_52、RDR_Gri_156、RDR_Gri_260 在 2009 年、2012 年处于明显低位，表明投资者处于"参照损失"状态。

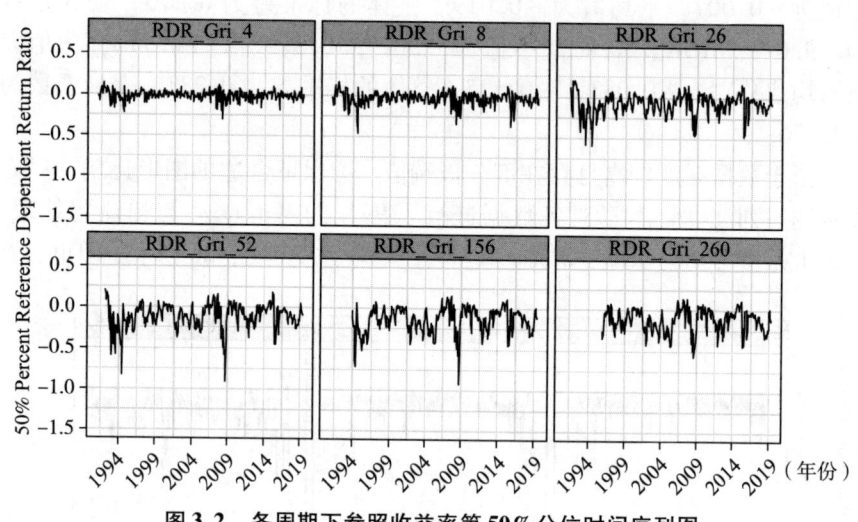

图 3.2　各周期下参照收益率第 50% 分位时间序列图

图 3.3 是参考期为 4 周、8 周、26 周、52 周、156 周、260 周的 RDR_Gri 第 90% 分位的时间序列，6 类时间序列在样本期内具有明显的波动。同样，6 类时间序列大部分处于 0 水平线以下，对应描述性统计中小于 0 的中值、平均值。RDR_Gri_26、RDR_Gri_52、RDR_Gri_156、RDR_Gri_260 在 2009 年、2012 年处于低位，表明投资者处于"参照损失"状态。

图 3.3　各周期下参照收益率第 90％ 分位时间序列图

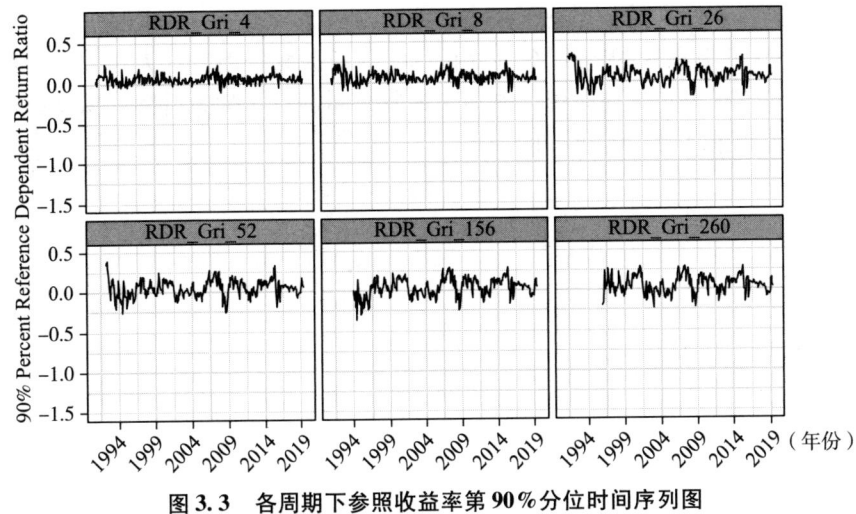

其他类型参照收益率的描述性统计与时间序列图列于本书附录中。整体上看，不同参考期下的 RDR 差异较大，意味着参考期对结果影响显著，是本研究必须考虑的因素。此外，虽然横截面数据在 1990 年 1 月～2019 年 6 月期间具有明显波动，但第 10％、50％、90％ 分位的时间序列拥有非常相似的变化趋势，表明参照收益率存在一定的内在变动规律，能够开展进一步的探索。

3.5　小　　结

构建合适的价格参考点是研究前景理论的基础，亦是本书研究的关键环节。作为一类随时间动态变化的主观值，该指标在度量方面存在较大难度。部分学者根据某种投资视角提出了不同的参考价格构建方法，均具有一定的合理性。为了更加全面、细致地研究前景理论，本章将这些构建方法整理成 6 类——基于简单移动平均法构建的参考价格、基于指数平滑法构建的参考价格、基于历史最大值、最小值构建的参考价格、基于交易频度构建的参考价格以及基于初始交易构建的参考价格。与此同时，考虑到参考期这一影响因素，进一步构建了短（4 周、8 周）、中（26 周、52 周）、长（156 周、260 周）周期下的参考价格。将参考价格转化后，对各类参照收益率进行了细致的描述性分析。整体来看，参照收益率的平均值为负，且参考期越长，均值越小。第10%、50%、90%分位的时间序列表明1990年1月~2019年6月存在广泛的横截面变动，这为相关的参照收益率研究提供了必要条件。作为全书研究起点，本章为后续的探索提供了丰富的数据基础，是重要的一环。

第 4 章

价格参考点与股票收益研究

价格参考点是历史数据与时下信息的动态结合，是资产价值的主观标准，能够在一定程度上引导投资者决策。相比成熟的金融市场，国内披露制度尚待完善，流于股票市场的公开信息有效性较差，证券价格扭曲严重。这一背景下，价格参考点会对投资者产生哪些影响？这些影响是否会表现到股票收益上？另外，价格参考点的存在意味着投资者的风险偏好会受盈亏状态干扰，那么在股票收益上能否检测到非对称风险偏好的痕迹？引入参照依赖效应能够更加细致、合理地解释市场异象，但现阶段鲜有文献围绕中国股市特点探索价格参考点。鉴于此，本章以股票收益为研究对象，通过理论推导与实证检验两种途径，研究个体投资者在面对极端参考价格时产生的过度反应，以及交易过程中参照依赖效应产生的影响，并根据相关结果提出部分对策建议。本章的研究佐证了行为人非对称的决策偏好，增加了行为金融与资产定价文献的丰富性，也为国内混合行为的研究提供了一定的模型、实证支持。

4.1 价格参考点与股票收益的理论研究

"风险越高，股票收益越大"的观点不断受到实证研究的挑战（Baker et al., 2011; Malkiel et al., 2005），这一有违传统理论的发现被称为 Beta 异象（Liu et al., 2018）。真实的投资者效用远比模型设定的复杂，因此理论与实际产生了较大分歧（邢红卫和刘维奇，2019; Pohl et al., 2018）。这些差异可归结为三个方面：一是投资者在实际中并非总是厌恶风险，其偏好具有明显的参照依赖效应——盈利下规避风险，损失下追寻风险（卡尼曼和特沃斯基，1979）这种非对称性也被国内外学者在实证研究中发现（An et al.，2019；陈文博等，2019；Wang et al. 2017）。二是市场难以达到有效，信息不可能在短时间内全部被投资者获取。三是投资者是"社会人"而非"理性人"，随着羊群效应（Wermers，1999）、过度自信（Daniel et al.，1998；Odean et al.，1998）、代表性偏差（巴贝里斯等，1998）等行为特征不断被挖掘，非理性因素成为资本市场研究中不可忽视的部分。深入分析微观个体的行为机制成为解决股票收益问题的关键，然而国内相关文献对上述三类现状的混合分析仍存在较大空白，亟须相关文献予以补充。因此本章首先以过度反应、参照依赖以及股票收益为研究对象，通过模型来推导三者之间的影响机理。

4.1.1 价格参考点、过度反应与股票收益

如晕轮效应、代表性偏差所述，以偏概全是决策者经常出现的认知谬误。中国股票市场透明度低，获取真实信息的难度高。个体投资者因信息来源有限、专业程度不足，易对单一信号尤其是极端信号产生过度反应。由于该群体数量巨大，非理性特征明显，对股票市场的干扰不容小觑。因此，本章将价格参考点作为一种信号，对投资者行为展开研究。

本章在丹尼尔等（1998）模型基础上进行了修改，假设在日常交易中，人们观测到的信号 s 由股票真实价值 θ 以及市场噪声 ε 两部分构成，即 $s = \theta + \varepsilon$。为不失一般性，令 θ 与 ε 相互独立，且 $\theta \sim N(0, \sigma_\theta^2)$，$\varepsilon \sim N(0, \sigma_\varepsilon^2)$。正常状态下投资者对股价的预期是 $P = E[\theta | \theta + \varepsilon]$，由正态随机变量的性质可得：

$$P = \frac{\sigma_\theta^2 (\theta + \varepsilon)}{\sigma_\theta^2 + \sigma_\varepsilon^2} \tag{4.1}$$

接下来，考虑一个两期的投资过程。初始阶段，令股票初始价格为已知的非随机变量 P_0。到了 t_1 时期，投资者会根据心目中的价格参考点判断股票的盈亏状态，由于信息来源较少，盈亏带来的正反馈、负反馈使投资者在一定程度上忽略市场噪声。丹尼尔等（1998）认为，对私人信号过度依赖的投资者会低估市场噪声，因而对市场噪声波动的估计小于实际噪声的波动 σ_ε^2。本模型中，对参照收益的依赖程度越大，投资者对噪声波动的估计值越小。沿用这一设定，令 t_1 时期的股票价格为

$$P_1 = \frac{\sigma_\theta^2 (\theta + \varepsilon)}{\sigma_\theta^2 + \sigma_\varepsilon^2 + \Delta\sigma_\varepsilon^2} \tag{4.2}$$

式 (4.2) 中，$\Delta\sigma_\varepsilon^2$ 代表投资者对噪声的调整值，满足 $|\Delta\sigma_\varepsilon^2| < \sigma_\varepsilon^2$。投资者对噪声波动的估计为实际值与调整值之和，即 $\sigma_\varepsilon^2 + \Delta\sigma_\varepsilon^2$。获知盈亏反馈后，投资者减小了对市场噪声的估计，因此 $\Delta\sigma_\varepsilon^2 < 0$。在 t_2 时期，价格参考点产生的作用开始减弱，投资者不再低估或高估市场噪声，因此 t_2 时期的股票价格 P_2 与式 (4.1) 中的 P 相同。令 $P_1 - P_0$ 代表 t_1 时期的股价变动，$P_2 - P_1$ 代表 t_2 时期的股价变动，计算二者的协方差：

$$\text{Cov} = E[(P_2 - P_1)(P_1 - P_0)] - E(P_2 - P_1)E(P_1 - P_0) \tag{4.3}$$

由于

$$E(P_2 - P_1) = E\left[\frac{\sigma_\theta^2 (\theta + \varepsilon)\Delta\sigma_\varepsilon^2}{(\sigma_\theta^2 + \sigma_\varepsilon^2 + \Delta\sigma_\varepsilon^2)(\sigma_\theta^2 + \sigma_\varepsilon^2)}\right] = 0 \tag{4.4}$$

故

$$\text{Cov} = E[(P_2 - P_1)(P_1 - P_0)] \tag{4.5}$$

将 P_0、P_1、P_2 代入式 (4.5)：

$$\text{Cov} = E\left[\frac{\sigma_\theta^4 (\theta^2 + 2\theta\varepsilon + \varepsilon^2)\Delta\sigma_\varepsilon^2}{(\sigma_\theta^2 + \sigma_\varepsilon^2)(\sigma_\theta^2 + \sigma_\varepsilon^2 + \Delta\sigma_\varepsilon^2)^2} - \frac{\sigma_\theta^2 (\theta + \varepsilon)\Delta\sigma_\varepsilon^2 P_0}{(\sigma_\theta^2 + \sigma_\varepsilon^2 + \Delta\sigma_\varepsilon^2)(\sigma_\theta^2 + \sigma_\varepsilon^2)}\right] \tag{4.6}$$

易知 $E(\theta^2) = \sigma_\theta^2$，$E(\varepsilon^2) = \sigma_\varepsilon^2$，$E(\theta\varepsilon) = 0$，因此协方差为：

$$\text{Cov} = \frac{\sigma_\theta^4 \Delta\sigma_\varepsilon^2}{(\sigma_\theta^2 + \sigma_\varepsilon^2 + \Delta\sigma_\varepsilon^2)^2} \tag{4.7}$$

由式 (4.7) 可知，协方差正负取决于 $\Delta\sigma_\varepsilon^2$。当投资者对盈亏反馈反应过度时，会低估市场噪声，则 $\Delta\sigma_\varepsilon^2 < 0$ 时，协方差为负，股票市场出现反转效应。接下来，对协方差关于 $\Delta\sigma_\varepsilon^2$ 求一阶导，结果如下：

$$\frac{d\text{Cov}(\Delta\sigma_\varepsilon^2)}{d\Delta\sigma_\varepsilon^2} = \frac{\sigma_\theta^6 + \sigma_\theta^4 (\sigma_\varepsilon^2 - \Delta\sigma_\varepsilon^2)}{\sigma_\theta^2 + \sigma_\varepsilon^2 + \Delta\sigma_\varepsilon^2} \tag{4.8}$$

式 (4.8) 中，由于 $|\Delta\sigma_\varepsilon^2| < \sigma_\varepsilon^2$，一阶求导的结果恒为正，协方差关于 $\Delta\sigma_\varepsilon^2$ 单调递增。表明投资者对盈亏反馈的反应程度越大，对市场噪声的低估程度就越严重，股票市场的反转效应就越明显。

根据巴贝里斯等 (1998) 的观点，由于存在保守性偏差，投资者往往对新信息反应不足，进而造成股票动量效应。本章推导同样可应用于上述情形，当投资者对 t_1 时期的盈亏反馈难以确定时，保守的投资者会高估市场噪声，此时 $\Delta\sigma_\varepsilon^2 > 0$，由式（4.7）可知，股票市场将会表现出动量效应。一阶求导的结果也表明，投资者保守程度越大，对市场噪声的高估程度就越严重，股票市场的动量效应就越明显。值得一提的是，本书的反转效应与动量效应相互独立，一方产生并不以另一方的存在为前提。

现阶段，我国股票市场的监管制度尚待完善，信息透明度不高，披露不及时，难以获得有效信息。另外，个体投资者数量庞大，相较机构投资者，该群体获取真实信息的平均成本高，加之专业技能羸弱，风险意识淡薄，易对盈亏反馈产生过度反应，导致市场整体表现出反转效应。

4.1.2 过度反应、参照依赖与股票收益

缺乏信息的个体投资者易对单一信号产生过度反应，常常表现为"追涨杀跌"，即大量买入极端正信号股票，卖出极端负信号股票。同时，参照依赖作为行为人的一种普遍特征，影响传统定价模型的有效性（Barberis & Huang，2008）。鉴于国内股票市场庞大的个体投资者比例，有必要对二者的综合影响展开研究。接下来，构建如下理论模型：

考虑一类简单的风险资产，其基本面价值为 F_t，遵循随机游走过程，即

$$F_{t+1} = F_t + \varepsilon_{t+1} \tag{4.9}$$

为不失一般性，将资产供给数量单位化成 1。同时，与格林布拉特和韩（2005）一致，假设市场中只存在两类投资者，一类为理性投资者，其需求不会影响资产的基本价值，相应的需求函数表达式为：

$$D_t^{RA} = 1 + \beta_t(F_t - P_t) \tag{4.10}$$

式（4.10）中，$F_t - P_t$ 代表基本面价值与实际价格的差，若 $F_t > P_t$，理性投资者会购入资产，反之，则抛售资产。β_t 是用以转化相对价差与理性需求的动态正系数。

另一类投资者是受参照依赖影响的投资者，本章称之为前景投资者，其需求函数表达式为：

$$D_t^{PT} = 1 + \beta_t[F_t - P_t + \rho(RP_t - P_t)] \tag{4.11}$$

由式（4.11）可知，前景投资者的需求由理性、非理性两部分组成。其中，RP_t 代表资产在 t 期的参考价格，$RP_t - P_t$ 衡量了前景投资者内心的参照收益，并通过常系数 ρ（$\rho > 0$）转化为需求。前景投资者在计算参考价格时需兼顾历史信息与更新信息，因此本书的参考价格表达式为：

第4章 价格参考点与股票收益研究

$$RP_t = \gamma_{t-1} P_{t-1} + (1 - \gamma_{t-1}) RP_{t-1} \tag{4.12}$$

由式 (4.12) 可知，t 期参考价格是 t-1 期参考价格与交易价格的加权平均。其中，$\gamma_{t-1} \in [0, 1]$，代表 t-1 期实际价格占参考价格的比例。当 $\gamma_{t-1} = 1$ 时，RP_t 为上一期的成交价格，当 $\gamma_{t-1} = 0$ 时，RP_t 是前景投资者设定的某种初值，如最初交易价格、过去最高价等。经计算，市场出清后的均衡价格为：

$$P_t = \omega F_t + (1 - \omega) RP_t, \quad \omega = \frac{1}{1 + \mu \rho} \tag{4.13}$$

基本面信息向资产价格的传递有一个缓冲过程，故参考价格 RP_t 对均衡价格 P_t 的影响具有持续性，式 (4.13) 中 $1 - \omega$ 可视为前景投资者反应不足的程度。μ 是前景投资者所占比例，与系数 ρ 共同决定 ω 的大小。当 μ 或 ρ 趋于 0 时，ω 趋于 1，此时市场均衡价格完全取决于基本面价值 F_t，与参考价格 RP_t 无关。

前景理论指出，前景投资者的风险偏好会受盈亏状态影响，因此资产风险不同，需求必然不同。然而，对于盈亏一致 (RP-P 相同)、风险不同的两类资产，式 (4.13) 并未区分，为此，本书对系数 ρ 作进一步变化。

由于 ρ 是参照收益的需求转换系数，受前景投资者风险偏好的直接影响，因此将其设定为效用与风险的函数，即 $\rho(\cdot) = \rho(v, risk)$。其中，v 是前景理论中的主观价值函数，即：

$$v(x) = \begin{cases} x^{\alpha}, & x \geq 0 \\ -\lambda(-x)^{\beta}, & x < 0 \end{cases} \tag{4.14}$$

前景投资者盈亏的界定取决于参考价格，并非实际得失。当期价格大于参考价格视为盈利，反之视为亏损。盈利越多，"追涨"的可能性越大；亏损越多，"杀跌"的可能性越大。在购买与抛售的过程中，前景投资者会根据主观效用进行决策，从而影响系数 ρ。具体地，本书通过图 4.1 刻画各状态下 ρ 与风险偏好之间的关系。

假设 A 与 B 是处在盈利状态且预期收益相同的资产，A 的价格波动小于 B，下一期的价格状态分别为 A1、A2、B1 以及 B2。盈利状态下主观价值函数为凹函数，由图 4.1 可知资产 A 的主观效用大于资产 B。在"追涨"过程中，前景投资者更倾向获得资产 A，因此 A 的需求更大，故 $\rho(v_A, risk_A)$ 大于 $\rho(v_B, risk_B)$。相似地，假设 C 与 D 是处在亏损状态且预期收益相同的资产，C 的价格波动大于 D，下一期的价格状态分别为 C1、

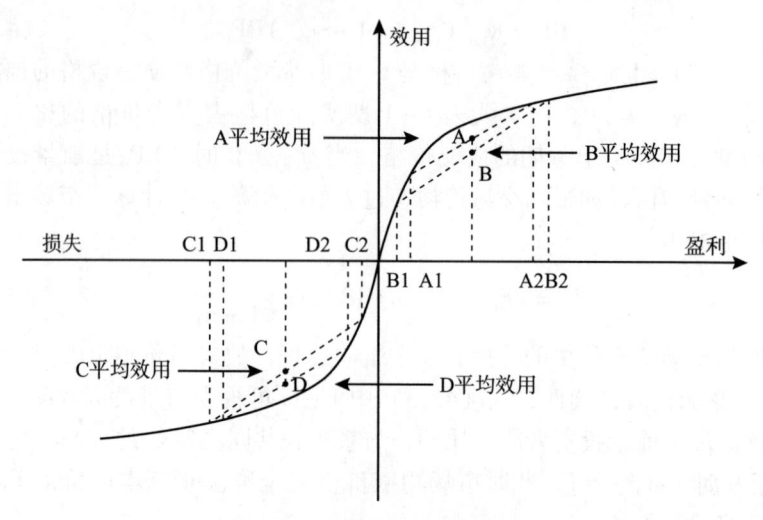

图 4.1　前景投资者效用曲线

C2、D1 以及 D2。损失状态下主观价值函数为凸函数，由图 4.1 可知资产 C 的效用大于资产 D，在"杀跌"过程中，前景投资者更倾向保留资产 C 而抛出资产 D，因此 D 的交易更频繁，故 $\rho(v_C, risk_C)$ 小于 $\rho(v_D, risk_D)$。

系数 ρ 函数化后，前景投资者的风险偏好得以显现。接下来，考虑四种基本价值 F_t 相同但类型不同的资产：第一类为盈利状态下的高风险资产，第二类为盈利状态下的低风险资产，第三类为损失状态下的高风险资产，第四类为损失状态下的低风险资产。为简化模型计算，本书假设四类资产处于互相独立的市场中，相应地，资产需求可表示为：

$$D_{i,t}^{PT} = 1 + \beta_t [F_t - P_{i,t} + \rho_i(RP_{i,t} - P_{i,t})], \quad i = 1, 2, 3, 4 \quad (4.15)$$

式（4.15）中，i=1、2、3、4 分别代表盈利—高风险、盈利—低风险、损失—高风险、损失—低风险的资产，ρ_1、ρ_2、ρ_3、ρ_4 是各自的需求转化函数。根据前景理论以及本书对 $\rho(\cdot)$ 的假设，有 $\rho_1 < \rho_2$，$\rho_3 < \rho_4$。因此，资产在各市场的均衡价格可表示为：

$$P_{i,t} = \omega_i F_t + (1 - \omega_i) RP_{i,t}, \quad \omega_i = \frac{1}{1 + \mu \rho_i} \quad (4.16)$$

接下来，对均衡价格 P_t 作一阶差分：

$$P_{i,t+1} - P_{i,t} = \omega_i(F_{t+1} - F_t) + (1 - \omega)(RP_{i,t+1} - RP_t) \quad (4.17)$$

将式（4.12）代入，并对等式两边同时求期望：

第4章　价格参考点与股票收益研究

$$E[P_{i,t+1} - P_{i,t}] = \gamma_t(1-\omega_i)(P_{i,t} - RP_{i,t}) \tag{4.18}$$

两边同时除以 $P_{i,t}$ 可得：

$$E\left[\frac{P_{i,t+1} - P_{i,t}}{P_{i,t}}\right] = \gamma_t(1-\omega_i)\left(\frac{P_{i,t+1} - RP_{i,t}}{P_{i,t}}\right) \tag{4.19}$$

式（4.19）中，$(P_{i,t+1} - P_{i,t})/P_{i,t}$ 等于 $t+1$ 期的资产收益率，$(P_{i,t+1} - RP_{i,t})/P_{i,t}$ 可视为 t 期的参照收益率，本书将其记为 $RDR_{i,t}$，因此式（4.19）可写成：

$$E(R_{i,t+1}) = \gamma_t(1-\omega_i)RDR_{i,t} \tag{4.20}$$

对于前景投资者，式（4.20）中 ω_i 包含了风险偏好信息，$RDR_{i,t}$ 反映了所处的盈亏状态。对不同类型资产的预期收益作差，$E(R_{1,t+1}) - E(R_{2,t+1})$ 为盈利状态下两类风险资产收益之差，$E(R_{3,t+1}) - E(R_{4,t+1})$ 为损失状态下两类风险资产收益之差。为了探索相同盈亏状态下不同风险资产的收益变化，对参照收益率进行设定，即 $RDR_{1,t} = RDR_{2,t} = RDR_{gain,t} > 0$，$RDR_{3,t} = RDR_{4,t} = RDR_{loss,t} < 0$，则 t 期盈利与损失状态下风险收益之差可分别写为：

$$\begin{aligned}
E(R_{1,t+1}) - E(R_{2,t+1}) &= \gamma_t(1-\omega_1)RDR_{1,t} - \gamma_t(1-\omega_2)RDR_{2,t} \\
&= \gamma_t RDR_{gain,t}(\omega_2 - \omega_1) \\
&= \gamma_t RDR_{gain}\left(\frac{1}{1+\mu\rho_2} - \frac{1}{1+\mu\rho_1}\right) \\
&= \frac{\gamma_t RDR_{gain,t}\mu(\rho_1 - \rho_2)}{1 + \mu\rho_1 + \mu\rho_2 + \mu^2\rho_1\rho_2}
\end{aligned} \tag{4.21}$$

$$\begin{aligned}
E(R_{3,t+1}) - E(R_{4,t+1}) &= \gamma_t(1-\omega_3)RDR_{3,t} - \gamma_t(1-\omega_4)RDR_{4,t} \\
&= \gamma_t RDR_{loss,t}(\omega_4 - \omega_3) \\
&= \gamma_t RDR_{loss,t}\left(\frac{1}{1+\mu\rho_4} - \frac{1}{1+\mu\rho_3}\right) \\
&= \frac{\gamma_t RDR_{loss,t}\mu(\rho_3 - \rho_4)}{1 + \mu\rho_3 + \mu\rho_4 + \mu^2\rho_3\rho_4}
\end{aligned} \tag{4.22}$$

式（4.21）、（4.22）中，γ_t、μ、ρ_1、ρ_2、ρ_3、ρ_4 均为正，未来资产预期收益之差的正负跟 RDR、$\rho_1 - \rho_2$、$\rho_3 - \rho_4$ 有关。根据前文描述，当处于盈利状态，即 $RDR_{i,t} = RDR_{gain,t}$ 时，投资者倾向购买低风险资产，此时 ρ_1 小于 ρ_2，代入式（4.21）后可得 $E(R_{1,t+1})$ 小于 $E(R_{2,t+1})$。而当处于损失状态，即 $RDR_{i,t} = RDR_{loss,t}$ 时，投资者倾向抛售低风险资产，此时 ρ_3 小于 ρ_4，代入式（4.22）后可得 $E(R_{3,t+1})$ 大于 $E(R_{4,t+1})$。

上述推导结果表明盈利状态下高风险资产的未来收益小于低风险资产，损失状态下高风险资产的未来收益大于低风险资产。这种模型构建思路也能探索不同市场成熟度的收益之差。邓等（Deng et al., 2018）提出市场成熟度会影响基本面交易者的比例，换言之，市场越发达，理性交易越明显。假定存在两个资本市场，前景投资者占比分别为 μ_h、μ_l，且 $\mu_h > \mu_l > 0$。一般而言，投资者整体的理性水平能够反映资本市场的成熟度。因此 μ_h 对应成熟度较低的市场，μ_l 对应成熟度较高的市场。当参照收益水平一致时，预期收益差可表示为：

$$\begin{aligned} E(R_{h,t+1}) - E(R_{l,t+1}) &= \gamma_t(1-\omega_h)RDR_t - \gamma_t(1-\omega_l)RDR_t \\ &= \gamma_t RDR(\omega_l - \omega_h) \\ &= \frac{\gamma_t RDR \rho (\mu_h - \mu_l)}{1 + \mu_h \rho + \mu_l \rho + \mu_h \mu_l \rho^2} \end{aligned} \quad (4.23)$$

由式（4.23）可知，盈利状态下，资产预期收益与市场成熟度负相关。损失状态下，资产预期收益与市场成熟度正相关。且市场成熟度越高，预期收益越接近于0。换言之，若市场都是理性投资者，均衡价格等于基本价值 F_t，预期收益 $E(R_{t+1}^{RA}) = E[(F_{t+1} - F_t)/F_t]$。沿用这一思路，还可以探索市场成熟度与风险偏好之间的交叉效应，但该内容不在本书研究范围内，故不做详陈。

4.1.3 相关研究假设

当前我国股票市场存在以下特征：其一，国内监管制度尚待完善，信息透明度不高，披露不及时，噪声对股票价格影响强烈。其二，个体投资者数量庞大，相较机构投资者，该群体获取真实信息的平均成本高。再加上专业技能较弱，风险意识淡薄，易对单一信号过度反应。根据4.1.1的推导，本书提出如下假设：

H4.1：当投资者对参考价格带来的信息反应过度时，相邻两期的股票收益存在显著负相关，市场表现出反转特征。

一般情况下，投资者在交易过程里不会只持有一种资产标的，过度反应时的"购入"或"卖出"行为会受参照依赖效应的影响，根据4.1.2的推导，本书提出如下假设：

H4.2：前景投资者寻求主观价值最大化的交易，在"追涨"时购入低风险股票，"杀跌"时保留高风险股票，导致盈亏状态下不同的风险收益关系——盈利状态下，未来预期收益与风险负相关；损失状态下，未来预期收益与风险正相关。

4.2 价格参考点与股票收益的实证研究

4.2.1 数据选取与处理

为验证研究假设，本章利用1990年1月1日~2019年6月30日中国股票市场公开交易数据进行实证检验。所需指标包括个股收益率、无风险收益率、Fama-French三因子模型中的市值因子、规模因子、价值因子，过去240日收益滚动计算的风险值$Beta_{CAPM}$，以及在第3章的36种参照收益率。除了参照收益率，其余数据均来源于锐思金融数据库。如3.4节所述，周数据观测频度比月数据更高，受市场微观结构干扰比日数据小，因此本章依旧采用周数据进行实证检验。需指出的是，锐思金融数据库并不包含周风险$Beta_{CAPM}$指标，因此本书将日风险$Beta_{CAPM}$按周数据的日期进行了匹配。除了参照收益率，相关数据的描述性检验如表4.1所示。

表4.1　　　　　　价格参考点研究中相关描述性统计

	P	R	Turnover	Beta	RM	SMB	HML	Rf
观测值数	2328949	2156431	2160053	1961312	1380	1380	1380	1345
最小值	0.040	-0.802	-5047.614	-0.422	-22.780	-16.580	-73.380	0.020
最大值	3247.500	24.124	1372.717	4.228	71.400	51.050	25.620	0.128
中值	10.170	0.000	6.521	1.071	0.090	0.280	-0.050	0.060
均值	13.964	0.003	11.615	1.064	0.161	0.283	-0.097	0.068
标准误	0.013	0.000	0.014	0.000	0.123	0.073	0.085	0.001
方差	388.408	0.006	428.473	0.063	20.808	7.335	10.035	0.001
标准差	19.708	0.078	20.700	0.252	4.562	2.708	3.168	0.030
变异系数	1.411	22.454	1.782	0.236	28.263	9.557	-32.564	0.437

资料来源：本表数据来源于锐思金融数据库。表中R、Turnover、RM、SMB、HML、Rf均用百分制计量。

表4.1中，P是股票收盘价，R代表股票周收益率，Turnover代表流通股换手率，Beta是由过去240日收益滚动计算的beta值，RM、SMB、

HML 分别是市场因子、规模因子以及价值因子，Rf 代表无风险收益率。

4.2.2 过度反应的度量与盈亏组合的构建

信息能够反映资产的真实价值，是投资者进行决策的第一要素。然而，国内相关监管与披露制度尚待完善，流于股市的公开信息有效性较差。作为信息获取的劣势群体，个体投资者只能根据价格的变动趋势进行交易。根据前文理论部分的描述，投资者面对极端的盈亏反馈时，会产生过度反应，常表现为"追涨杀跌"，即购买价格上涨的股票，抛售价格下跌的股票。当存在参考价格时，当期价格大于参考价格视为盈利，反之视为亏损。盈利越多，"追涨"的可能性越大；亏损越多，"杀跌"的可能性越大。

关于过度反应的度量，本章借鉴布乔尔和米尼亚奇（Bucciol & Miniaci，2011）与邢红卫（2019）的思想与方法——当存在大量个体投资者交易股票时，换手率会在短时间内大幅提高，当期价格也会发生剧烈变化。持续性地买入会推动股价上升，持续性地卖出会导致股价下跌。因此，本章通过换手率反映市场的交易强度，收益率反映投资者的交易方向，并通过如下计算方式度量市场个体投资者过度反应状况：

$$TR_{i,t} = Turnover_{i,t} \times R_{i,t} \qquad (4.24)$$

式（4.24）中，$TR_{i,t}$ 大于 0 代表有大量投资者购入股票，$TR_{i,t}$ 小于 0 代表有大量投资者抛售股票。

本章在实证分析时采用再平衡投资组合法（rebalance portfolio），即按照某一控制指标将股票等分为不同水平的投资组合，并不断地在持有期过后更新组合，以此观测该控制指标与目标变量的关系。具体在本章中，参照收益率 RDR_t 作为控制指标，其大小代表不同盈亏状态。按照再平衡组合的思想，t 期股票要按照参照收益率 RDR_t 平均划分成不同水平的盈亏组合，并记录各组合在 t 期或 t+1 期的目标变量平均值（如股票收益率）。为细致分类，本章将每期的组合个数设置为 10。持有期过后，再根据 t+1 期的参照收益重新划分，并记录新组合在 t+2 期的目标变量平均值，如此循环，便可获得样本期内 10 组时间序列，进而通过实证方法检验组合差异的显著性。

4.2.3 过度反应与股票收益

根据 4.1.1 中理论部分的描述，缺乏信息的个体投资者易对价格参考点产生过度反应,进而导致股票收益反转。为验证这一假设,本章先检验不同盈亏组合是否存在过度反应的状况。需要说明的是,部分文献将极端值作为参考价格时,样本参考期常设置为 52 周(如吴晶和王燕鸣,2015;Yuan,2012;Huddart et al.,2009)。而在计算其他类型的参考点时,样本参考期常设置为 260 周(如 An et al.,2019;Wang et al.,2017;Grinblatt & Han,2005),不失一般性,本章进行相关检验时也采用上述参考期,各类参照收益 RDR 过度反应的检验结果见表 4.2。

表 4.2　　　　　　　　　　投资者过度反应检验表

组合	SMA_260	EMA_260	Max_52	Min_52	Fra_260	Gri_260
PL	0.187	0.204	0.156	-0.134	0.068	-0.151
P2	0.133	0.160	0.107	0.009	0.149	-0.124
P3	0.129	0.143	0.121	0.120	0.122	-0.068
P4	0.164	0.196	0.141	0.184	0.203	-0.025
P5	0.203	0.211	0.230	0.256	0.195	0.037
P6	0.234	0.233	0.229	0.332	0.230	0.113
P7	0.250	0.252	0.241	0.386	0.265	0.230
P8	0.298	0.298	0.294	0.561	0.322	0.366
P9	0.372	0.342	0.472	0.681	0.428	0.638
PH	0.572	0.500	1.460	0.998	0.546	1.472
PH-PL	0.386 ***	0.297 ***	1.318 ***	1.137 ***	0.480 ***	1.635 ***
	(5.131)	(3.930)	(17.578)	(7.264)	(14.022)	(26.398)

注:*、**、***分别代表10%、5%、1%的显著性水平,括号中的数值为 t 统计量。
资料来源:本表由各类参照收益率与相应的 TR 整理而得。

表 4.2 中,PL 至 PH 分别代表不同盈亏水平的组合,其中 PL 是参照收益率最低的组合,PH 是参照收益率最高的组合,PH-PL 代表二组之差。结果显示,盈利最大的 PH 组合对应 TR 值也最大。如 SMA_260 的 TR 值为 0.572,Gri_260 的 TR 值为 1.635,都明显大于其他盈亏水平的组合,意味着投资者在不断购入股票。在亏损最大的 PL 组合中,TR 值也明显小于其他组合,但只有 Min_52 与 Gri_260 的 TR 值小于 0 中。另外,PH 与 PL 的组合差均在 99% 置信水平下显著。由此可见,价格参考点的正、负

反馈效应使投资者产生了一定过度反应，且从数值上看，正反馈引起的"追涨"行为要强于负反馈引起的"杀跌"行为。

接下来，将目标变量分别替换成 t 期与 t+1 期的股票收益率，从而观测股票收益是否会导致反转效应，各类参照收益率的再平衡投资组合检验结果如表 4.3 所示。表 4.3 中，PL 代表后 10% 的组合，PH 代表前 10% 的组合，PH-PL 代表二者的组合收益差。可以发现，t 期的股票收益率 $Return_t$ 与 RDR_t 显著正相关，如 EMA_260 的高低组合收益差为 1.949%，Fra_260 的高低组合收益差为 2.258%。这一结果意味着将参照收益率作为信息的投资者将会获得极大的正、负反馈。然而，在 t+1 期，股票收益率 $Return_{t+1}$ 与参照收益率的相关性由正转负，如 EMA_260 的高低组合收益差为 -0.358%，在 99% 的置信水平下显著，Min_52 与 Fra_260 的组合收益差分别为 -0.286%、-0.219%，均在 90% 的置信水平下显著。虽然 SMA_260 与 Gri_260 的组合收益差未达到负显著水平，但前后两期收益的差异十分明显。值得一提的是，格林布拉特和韩（2005）在研究美股时认为处置效应导致参照收益率与预期收益正相关。但孔等（Kong et al.，2015）利用该方法检验中国市场时发现参照收益率与预期收益的相关性为负。显然，本章多种参照收益率的检验结果与后者的研究一致。结合表 4.2 的检验结果，可知价格参考点产生的正负反馈使投资者过度反应，产生"追涨"或"杀跌"行为，导致股票收益发生反转。

表 4.3　　　　　　　　　　股票收益检验表

	Return_t				Return_{t+1}			
RP_Label	PL	PH	PH-PL	t 值	PL	PH	PH-PL	t 值
SMA_260	-0.348	1.884	2.249***	(17.439)	0.537	0.321	-0.207	(-1.594)
EMA_260	-0.176	1.757	1.949***	(16.102)	0.624	0.263	-0.358***	(-2.979)
Max_52	-0.690	5.025	5.693***	(30.089)	0.491	0.520	0.015	(0.088)
Min_52	-2.567	2.676	5.215***	(27.839)	0.551	0.271	-0.286*	(-1.779)
Fra_260	-0.469	1.780	2.258***	(19.405)	0.568	0.348	-0.219*	(-1.820)
Gri_260	-1.533	5.141	6.708***	(42.192)	0.586	0.483	-0.103	(-0.844)

注：*、**、*** 分别代表 10%、5%、1% 的显著性水平，括号中的数值为 t 统计量。
资料来源：本表由各类 RDR 与相应的 R 整理而得。

4.2.4 过度反应、参照依赖与股票收益

根据 4.1.2 中理论部分的描述，在检验假设 H4.2 时需将股票参照收益率控制在同一水平，因此本章采用双重分组法进行实证检验。首先将股票按 t 期的 RDR_t 从高到低等分为 10 组，由此确定不同的盈亏水平。RDR_t 值越大，代表组合盈利越多，反之亏损越多。其次根据 $Beta_t$ 将各组合等分为 10 组，$Beta_t$ 越大代表组合风险越高，反之风险越小。最后，利用再平衡投资组合的方法计算 t+1 期的股票收益 $Return_{t+1}$，以验证假设 H4.2。

表 4.4 给出了双重 10 分组的结果，行数据按照 $Beta_t$ 分组，代表不同的风险水平，列数据按照 RDR_t 分组，代表不同的盈亏水平。PL 代表后 10% 的组别，PH 代表前 10% 的组别，PH-PL 代表二者的组合收益差，PH&PH-PL&PL 代表高 Beta 高 RDR 组合与低 Beta 低 RDR 组合的收益差。如 Min_52，在亏损最多的 PL 组合中，风险与股票收益 $Return_{t+1}$ 在 99% 置信水平下正相关，高低组合收益差为 0.373%，相应的年化收益率约为 19.396%。Fama-French 三因子模型下 α 收益为 0.315%，相应的年化收益率约为 16.38%。在盈利最大的 PH 组合中，风险与股票收益在 99% 置信水平下负相关，高低组合收益差为 -0.345%，相应的年化收益率为 17.94%。Fama-French 三因子模型下 α 收益为 -0.373%，相应的年化收益率约为 19.396%。具有相同相关关系的还有 Max_52、Fra_260、Gri_260，这一检验结果大致与 4.1.2 理论部分推导一致，即亏损状态下，股票风险越高，未来收益越高；盈利状态下，股票风险越高，未来收益越低。

列数据结果表明，在风险较高的 PH 组合中，除了 SMA_260，其他类型的 RDR_t 与股票收益 $Return_{t+1}$ 显著负相关。如 Fra_260 的高低组合收益差为 -0.485%，Fama-French 三因子模型下的 α 收益为 -0.552%。Gri_260 的组合收益差为 -0.390%，Fama-French 三因子模型下的 α 收益为 -0.484%。而在风险较低的 PL 组合中，RDR_t 与 $Return_{t+1}$ 的相关性并不确定，如 EMA_260 继续负相关，Max_52、Fra_260、Gri_260 表现为正相关。结合表 4.3 的检验，可以进一步认为反应过度导致的收益反转更多地表现在高风险的股票上。

表 4.4　　　　　过度反应、参照依赖与股票收益检验表

按 Beta 分组

	RP – Label		PL	PH	PH – PL	t 值	FF3 – α	FF3 – t
按 R D R 分 组	SMA_260	PL	0.454	0.311	0.002	(0.014)	-0.008	(-0.067)
		PH	0.254	0.301	-0.098	(-0.766)	-0.142	(-1.089)
		PH – PL	-0.217	-0.122	PH&PH – PL&PL		-0.298*	
		t 值	(-1.569)	(-0.788)	t 值		(-1.916)	
		FF3 – α	-0.208	-0.156	PH&PH – PL&PL (FF3 – α)		-0.269*	
		FF3 – t	(-1.492)	(-0.996)	FF3 – t		(-1.727)	
	EMA_260	PL	0.531	0.394	-0.063	(0.504)	-0.059	(-0.469)
		PH	0.192	0.103	-0.157	(1.296)	-0.183	(-1.482)
		PH – PL	-0.330**	-0.397***	PH&PH – PL&PL		-0.494***	
		t 值	(-2.231)	(-2.991)	t 值		(3.263)	
		FF3 – α	-0.317**	-0.414***	PH&PH – PL&PL (FF3 – α)		-0.447***	
		FF3 – t	(-2.125)	(-3.074)	FF3 – t		(-2.945)	
	Max_52	PL	0.348	0.413	0.125	(1.167)	0.061	(0.565)
		PH	0.648	0.167	-0.459***	(-3.775)	-0.480***	(-3.915)
		PH – PL	0.304*	-0.277*	PH&PH – PL&PL		-0.149	
		t 值	(1.980)	(-1.745)	t 值		(-0.969)	
		FF3 – α	0.188	-0.360**	PH&PH – PL&PL (FF3 – α)		-0.222	
		FF3 – t	(1.220)	(-2.231)	FF3 – t		(-1.417)	
	Min_52	PL	0.257	0.592	0.373***	(3.695)	0.315***	(3.081)
		PH	0.331	-0.022	-0.345***	(-3.096)	-0.373***	(-3.327)
		PH – PL	0.083	-0.652***	PH&PH – PL&PL		-0.254	
		PH – PL	(0.554)	(-3.894)	t 值		(-1.631)	
		FF3 – α	0.020	-0.670***	PH&PH – PL&PL (FF3 – α)		-0.284*	
		FF3 – t	(0.133)	(-3.950)	FF3 – t		(-1.806)	
	Fra_260	PL	0.419	0.604	0.207*	(1.653)	-0.008	(-0.067)
		PH	0.707	0.138	-0.556***	(-3.978)	-0.142	(-1.089)
		PH – PL	0.300**	-0.485***	PH&PH – PL&PL		-0.276*	

续表

按 Beta 分组

	RP – Label		PL	PH	PH – PL	t 值	FF3 – α	FF3 – t
按 R D R 分 组	Fra_260	t 值	(2.042)	(-2.965)	t 值			(-1.782)
		FF3 – α	0.255*	-0.552***	PH&PH – PL&PL (FF3 – α)			-0.295*
		FF3 – t	(1.707)	(-3.325)	FF3 – t			(-1.880)
	Gri_260	PL	0.375	0.554	0.264**	(2.173)	-0.059	(-0.469)
		PH	0.648	0.245	-0.487***	(-3.384)	-0.183	(-1.482)
		PH – PL	0.261*	-0.390**	PH&PH – PL&PL			-0.213
		t 值	(1.807)	(-2.356)	t 值			(-1.271)
		FF3 – α	0.201	-0.484***	PH&PH – PL&PL (FF3 – α)			-0.255
		FF3 – t	(1.361)	(-2.889)	FF3 – t			(-1.502)

注：*、**、***分别代表10%、5%、1%的显著性水平，括号中的数值为t统计量。
资料来源：本表由相关计算结果整理而得。

4.3 参考期、价格参考点与股票收益的实证研究

投资者心目中的价格参考点不仅受计算方式影响，也与参考期有关。为与其他文献一致，在4.2节的实证中采用参考期为260周的RDR_SMA、RDR_EMA、RDR_Fra、RDR_Gri，参考期为52周的RDR_Max、RDR_Min。如前文所述，国内股市的发展时期、技术手段均不同于其他市场，加上个体投资者占比较高，博彩偏好严重且倾向短线投资，有必要从不同的参考期进行检验。因此，本章从短期（4周、8周）、中期（26周、52周）、长期（156周、260周）三种角度重新审视价格参考点、投资者过度反应、参照依赖以及股票收益之间的关系。

4.3.1 不同参考期下的过度反应

根据4.1.1中理论部分的内容，投资者易对参照收益率的盈亏反馈产生过度反应。接下来，本章重新根据36种参照收益率构建盈亏组合，观测不同组合中的TR值，检验结果如表4.5、表4.6、表4.7、表4.8、表4.9、表4.10所示。表4.5是短、中、长期的RDR_SMA在不同盈亏水平

下的 TR 值。PL 是参照收益率最低的组合，PH 是参照收益率最高的组合，PH－PL 代表高低组合的 TR 差。可以发现，不论参考期是多少，盈利最大的 PH 组合 TR 值最大，亏损最大的 PL 组合 TR 值最小。同时，随着参考期的缩短，"追涨"与"杀跌"的迹象明显增强。在 PH 组合中，SMA_4 的 TR 值为 2.551，SMA_8 的 TR 值为 2.072，SMA_156 的 TR 值为 0.726。在 PL 组合中，SMA_4 的 TR 值为 -0.491，SMA_8 的 TR 值为 -0.256，SMA_156 的 TR 值为 0.118。高低组合的 TR 差也随着参考期的减少而增加，由 SMA_156 对应的 0.605 增加到 SMA_4 对应的 3.066。这一结果表明较短的参考期更好地捕捉了国内股票市场的过度反应现象。此外，无论参考期如何变化，PH 组合中 TR 的绝对值要明显大于 PL 组合，表明正反馈引起的"追涨"行为要强于负反馈引起的"杀跌"行为。

表 4.5　　　　　　　　过度反应检验表——RDR_SMA

	SMA_4	SMA_8	SMA_26	SMA_52	SMA_156	SMA_260
PL	-0.491	-0.256	0.006	0.079	0.118	0.187
P2	-0.235	-0.114	0.020	0.092	0.333	0.133
P3	-0.136	-0.033	0.095	0.203	0.184	0.129
P4	-0.026	0.025	0.126	0.160	0.202	0.164
P5	0.062	0.103	0.174	0.192	0.288	0.203
P6	0.143	0.174	0.248	0.266	0.207	0.234
P7	0.278	0.289	0.278	0.296	0.247	0.250
P8	0.468	0.448	0.404	0.429	0.323	0.298
P9	0.870	0.773	0.603	0.565	0.410	0.372
PH	2.551	2.072	1.407	1.127	0.726	0.572
PH－PL	3.066***	2.346***	1.415***	1.054***	0.605***	0.386***
	(19.654)	(18.937)	(18.160)	(12.161)	(12.585)	(5.131)

注：*、**、***分别代表10%、5%、1%的显著性水平，括号中的数值为 t 统计量。
资料来源：本表由移动平均法计算的 RDR_SMA 与相应的 TR 整理而得。

表 4.6 是短、中、长期的 RDR_EMA 在不同盈亏水平下的 TR 值。同样，无论参考期如何变化，组合盈利水平越高，TR 值越大。较短的参考

期检验结果更明显，如在 PH 组合中，EMA_4 的 TR 值为 2.375，EMA_156 的 TR 值为 0.645。在 PL 组合中，EMA_4 的 TR 值为 -0.363，EMA_156 的 TR 值为 0.162。EMA_4 的高低组合 TR 差为 2.759，EMA_156 的高低组合 TR 差为 0.297。此外，6 类参考期下，PH 组合中 TR 的绝对值大于 PL 组合，"追涨"行为要明显于"杀跌"行为。

表 4.6 过度反应检验表——RDR_EMA

	EMA_4	EMA_8	EMA_26	EMA_52	EMA_156	EMA_260
PL	-0.363	-0.134	0.055	0.150	0.162	0.204
P2	-0.192	-0.086	0.061	0.173	0.343	0.160
P3	-0.080	-0.023	0.159	0.162	0.200	0.143
P4	0.024	0.072	0.147	0.168	0.239	0.196
P5	0.073	0.155	0.183	0.272	0.293	0.211
P6	0.127	0.208	0.250	0.311	0.229	0.233
P7	0.278	0.269	0.305	0.294	0.246	0.252
P8	0.455	0.451	0.403	0.415	0.297	0.298
P9	0.809	0.707	0.572	0.522	0.381	0.342
PH	2.375	1.887	1.207	0.924	0.645	0.500
PH-PL	2.759***	2.040***	1.164***	0.788***	0.481***	0.297***
t 值	(20.036)	(19.067)	(15.811)	(14.357)	(10.098)	(3.930)

注：*、**、*** 分别代表 10%、5%、1% 的显著性水平，括号中的数值为 t 统计量。
资料来源：本表由指数平滑法计算的 RDR_EMA 与相应的 TR 整理而得。

表 4.7 是短、中、长期的 RDR_Max 在不同盈亏水平下的 TR 值。6 类参考期下，组合的 TR 值随盈利水平的增加而增加。在 PH 组合中，Max_4 的 TR 值为 2.758，Max_156 的 TR 值为 0.904。在 PL 组合中，Max_4 的 TR 值为 -0.537，Max_156 的 TR 值为 0.161。Max_4 的高低组合 TR 差为 3.328，Max_156 的高低组合 TR 差为 0.743，依然体现了较短的参考期拥有更明显的检验结果。6 类参考期下，"追涨"行为明显于"杀跌"行为。

表 4.7　　　　　　　　过度反应检验表——RDR_Max

	Max_4	Max_8	Max_26	Max_52	Max_156	Max_260
PL	-0.537	-0.201	0.047	0.156	0.161	0.185
P2	-0.290	-0.195	0.054	0.107	0.371	0.169
P3	-0.154	-0.095	0.043	0.121	0.199	0.159
P4	-0.036	-0.018	0.107	0.141	0.196	0.186
P5	0.030	0.065	0.130	0.230	0.252	0.162
P6	0.127	0.153	0.143	0.229	0.182	0.155
P7	0.299	0.255	0.189	0.241	0.207	0.213
P8	0.486	0.434	0.302	0.294	0.256	0.239
P9	0.892	0.753	0.548	0.472	0.325	0.315
PH	2.758	2.455	1.830	1.460	0.904	0.730
PH - PL	3.328***	2.678***	1.801***	1.318***	0.743***	0.548***
t 值	(22.360)	(27.274)	(21.092)	(17.578)	(15.789)	(8.821)

注：*、**、*** 分别代表 10%、5%、1% 的显著性水平，括号中的数值为 t 统计量。
资料来源：本表由最大值计算的 RDR_Max 与相应的 TR 整理而得。

表 4.8 是短、中、长期的 RDR_Min 在不同盈亏水平下的 TR 值。6 类参考期下，组合的 TR 值与盈利水平正相关。在 PH 组合中，Min_4 的 TR 值为 2.838，Min_156 的 TR 值为 0.818。在 PL 组合中，Max_4 的 TR 值为 -0.582，Max_156 的 TR 值为 -0.042。Min_4 的高低组合 TR 差为 2.838，Max_156 的高低组合 TR 差为 0.853，表明较短的参考期检验结果更明显，且不论参考期如何，"追涨"行为明显于"杀跌"行为。

表 4.8　　　　　　　　过度反应检验表——RDR_Min

	Min_4	Min_8	Min_26	Min_52	Min_156	Min_260
PL	-0.582	-0.421	-0.233	-0.134	-0.042	-0.008
P2	-0.225	-0.146	-0.043	0.009	0.078	0.099
P3	-0.092	0.001	0.058	0.120	0.184	0.199
P4	0.001	0.053	0.143	0.184	0.186	0.208
P5	0.091	0.137	0.207	0.256	0.311	0.250

续表

	Min_4	Min_8	Min_26	Min_52	Min_156	Min_260
P6	0.218	0.242	0.287	0.332	0.343	0.245
P7	0.348	0.369	0.387	0.386	0.358	0.316
P8	0.537	0.543	0.509	0.561	0.409	0.363
P9	0.893	0.820	0.742	0.681	0.474	0.399
PH	2.227	1.812	1.270	0.998	0.818	0.544
PH−PL	2.838***	2.257***	1.517***	1.137***	0.853***	0.554***
t 值	(17.577)	(14.038)	(11.193)	(7.264)	(3.875)	(13.709)

注：*、**、*** 分别代表 10%、5%、1% 的显著性水平，括号中的数值为 t 统计量。
资料来源：本表由最小值计算的 RDR_Min 与相应的 TR 整理而得。

表 4.9 是短、中、长期的 RDR_Fra 在不同盈亏水平下的 TR 值。不同类参考期下，TR 值随盈利水平的增加而增加。在 PH 组合中，Fra_4 的 TR 值为 2.258，Fra_26 的 TR 值为 1.253，Fra_156 的 TR 值为 0.646。在 PL 组合中，Fra_4 的 TR 值为 −0.468，Fra_26 的 TR 值为 −0.038，Fra_156 的 TR 值为 0.069。Fra_4 的高低组合 TR 差为 2.752，Fra_26 的高低组合 TR 差为 1.305，Fra_156 的高低组合 TR 差为 0.853，再次说明长参考期的检验结果不如短参考期的检验结果。同样，不论参考期如何，PH 组合中 TR 的绝对值大于 PL 组合，"追涨"行为明显于"杀跌"行为。

表 4.9　过度反应检验表——RDR_Fra

	Fra_4	Fra_8	Fra_26	Fra_52	Fra_156	Fra_260
PL	−0.468	−0.264	−0.038	0.055	0.069	0.068
P2	−0.254	−0.150	0.001	0.089	0.132	0.149
P3	−0.137	−0.053	0.073	0.128	0.145	0.122
P4	−0.056	0.007	0.113	0.149	0.197	0.203
P5	0.019	0.069	0.149	0.205	0.169	0.195
P6	0.123	0.146	0.193	0.227	0.210	0.230
P7	0.271	0.260	0.279	0.286	0.241	0.265
P8	0.444	0.401	0.358	0.390	0.337	0.322

续表

	Fra_4	Fra_8	Fra_26	Fra_52	Fra_156	Fra_260
P9	0.831	0.713	0.560	0.496	0.416	0.428
PH	2.258	1.881	1.253	0.972	0.646	0.546
PH－PL	2.752***	2.172***	1.305***	0.894***	0.572***	0.480***
t 值	(26.429)	(22.711)	(23.853)	(18.671)	(13.861)	(14.022)

注：*、**、*** 分别代表10%、5%、1%的显著性水平，括号中的数值为 t 统计量。
资料来源：本表由交易频率计算的 RDR_Fra 与相应的 TR 整理而得。

表 4.10 是短、中、长期的 RDR_Gri 在不同盈亏水平下的 TR 值。6 类参考期下，TR 值随盈利水平的增加而增加。此外"追涨"与"杀跌"的迹象随着参考期的缩短明显增强。在 PH 组合中，Gri_4 的 TR 值为 2.315，Gri_52 的 TR 值为 1.573，Gri_156 的 TR 值为 1.440。在 PL 组合中，Gri_4 的 TR 值为 －0.561，Gri_52 的 TR 值为 －0.164，Gri_156 的 TR 值为 －0.132。高低组合的 TR 差也随着参考期的减少而增加，由 Gri_156 对应的 1.554 增加到 Gri_4 对应的 2.903。意味着较短的参考期更好地捕捉了国内股票市场的过度反应现象。此外，各类 PH 组合中 TR 的绝对值要明显大于 PL 组合，同样说明正反馈引起的"追涨"行为要强于负反馈引起的"杀跌"行为。

表 4.10　　　　　　　过度反应检验表——RDR_Gri

	Gri_4	Gri_8	Gri_26	Gri_52	Gri_156	Gri_260
PL	－0.561	－0.393	－0.221	－0.164	－0.132	－0.151
P2	－0.296	－0.228	－0.118	－0.085	－0.099	－0.124
P3	－0.157	－0.123	－0.052	－0.040	－0.049	－0.068
P4	－0.073	－0.024	0.011	0.023	－0.023	－0.025
P5	0.030	0.048	0.053	0.090	0.058	0.037
P6	0.132	0.138	0.145	0.146	0.095	0.113
P7	0.283	0.267	0.266	0.263	0.223	0.230
P8	0.478	0.462	0.438	0.421	0.398	0.366
P9	0.878	0.803	0.737	0.743	0.696	0.638

第4章 价格参考点与股票收益研究

续表

	Gri_4	Gri_8	Gri_26	Gri_52	Gri_156	Gri_260
PH	2.315	2.051	1.671	1.573	1.440	1.472
PH - PL	2.903***	2.474***	1.912***	1.724***	1.554***	1.635***
t 值	(27.341)	(24.839)	(25.108)	(24.181)	(26.489)	(26.398)

注：*、**、*** 分别代表 10%、5%、1% 的显著性水平，括号中的数值为 t 统计量。
资料来源：本表由初始交易价格计算的 RDR_Gri 与相应的 TR 整理而得。

4.3.2 不同参考期下的过度反应与股票收益

分析不同参考期下投资者对盈亏反馈的过度反应后，将目标变量替换成股票收益 $Return_t$ 与 $Return_{t+1}$，采用再平衡投资组合分析法进一步检验反转效应。36 种参照收益率的检验结果如表 4.11~表 4.16 所示。

表 4.11 给出了 RDR_SMA 在不同参考期下盈亏最大的组合收益。其中 PL 代表亏损最大的后 10% 的组合，PH 代表盈利最大的前 10% 的组合，PH - PL 代表二者的组合收益差。可以发现，股票收益率 $Return_t$ 与 RDR_t 显著正相关，如 SMA_8 在 PL 组合中的收益为 -3.041%，在 PH 组合中的收益为 6.790%。SMA_52 在 PL 组合中的收益为 -1.023%，在 PH 组合中的收益为 3.310%，表明将参照收益率作为信息的投资者将会获得极大的正、负反馈。且随着参考期的减少，正相关性逐渐增加。如 SMA_156 的高低组合收益差为 2.691%，SMA_52 的组合收益差为 4.338%，SMA_4 为 13.080%。在 t + 1 期，股票收益率 $Return_{t+1}$ 与参照收益率的相关性由正转负，如 SMA_156 的高低组合收益差为 -0.378%，SMA_26 与 SMA_8 的组合收益差分别为 -0.554%、-0.354%，均在 99% 的置信水平下显著。结合之前过度反应的检验，可知投资者将价格参考点作为信息进行决策，前后两期的股票收益发生了反转效应，再次验证了假设 H4.1。另外，相较表 4.3，划分周期后检验结果对 H4.1 给予了更多的支持。

表 4.12 给出了 RDR_EMA 在不同参考期下盈亏最大的组合收益。由表可知，股票收益率 $Return_t$ 与 RDR_t 显著正相关，如 EMA_4 在 PL 组合中的收益为 -3.666%，在 PH 组合中的收益为 7.940%。EMA_52 在 PL 组合中的收益为 -0.727%，在 PH 组合中的收益为 2.825%，意味着将参照收益率作为信息的投资者将会获得极大的正、负反馈。同样，随着参考期的

表 4.11　　　　　　过度反应与股票收益检验——RDR_SMA

	Return$_t$				Return$_{t+1}$			
	PL	PH	PH-PL	T	PL	PH	PH-PL	T
SMA_4	-4.412	8.620	13.080***	(46.092)	0.652	0.238	-0.414***	(-3.048)
SMA_8	-3.041	6.790	9.848***	(44.849)	0.627	0.336	-0.354**	(-2.325)
SMA_26	-1.531	4.296	5.829***	(37.624)	0.747	0.232	-0.554***	(-3.423)
SMA_52	-1.023	3.310	4.338***	(29.081)	0.542	0.249	-0.317**	(-2.077)
SMA_156	-0.513	2.183	2.691***	(20.092)	0.586	0.215	-0.378***	(-2.823)
SMA_260	-0.348	1.884	2.249***	(17.439)	0.537	0.321	-0.207	(-1.594)

注：*、**、***分别代表10%、5%、1%的显著性水平，括号中的数值为t统计量。
资料来源：本表由移动平均法计算的RDR_SMA与相应的R整理而得。

表 4.12　　　　　　过度反应与股票收益检验——RDR_EMA

	Return$_t$				Return$_{t+1}$			
	PL	PH	PH-PL	T	PL	PH	PH-PL	T
EMA_4	-3.666	7.940	11.660***	(42.078)	0.628	0.329	-0.319**	(-2.071)
EMA_8	-2.378	6.030	8.426***	(43.044)	0.711	0.331	-0.405***	(-2.621)
EMA_26	-1.113	3.742	4.853***	(33.196)	0.644	0.297	-0.383***	(-2.542)
EMA_52	-0.727	2.825	3.563***	(24.082)	0.577	0.174	-0.424***	(-2.822)
EMA_156	-0.319	1.966	2.278***	(17.092)	0.607	0.173	-0.448***	(-3.472)
EMA_260	-0.176	1.757	1.949***	(16.102)	0.624	0.263	-0.358***	(-2.979)

注：*、**、***分别代表10%、5%、1%的显著性水平，括号中的数值为t统计量。
资料来源：本表由指数平滑法计算的RDR_EMA与相应的R整理而得。

减少，这种正相关性逐渐增加。如EMA_156的高低组合收益差为2.278%，EMA_52的组合收益差为3.563%，EMA_4为11.660%。在t+1期，股票收益率Return$_{t+1}$与参照收益率的相关性由正转负，如EMA_156的高低组合收益差为-0.448%，在99%的置信水平下显著。EMA_4的组合收益差分别为-0.319%，在95%的置信水平下显著。RDR_EMA的检验结果同样表明投资者的过度反应行为导致了股票收益的反转。

表 4.13 给出了 RDR_Max 在不同参考期下盈亏最大的组合收益。可以发现，6类参考期下t期的股票收益率Return$_t$与RDR$_t$显著正相关，且正相关

性随着参考期的减少逐渐增加。在 t+1 期，股票收益率 Return$_{t+1}$ 与参照收益率的相关性为负，虽不显著，但 t 期与 t+1 期收益却有十分明显的差异。

表 4.13　　　　　过度反应与股票收益检验——RDR_Max

	Return$_t$				Return$_{t+1}$			
	PL	PH	PH - PL	T	PL	PH	PH - PL	T
Max_4	-3.902	9.645	13.628***	(47.430)	0.425	0.379	-0.078	(-0.507)
Max_8	-2.557	8.451	10.971***	(51.506)	0.543	0.461	-0.103	(-0.672)
Max_26	-1.137	6.164	7.282***	(37.301)	0.581	0.556	-0.101	(-0.711)
Max_52	-0.690	5.025	5.693***	(30.089)	0.491	0.520	0.015	(0.088)
Max_156	-0.297	3.133	3.428***	(21.842)	0.549	0.343	-0.193	(-1.607)
Max_260	-0.219	2.699	2.938***	(20.752)	0.479	0.380	-0.092	(-0.790)

注：*、**、*** 分别代表 10%、5%、1% 的显著性水平，括号中的数值为 t 统计量。
资料来源：本表由最大值计算的 RDR_Max 与相应的 R 整理而得。

表 4.14 给出了 RDR_Min 在不同参考期下盈亏最大的组合收益。由表可知，不同参考期下股票收益率 Return$_t$ 与 RDR$_t$ 显著正相关，且随着参考期的减少，这种正相关性逐渐增加。在 t+1 期，股票收益率 Return$_{t+1}$ 与参照收益率的相关性显著为负，前后两期的收益相关性差异明显，表明投资者的过度反应行为导致了股票收益的反转。

表 4.14　　　　　过度反应与股票收益检验——RDR_Min

	Return$_t$				Return$_{t+1}$			
	PL	PH	PH - PL	T	PL	PH	PH - PL	T
Min_4	-5.490	7.285	12.838***	(46.239)	0.475	0.379	-0.134	(-0.918)
Min_8	-4.621	5.508	10.169***	(45.780)	0.576	0.277	-0.343**	(-2.338)
Min_26	-3.184	3.529	6.703***	(32.663)	0.617	0.134	-0.549***	(-3.653)
Min_52	-2.567	2.676	5.215***	(27.839)	0.551	0.271	-0.286*	(-1.779)
Min_156	-1.579	1.837	3.402***	(23.025)	0.634	0.213	-0.441***	(-3.345)
Min_260	-1.151	1.471	2.651***	(23.174)	0.642	0.141	-0.490***	(-4.427)

注：*、**、*** 分别代表 10%、5%、1% 的显著性水平，括号中的数值为 t 统计量。
资料来源：本表由最小值计算的 RDR_Min 与相应的 R 整理而得。

表 4.15 给出了 RDR_Fra 在不同参考期下盈亏最大的组合收益。由表可知，不同参考期下股票收益率 Return$_t$ 与 RDR$_t$ 显著正相关。在 t+1 期，Fra_26、Fra_156、Fra_260 的股票收益率 Return$_{t+1}$ 与参照收益率的相关性显著为负，由此可知投资者的过度反应行为导致了股票收益的反转。

表 4.15　　　　过度反应与股票收益检验——RDR_Fra

	Return$_t$				Return$_{t+1}$			
	PL	PH	PH−PL	T	PL	PH	PH−PL	T
Fra_4	−4.261	8.607	12.948***	(48.468)	0.445	0.479	0.020	(0.118)
Fra_8	−2.953	6.896	9.905***	(46.132)	0.628	0.448	−0.218	(−1.511)
Fra_26	−1.514	4.307	5.834***	(38.247)	0.740	0.404	−0.375**	(−2.499)
Fra_52	−1.023	3.315	4.208***	(28.600)	0.530	0.449	−0.213	(−1.519)
Fra_156	−0.559	2.008	2.604***	(22.819)	0.614	0.207	−0.339***	(−2.757)
Fra_260	−0.469	1.780	2.258***	(19.405)	0.568	0.348	−0.219*	(−1.820)

注：*、**、*** 分别代表 10%、5%、1% 的显著性水平，括号中的数值为 t 统计量。
资料来源：本表由交易频率计算的 RDR_Fra 与相应的 R 整理而得。

表 4.16 是 RDR_Gri 在不同参考期下盈亏最大的组合收益。可以发现，股票收益率 Return$_t$ 与 RDR$_t$ 显著正相关，如 Gri_4 在 PL 组合中的收益为 −4.555%，在 PH 组合中的收益为 8.934%。Gri_52 在 PL 组合中的收益为

表 4.16　　　　过度反应与股票收益检验——RDR_Gri

	Return$_t$				Return$_{t+1}$			
	PL	PH	PH−PL	T	PL	PH	PH−PL	T
Gri_4	−4.555	8.934	13.575***	(50.327)	0.449	0.450	−0.013	(−0.078)
Gri_8	−3.392	7.628	11.086***	(50.853)	0.629	0.453	−0.210	(−1.437)
Gri_26	−2.259	5.829	8.116***	(44.697)	0.703	0.496	−0.242*	(−1.700)
Gri_52	−1.898	5.289	7.102***	(42.792)	0.570	0.522	−0.163	(−1.218)
Gri_156	−1.450	4.878	6.304***	(40.919)	0.596	0.412	−0.156	(−1.221)
Gri_260	−1.533	5.141	6.708***	(42.192)	0.586	0.483	−0.103	(−0.844)

注：*、**、*** 分别代表 10%、5%、1% 的显著性水平，括号中的数值为 t 统计量。
资料来源：本表由初始交易价格计算的 RDR_Gri 与相应的 R 整理而得。

−1.898%，在 PH 组合中的收益为 5.289%，表明以参照收益率为投资信息的交易者将会受到正、负反馈的影响。随着参考期的减少，组合收益差的正相关性逐渐增加。如 Gri_156 的高低组合收益差为 6.304%，Gri_52 的组合收益差为 7.102%，Gri_4 为 13.575%。在 t+1 期，股票收益率 $Return_{t+1}$ 与参照收益率的相关性由正转负，如 Gri_26 的高低组合收益差为 −0.242%，在 90% 的置信水平下显著。相较之下，前后两期的预期收益差异十分明显。

4.3.3 不同参考期下的过度反应、交易频率与股票收益

有效市场假说下，市场的交易不应该太频繁，理性投资者不会轻易将自己选定的股票转手他人。而本章的实证研究表明以价格参考点为信息的投资者将会产生"追涨杀跌"的过度反应，导致股票收益发生反转。若控制交易频度，这种反转效应是否会有所减缓？为此本章挑选了流通股换手率在后 25% 水平的股票单独进行检验，以探索不同参考期下过度反应、交易频率与股票收益之间的关系，再平衡投资组合分析的结果见表 4.17。

表 4.17 给出了未来股票收益 $Return_{t+1}$，是盈利最多的组合 PH 与亏损最多的组合 PL 之差。可以发现，相较之前的检验，低交易频率组合中参照收益 RDR_t 与股票收益 $Return_{t+1}$ 的负相关性明显降低。除了 EMA_156 与 Min_52，其他参照收益率的结果都不显著。为进一步确认，本章还对参照收益率进行了 Fama - Macbeth 截面回归。由于参照收益率 RDR_t 与过去收益、换手率等股票特征密切相关，将其作为控制变量以避免对结果的干扰，具体回归公式如下：

表 4.17 低交易频率下过度反应与股票收益检验

	RDR_4	RDR_8	RDR_26	RDR_52	RDR_156	RDR_260
SMA	0.028 (0.909)	−0.024 (−0.733)	0.029 (0.818)	0.017 (0.587)	−0.049 (−1.594)	−0.049 (−1.570)
EMA	−0.002 (−0.053)	0.005 (0.132)	0.021 (0.660)	0.034 (1.137)	−0.069** (−2.100)	−0.050 (−1.654)
Max	0.056 (1.605)	−0.017 (−0.561)	0.001 (0.017)	0.001 (0.018)	0.005 (0.191)	−0.007 (−0.228)

续表

	RDR_4	RDR_8	RDR_26	RDR_52	RDR_156	RDR_260
Min	0.035 (1.078)	0.018 (0.545)	0.026 (0.737)	0.075** (2.449)	-0.018 (-0.566)	-0.031 (-1.024)
Fra	0.029 (0.826)	0.008 (0.247)	-0.009 (-0.301)	0.023 (0.708)	0.035 (1.090)	0.027 (0.933)
Gri	0.023 (0.673)	0.018 (0.581)	0.013 (0.426)	0.001 (0.025)	0.004 (0.124)	0.006 (0.175)

注：*、**、***分别代表10%、5%、1%的显著性水平，括号中的数值为t统计量。
资料来源：本表由低换手率投资组合的R与各类RDR整理而得。

$$\text{Return}_{i,t} = \alpha + \beta_1 \text{RDR}_{i,t} + \beta_2 \text{Turnover}_{i,t} + \sum_{j=1}^{3} \beta_{j+2} \text{Mom}_{i,t,j} + \varepsilon_{i,t}$$

(4.24)

式(4.24)中，Return 代表股票收益率，RDR 代表参照收益率，Turnover 代表换手率，Mom_1 代表股票前 1 个月的股票累计收益率，Mom_2 代表前 12 个月到上个月的股票累计收益率，Mom_3 代表前 24 个月到前 12 个月的股票累计收益率。本章只对 Gri_8、Gri_26、Gri_52 进行了 Fama – Macbeth 回归，结果见表 4.18。

表 4.18　　　过度反应与股票收益 Fama – Macbeth 回归

Panel A　全样本截面回归						
	Gri_8		Gri_26		Gri_52	
	Return_t	Return_{t+1}	Return_t	Return_{t+1}	Return_t	Return_{t+1}
RDR	0.582*** (105.265)	-0.008*** (-4.316)	0.462*** (90.184)	-0.006** (-2.952)	0.412*** (97.551)	-0.003** (-1.994)
Turnover	0.001*** (31.884)	0.001*** (24.449)	0.001*** (28.972)	0.001*** (22.847)	0.001*** (24.155)	0.001*** (21.423)
Mom_1	-0.187*** (-59.641)	-0.011*** (-4.066)	-0.197*** (-62.491)	-0.011*** (-3.922)	-0.174*** (-63.224)	-0.011*** (-4.227)
Mom_2	-0.016*** (-27.007)	-0.003*** (-6.017)	-0.033*** (-46.363)	-0.005*** (-6.767)	-0.044*** (-54.763)	-0.004*** (-5.618)

续表

Panel A 全样本截面回归

	Gri_8		Gri_26		Gri_52	
	$Return_t$	$Return_{t+1}$	$Return_t$	$Return_{t+1}$	$Return_t$	$Return_{t+1}$
Mom_3	-0.002*** (-3.488)	-0.016*** (-33.716)	-0.003*** (-4.671)	-0.016*** (-34.035)	-0.004*** (-6.675)	-0.014*** (-32.713)

Panel B 低换手率样本截面回归

	Gri_8		Gri_26		Gri_52	
	$Return_t$	$Return_{t+1}$	$Return_t$	$Return_{t+1}$	$Return_t$	$Return_{t+1}$
RDR	0.513*** (45.264)	-0.028 (-0.764)	0.418*** (34.505)	0.013 (0.747)	0.349*** (11.449)	0.004 (0.226)
Turnover	0.001*** (34.139)	0.001*** (21.189)	0.002*** (36.611)	0.001*** (21.269)	0.001*** (29.447)	0.001*** (20.886)
Mom_1	-0.121*** (-42.182)	-0.017*** (-4.012)	-0.104*** (-39.247)	-0.011*** (-3.922)	-0.089*** (-34.123)	(-0.009***) (-3.115)
Mom_2	-0.031*** (-34.641)	-0.003*** (-6.422)	-0.038*** (-42.543)	-0.004*** (-6.165)	-0.039*** (-41.256)	-0.003*** (-5.488)
Mom_3	-0.021*** (-43.264)	-0.016*** (-33.182)	-0.029*** (-44.284)	-0.016*** (-35.023)	-0.028*** (-41.482)	-0.016*** (-33.468)

注：*、**、***分别代表10%、5%、1%的显著性水平，括号中的数值为t统计量。
资料来源：本表由相关 Fama-Macbeth 截面回归结果整理而得。

如表4.18所示，在 Panel A 的全样本检验中，三类参照收益率与 $Return_t$ 显著正相关，与 $Return_{t+1}$ 显著负相关，再次说明投资者对盈亏反馈的过度反应会导致股票收益发生反转。同时，参考期越短，RDR_t 的回归系数越大。这一结果与本书前期检验一致的检验相吻合。在低交易频度的组合中，RDR_t 对 t 期收益 $Return_t$ 的回归系数显著为正，表明参照收益率依然具有强烈盈亏反馈。但对 t+1 期收益 $Return_{t+1}$ 的回归系数不再显著。可见，控制交易频度后股票收益没有发生反转，故反向支持了假设 H4.1。

4.3.4 不同参考期下的过度反应、参照依赖与股票收益

本章理论部分指出，投资者会因信息不足而追涨杀跌，也会因盈亏不

同改变风险偏好。在 4.2.4 节的实证检验中，为与其他文献一致，将 RDR_SMA、RDR_EMA、RDR_Fra、RDR_Gri 的参考期设置为 260 周，RDR_Max、RDR_Min 的参考期设置为 52 周。接下来，采用其他参考期对假设 H4.2 重新进行双重 10 分组检验，检验结果如表 4.19 ~ 表 4.24 所示。

表 4.19 给出了 RDR_SMA 的双重 10 分组结果，其中 PL 代表亏损最大的后 10% 的组合，PH 代表盈利最大的前 10% 的组合，PH - PL 代表二者的组合收益差，PH&PH - PL&PL 代表高 Beta 高 RDR 组合与低 Beta 低 RDR 组合的收益差。行数据结果表明，随着 RDR 的增加，收益 $Return_{t+1}$ 与风险 $Beta_t$ 之间的相关性由正转负。如在 SMA_4 中，亏损最多时风险与收益在 99% 置信水平下正相关，高低风险组合收益差为 0.501%，相应的年化收益率约为 26.052%。Fama - French 三因子模型下 α 收益为 0.451%，相应的年化收益率约为 23.452%。盈利最多时风险与收益在 99% 置信水平下负相关，高低风险组合收益差为 - 0.609%，相应的年化收益率约为 31.668%。Fama - French 三因子模型下 α 收益为 - 0.657%，相应的年化收益率约为 34.164%。在 SMA_26 中，亏损最多时风险与收益在 99% 置信水平下正相关，高低风险组合收益差为 0.339%，相应的年化收益率约为 17.628%。Fama - French 三因子模型下 α 收益为 0.277%，相应的年化收益率约为 14.404%。盈利最多时风险与收益在 99% 置信水平下负相关，高低风险组合收益差为 - 0.399%，相应的年化收益率约为 20.748%。Fama - French 三因子模型下 α 收益为 - 0.465%，相应的年化收益率约为 24.18%。表 4.19 的实证结果与假设 H4.2 一致，即亏损状态下，股票风险越高，收益越高；盈利状态下，股票风险越高，收益越低。

表 4.19　　过度反应、参照依赖与股票收益检验——RDR_SMA

			按 Beta 分组					
	T - Label		PL	PH	PH - PL	t 值	FF3 - α	FF3 - t
按 RDR 分组	4	PL	0.174	0.624	0.501 ***	(4.558)	0.451 ***	(4.028)
		PH	0.570	0.035	- 0.609 ***	(- 4.753)	- 0.657 ***	(- 5.075)
		PH - PL	0.395 **	- 0.694 ***	PH&PH - PL&PL			- 0.204
		t 值	(2.235)	(- 3.967)	t 值			(- 1.165)
		FF3 - α	0.291	- 0.773 ***	PH&PH - PL&PL（FF3 - α）			- 0.204

续表

	T-Label		PL	PH	PH-PL	t值	FF3-α	FF3-t
			\multicolumn{7}{c}{按 Beta 分组}
按RDR分组	4	FF3-t	(1.621)	(-4.333)	\multicolumn{3}{c}{FF3-t}	(-1.618)
	8	PL	0.409	0.679	0.311***	(2.842)	0.264**	(2.374)
		PH	0.494	-0.115	-0.596***	(-4.755)	-0.623***	(-4.940)
		PH-PL	0.105	-0.809***	\multicolumn{3}{c}{PH&PH-PL&PL}	-0.500***
		t值	(0.608)	(-4.681)	\multicolumn{3}{c}{t值}	(-2.825)
		FF3-α	0.007	-0.874***	\multicolumn{3}{c}{PH&PH-PL&PL (FF3-α)}	-0.563***
		FF3-t	(0.037)	(-4.969)	\multicolumn{3}{c}{FF3-t}	(-3.133)
	26	PL	0.405	0.674	0.339***	(3.334)	0.277***	(2.683)
		PH	0.412	-0.030	-0.399***	(-3.278)	-0.465***	(-3.816)
		PH-PL	0.014	-0.689***	\multicolumn{3}{c}{PH&PH-PL&PL}	-0.380**
		t值	(0.085)	(-4.102)	\multicolumn{3}{c}{t值}	(-2.330)
		FF3-α	-0.070	-0.780***	\multicolumn{3}{c}{PH&PH-PL&PL (FF3-α)}	-0.464***
		FF3-t	(-0.419)	(-4.563)	\multicolumn{3}{c}{FF3-t}	(-2.801)
	52	PL	0.393	0.465	0.146	(1.500)	0.077	(0.782)
		PH	0.449	0.111	-0.279**	(-2.430)	-0.343***	(-2.959)
		PH-PL	0.053	-0.378**	\multicolumn{3}{c}{PH&PH-PL&PL}	-0.233
		t值	(0.349)	(-2.317)	\multicolumn{3}{c}{t值}	(-1.446)
		FF3-α	-0.013	-0.456***	\multicolumn{3}{c}{PH&PH-PL&PL (FF3-α)}	-0.297*
		FF3-t	(-0.085)	(-2.742)	\multicolumn{3}{c}{FF3-t}	(-1.811)
	156	PL	0.401	0.394	-0.035	(-0.295)	0.264**	(2.374)
		PH	0.275	0.120	-0.175	(-1.356)	-0.623***	(-4.940)
		PH-PL	-0.137	-0.327**	\multicolumn{3}{c}{PH&PH-PL&PL}	-0.309*
		t值	(-0.996)	(-2.278)	\multicolumn{3}{c}{t值}	(-2.054)
		FF3-α	-0.173	-0.354**	\multicolumn{3}{c}{PH&PH-PL&PL (FF3-α)}	-0.299**
		FF3-t	(-1.237)	(-2.440)	\multicolumn{3}{c}{FF3-t}	(-1.986)

注：*、**、***分别代表10%、5%、1%的显著性水平，括号中的数值为t统计量。
资料来源：本表由相关计算结果整理而得。

从收益以及 t 值大小看，短周期的参照依赖效应明显强于长周期。如 SMA_4 对应的组合收益差为 0.501%、-0.609%，t 值为 4.558、-4.753；SMA_8 的组合收益差为 0.311%、-0.596%，t 值为 2.842、-4.755。而表 4.4 中 SMA_260 的组合收益差为 0.002%、-0.098%，t 值为 0.014、-0.766。这一结果与国内投资者偏爱短线交易的状况相契合，再结合 4.3.1 中对不同参考期的过度反应检验，表明真实的参考周期要短于 5 年。

列数据结果表明，RDR 与收益的相关性受风险水平影响。如 SMA_8 中，风险最小时 RDR 与收益的相关性并不显著。随着 Beta 增加，RDR 与收益之间转变为显著的负相关关系。风险最大时，PH-PL 的收益差为 -0.809%，在 99% 置信水平下显著，三因子模型下 α 收益为 -0.874%。表明反应过度导致的收益反转更多地表现在高风险的股票上。

高 Beta 高 RDR 组合与低 Beta 低 RDR 组合的收益差为负，如 SMA_8 为 -0.500%，相应的 α 收益为 -0.563%。SMA_26 为 -0.380%，相应的 α 收益为 -0.464%。

表 4.20 给出了 RDR_EMA 的双重 10 分组结果。与表 4.19 相似，损失状态下股票收益 $Return_{t+1}$ 与风险 $Beta_t$ 显著正相关，盈利状态下股票收益 $Return_{t+1}$ 与风险 $Beta_t$ 显著负相关。如 EMA_4 中，亏损最多时风险与收益在 99% 置信水平下正相关，高低风险组合收益差为 0.445%，Fama-French 三因子模型下 α 收益为 0.398%。盈利最多时风险与收益在 99% 置信水平下负相关，高低风险组合收益差为 -0.557%，Fama-French 三因子模型下 α 收益为 -0.615%。RDR_EMA 的双重 10 分组结果与假设 H4.2 一致，即亏损状态下，股票风险越高，收益越高；盈利状态下，股票风险越高，收益越低。同样从收益以及 t 值大小看，短周期的参照依赖效应比长周期更明显。如 EMA_8 对应的组合收益差为 0.428%、-0.498%，t 值为 3.978、-3.667。作为对比，EMA_156 高低组合收益差在盈利或亏损状态下均不显著。

同样列数据结果表明，反应过度导致的收益反转更多地表现在高风险的股票上。如 EMA_8 中，风险最大时 PH-PL 的收益差为 -0.793%，在 99% 置信水平下显著，三因子模型下 α 收益为 -0.860%。另外，高 Beta 高 RDR 组合与低 Beta 低 RDR 组合的收益差为负，如 EMA_8 为 -0.432%，相应的 α 收益为 -0.464%。EMA_26 为 -0.335%，相应的 α 收益为 -0.381%。

表 4.20　过度反应、参照依赖与股票收益检验——RDR_EMA

按 RDR 分组	T – Label		PL	PH	PH – PL	t 值	FF3 – α	FF3 – t
					按 Beta 分组			
	4	PL	0.319	0.729	0.445***	(3.965)	0.398***	(3.479)
		PH	0.444	-0.133	-0.557***	(-4.345)	-0.615***	(-4.747)
		PH – PL	0.144	-0.877***	PH&PH – PL&PL		-0.423**	
		t 值	(0.851)	(-4.989)	t 值		(-2.414)	
		FF3 – α	0.060	-0.953***	PH&PH – PL&PL (FF3 – α)		-0.501***	
		FF3 – t	(0.347)	(-5.323)	FF3 – t		(-2.818)	
	8	PL	0.384	0.730	0.428***	(3.978)	0.397***	(3.639)
		PH	0.451	-0.079	-0.498***	(-3.667)	-0.517***	(-3.841)
		PH – PL	0.075	-0.793***	PH&PH – PL&PL		-0.432***	
		t 值	(0.608)	(-4.681)	t 值		(-2.580)	
		FF3 – α	-0.008	-0.860***	PH&PH – PL&PL (FF3 – α)		-0.464***	
		FF3 – t	(-0.045)	(-4.774)	FF3 – t		(-2.733)	
	26	PL	0.412	0.558	0.185*	(1.784)	0.142	(1.356)
		PH	0.528	0.027	-0.450***	(-3.788)	-0.481***	(-4.002)
		PH – PL	0.122	-0.514***	PH&PH – PL&PL		-0.335*	
		t 值	(0.709)	(-3.152)	t 值		(-1.931)	
		FF3 – α	0.041	-0.637***	PH&PH – PL&PL (FF3 – α)		-0.381**	
		FF3 – t	(0.233)	(-3.840)	FF3 – t		(-2.161)	
	52	PL	0.502	0.465	-0.001	(-0.009)	-0.043	(-0.391)
		PH	0.365	0.024	-0.322***	(-2.774)	-0.356***	(-3.030)
		PH – PL	-0.135	-0.485***	PH&PH – PL&PL		-0.450***	
		t 值	(-0.853)	(-2.967)	t 值		(-2.730)	
		FF3 – α	-0.192	-0.584***	PH&PH – PL&PL (FF3 – α)		-0.478***	
		FF3 – t	(-1.198)	(-3.526)	FF3 – t		(-2.867)	
	156	PL	0.532	0.489	-0.026	(-0.210)	-0.037	(-0.297)
		PH	0.203	0.145	-0.074	(-0.610)	-0.086	(-0.701)
		PH – PL	-0.332	-0.393***	PH&PH – PL&PL		-0.415***	

续表

按RDR分组	T-Label		按Beta分组					
			PL	PH	PH-PL	t值	FF3-α	FF3-t
	156	t值	(-2.296)	(-2.950)	t值		(-2.707)	
		FF3-α	-0.343	-0.403***	PH&PH-PL&PL（FF3-α）		-0.376**	
		FF3-t	(-2.339)	(-2.993)	FF3-t		(-2.448)	

注：*、**、*** 分别代表10%、5%、1%的显著性水平，括号中的数值为t统计量。
资料来源：本表由相关计算结果整理而得。

表 4.21 给出了 RDR_Max 的双重 10 分组结果。同样，表中结果支持了假设 H4.2，损失状态下股票收益 $Return_{t+1}$ 与风险 $Beta_t$ 显著正相关，盈利状态下股票收益 $Return_{t+1}$ 与风险 $Beta_t$ 显著负相关。从收益以及 t 值大小看，短周期的参照依赖效应比长周期更明显。列数据结果表明，反应过度导致的收益反转更多地表现在高风险的股票上。

表 4.21　过度反应、参照依赖与股票收益检验——RDR_Max

按RDR分组	T-Label		按Beta分组					
			PL	PH	PH-PL	t值	FF3-α	FF3-t
	4	PL	0.180	0.633	0.493***	(3.872)	0.456***	(3.538)
		PH	0.562	-0.083	-0.677***	(-5.318)	-0.694***	(-5.381)
		PH-PL	0.363	-0.807***	PH&PH-PL&PL		-0.295*	
		t值	(2.452)	(-4.598)	t值		(-1.928)	
		FF3-α	0.257	-0.874***	PH&PH-PL&PL（FF3-α）		-0.355**	
		FF3-t	(1.706)	(-4.885)	FF3-t		(-2.282)	
	8	PL	0.251	0.669	0.472***	(4.179)	0.407***	(3.573)
		PH	0.667	-0.074	-0.747***	(-5.736)	-0.751***	(-5.706)
		PH-PL	0.414***	-0.813***	PH&PH-PL&PL		-0.355**	
		t值	(2.861)	(-5.157)	t值		(-2.436)	
		FF3-α	0.267*	-0.876***	PH&PH-PL&PL（FF3-α）		-0.439***	
		FF3-t	(1.834)	(-5.458)	FF3-t		(-2.967)	

续表

	T-Label		PL	PH	PH-PL	t 值	FF3-α	FF3-t
按RDR分组	26	PL	0.399	0.624	0.251**	(2.280)	0.211*	(1.889)
		PH	0.602	0.210	-0.506***	(-4.067)	-0.563***	(-4.473)
		PH-PL	0.215	-0.505***	PH&PH-PL&PL			-0.280*
		t 值	(1.488)	(-2.844)	t 值			(-1.888)
		FF3-α	0.118	-0.631***	PH&PH-PL&PL (FF3-α)			-0.360**
		FF3-t	(0.808)	(-3.499)	FF3-t			(-2.385)
	52	PL	0.348	0.413	0.125	(1.167)	0.061	(0.565)
		PH	0.648	0.167	-0.459***	(-3.775)	-0.480***	(-3.915)
		PH-PL	0.304*	-0.277	PH&PH-PL&PL			-0.149
		t 值	(1.980)	(-1.745)	t 值			(-0.969)
		FF3-α	0.188	-0.360**	PH&PH-PL&PL (FF3-α)			-0.222
		FF3-t	(1.220)	(-2.231)	FF3-t			(-1.417)
	156	PL	0.427	0.491	0.023	(0.174)	0.017	(0.126)
		PH	0.439	0.275	-0.209	(-1.601)	-0.247*	(-1.872)
		PH-PL	0.017	-0.276*	PH&PH-PL&PL			-0.203
		t 值	(0.113)	(-1.845)	t 值			(-1.288)
		FF3-α	-0.020	-0.346**	PH&PH-PL&PL (FF3-α)			-0.216
		FF3-t	(-0.133)	(-2.285)	FF3-t			(-1.363)

注：*、**、***分别代表10%、5%、1%的显著性水平，括号中的数值为 t 统计量。
资料来源：本表由相关计算结果整理而得。

表 4.22 给出了 RDR_Min 的双重 10 分组结果。结果依然是亏损状态下，股票风险越高收益越高，盈利状态下，股票风险越高收益越低。短周期的参照依赖效应比长周期更明显，高风险的股票更容易发生由过度反应导致的收益反转。

表 4.23 是 RDR_Fra 的双重 10 分组结果。由表可知，损失状态下股票收益 $Return_{t+1}$ 与风险 $Beta_t$ 显著正相关，盈利状态下股票收益 $Return_{t+1}$ 与风险 $Beta_t$ 显著负相关。同时，短周期的参照依赖效应明显强于长周期。列数据结果表明，反应过度导致的收益反转更多地表现在高风险的股票

上。此外在 RDR_Fra 中,不同参考期下的高 Beta 高 RDR 组合与低 Beta 低 RDR 组合的收益差都为负。

表 4.22　　过度反应、参照依赖与股票收益检验——RDR_Min

<table>
<tr><th colspan="2" rowspan="2"></th><th rowspan="2">T – Label</th><th colspan="6">按 Beta 分组</th></tr>
<tr><th>PL</th><th>PH</th><th>PH – PL</th><th>t 值</th><th>FF3 – α</th><th>FF3 – t</th></tr>
<tr><td rowspan="24">按
R
D
R
分
组</td><td rowspan="6">4</td><td>PL</td><td>0.169</td><td>0.498</td><td>0.401 ***</td><td>(3.818)</td><td>0.379 ***</td><td>(3.592)</td></tr>
<tr><td>PH</td><td>0.385</td><td>0.071</td><td>− 0.327 **</td><td>(− 2.553)</td><td>− 0.376 ***</td><td>(− 2.889)</td></tr>
<tr><td>PH – PL</td><td>0.216</td><td>− 0.492 ***</td><td colspan="3">PH&PH – PL&PL</td><td>− 0.086</td></tr>
<tr><td>t 值</td><td>(1.366)</td><td>(− 2.923)</td><td colspan="3">t 值</td><td>(− 0.525)</td></tr>
<tr><td>FF3 – α</td><td>0.139</td><td>− 0.583 ***</td><td colspan="3">PH&PH – PL&PL (FF3 – α)</td><td>− 0.146</td></tr>
<tr><td>FF3 – t</td><td>(0.865)</td><td>(− 3.413)</td><td colspan="3">FF3 – t</td><td>(− 0.878)</td></tr>
<tr><td rowspan="6">8</td><td>PL</td><td>0.165</td><td>0.437</td><td>0.336 ***</td><td>(3.288)</td><td>0.334 ***</td><td>(3.232)</td></tr>
<tr><td>PH</td><td>0.311</td><td>0.114</td><td>− 0.258 **</td><td>(− 2.068)</td><td>− 0.296 **</td><td>(− 2.349)</td></tr>
<tr><td>PH – PL</td><td>0.149</td><td>− 0.398 **</td><td colspan="3">PH&PH – PL&PL</td><td>− 0.095</td></tr>
<tr><td>t 值</td><td>(0.963)</td><td>(− 2.436)</td><td colspan="3">t 值</td><td>(− 0.591)</td></tr>
<tr><td>FF3 – α</td><td>0.095</td><td>− 0.488 ***</td><td colspan="3">PH&PH – PL&PL (FF3 – α)</td><td>− 0.122</td></tr>
<tr><td>FF3 – t</td><td>(0.600)</td><td>(− 2.937)</td><td colspan="3">FF3 – t</td><td>(− 0.746)</td></tr>
<tr><td rowspan="6">26</td><td>PL</td><td>0.242</td><td>0.614</td><td>0.391 ***</td><td>(3.928)</td><td>0.355 ***</td><td>(3.511)</td></tr>
<tr><td>PH</td><td>0.359</td><td>− 0.057</td><td>− 0.458 ***</td><td>(− 3.791)</td><td>− 0.493 ***</td><td>(− 4.072)</td></tr>
<tr><td>PH – PL</td><td>0.107</td><td>− 0.705 ***</td><td colspan="3">PH&PH – PL&PL</td><td>− 0.329 **</td></tr>
<tr><td>t 值</td><td>(0.707)</td><td>(− 4.287)</td><td colspan="3">t 值</td><td>(− 2.128)</td></tr>
<tr><td>FF3 – α</td><td>0.045</td><td>− 0.752 ***</td><td colspan="3">PH&PH – PL&PL (FF3 – α)</td><td>− 0.360 **</td></tr>
<tr><td>FF3 – t</td><td>(0.294)</td><td>(− 4.508)</td><td colspan="3">FF3 – t</td><td>(− 2.316)</td></tr>
<tr><td rowspan="6">52</td><td>PL</td><td>0.257</td><td>0.592</td><td>0.373 ***</td><td>(3.695)</td><td>0.315 ***</td><td>(3.081)</td></tr>
<tr><td>PH</td><td>0.331</td><td>− 0.022</td><td>− 0.345 ***</td><td>(− 3.096)</td><td>− 0.373 ***</td><td>(− 3.327)</td></tr>
<tr><td>PH – PL</td><td>0.083</td><td>− 0.652 ***</td><td colspan="3">PH&PH – PL&PL</td><td>− 0.254</td></tr>
<tr><td>t 值</td><td>(0.554)</td><td>(− 3.894)</td><td colspan="3">t 值</td><td>(− 1.631)</td></tr>
<tr><td>FF3 – α</td><td>0.020</td><td>− 0.670 ***</td><td colspan="3">PH&PH – PL&PL (FF3 – α)</td><td>− 0.284 *</td></tr>
<tr><td>FF3 – t</td><td>(0.133)</td><td>(− 3.950)</td><td colspan="3">FF3 – t</td><td>(− 1.806)</td></tr>
</table>

续表

<table>
<tr><th rowspan="2">按RDR分组</th><th rowspan="2">T-Label</th><th colspan="7">按 Beta 分组</th></tr>
<tr><th>PL</th><th>PH</th><th>PH-PL</th><th>t 值</th><th>FF3-α</th><th>FF3-t</th></tr>
<tr><td rowspan="6">156</td><td>PL</td><td>0.194</td><td>0.587</td><td>0.328 ***</td><td>(3.069)</td><td>0.272 **</td><td>(2.494)</td></tr>
<tr><td>PH</td><td>0.274</td><td>0.116</td><td>-0.103</td><td>(-0.849)</td><td>-0.128</td><td>(-1.039)</td></tr>
<tr><td>PH-PL</td><td>0.048</td><td>-0.502 ***</td><td colspan="3">PH&PH-PL&PL</td><td>-0.068</td></tr>
<tr><td>t 值</td><td>(0.366)</td><td>(-3.705)</td><td colspan="3">t 值</td><td>(-0.465)</td></tr>
<tr><td>FF3-α</td><td>0.002</td><td>-0.517 ***</td><td colspan="3">PH&PH-PL&PL (FF3-α)</td><td>-0.081</td></tr>
<tr><td>FF3-t</td><td>(0.015)</td><td>(-3.775)</td><td colspan="3">FF3-t</td><td>(-0.543)</td></tr>
</table>

注：*、**、***分别代表10%、5%、1%的显著性水平，括号中的数值为t统计量。
资料来源：本表由相关计算结果整理而得。

表 4.23　过度反应、参照依赖与股票收益检验——RDR_Fra

<table>
<tr><th rowspan="2">按RDR分组</th><th rowspan="2">T-Label</th><th colspan="7">按 Beta 分组</th></tr>
<tr><th>PL</th><th>PH</th><th>PH-PL</th><th>t 值</th><th>FF3-α</th><th>FF3-t</th></tr>
<tr><td rowspan="6">4</td><td>PL</td><td>0.297</td><td>0.648</td><td>0.392 ***</td><td>(3.640)</td><td>0.353 ***</td><td>(3.228)</td></tr>
<tr><td>PH</td><td>0.495</td><td>-0.080</td><td>-0.671 ***</td><td>(-5.412)</td><td>-0.688 ***</td><td>(-5.477)</td></tr>
<tr><td>PH-PL</td><td>0.204</td><td>-0.856 ***</td><td colspan="3">PH&PH-PL&PL</td><td>-0.468 ***</td></tr>
<tr><td>t 值</td><td>(1.274)</td><td>(-4.872)</td><td colspan="3">t 值</td><td>(-2.785)</td></tr>
<tr><td>FF3-α</td><td>0.096</td><td>-0.949 ***</td><td colspan="3">PH&PH-PL&PL (FF3-α)</td><td>-0.528 ***</td></tr>
<tr><td>FF3-t</td><td>(0.594)</td><td>(-5.290)</td><td colspan="3">FF3-t</td><td>(-3.103)</td></tr>
<tr><td rowspan="6">8</td><td>PL</td><td>0.288</td><td>0.696</td><td>0.453 ***</td><td>(3.749)</td><td>0.413 ***</td><td>(3.357)</td></tr>
<tr><td>PH</td><td>0.506</td><td>-0.176</td><td>-0.706 ***</td><td>(-5.494)</td><td>-0.730 ***</td><td>(-5.608)</td></tr>
<tr><td>PH-PL</td><td>0.227</td><td>-0.883 ***</td><td colspan="3">PH&PH-PL&PL</td><td>-0.492 ***</td></tr>
<tr><td>t 值</td><td>(1.581)</td><td>(-5.206)</td><td colspan="3">t 值</td><td>(-3.367)</td></tr>
<tr><td>FF3-α</td><td>0.126</td><td>-0.995 ***</td><td colspan="3">PH&PH-PL&PL (FF3-α)</td><td>-0.550 ***</td></tr>
<tr><td>FF3-t</td><td>(0.864)</td><td>(-5.754)</td><td colspan="3">FF3-t</td><td>(-3.713)</td></tr>
<tr><td rowspan="3">26</td><td>PL</td><td>0.571</td><td>0.849</td><td>0.335 **</td><td>(2.961)</td><td>0.290 **</td><td>(2.517)</td></tr>
<tr><td>PH</td><td>0.359</td><td>0.065</td><td>-0.334 **</td><td>(-2.571)</td><td>-0.368 **</td><td>(-2.825)</td></tr>
<tr><td>PH-PL</td><td>-0.225</td><td>-0.794 ***</td><td colspan="3">PH&PH-PL&PL</td><td>-0.531 ***</td></tr>
</table>

续表

	按 Beta 分组							
T-Label			PL	PH	PH-PL	t值	FF3-α	FF3-t
按RDR分组	26	t值	(-1.391)	(-4.544)	t值			(-3.359)
		FF3-α	-0.314	-0.925***	PH&PH-PL&PL (FF3-α)			-0.602***
		FF3-t	(-1.905)	(-5.207)	FF3-t			(-3.761)
	52	PL	0.466	0.521	0.130	(1.282)	0.050	(0.490)
		PH	0.434	0.136	-0.291**	(-2.230)	-0.322**	(-2.436)
		PH-PL	-0.033	-0.408***	PH&PH-PL&PL			-0.315**
		t值	(-0.203)	(-2.668)	t值			(-1.987)
		FF3-α	-0.133	-0.506***	PH&PH-PL&PL (FF3-α)			-0.380**
		FF3-t	(-0.821)	(-3.250)	FF3-t			(-2.371)
	156	PL	0.529	0.527	-0.100	(-0.808)	-0.097	(-0.776)
		PH	0.268	0.106	-0.092	(-0.706)	-0.109	(-0.831)
		PH-PL	-0.271	-0.386**	PH&PH-PL&PL			-0.359***
		t值	(1.780)	(-2.552)	t值			(-2.308)
		FF3-α	-0.271	-0.412***	PH&PH-PL&PL (FF3-α)			-0.312**
		FF3-t	(-1.757)	(-2.690)	FF3-t			(-2.018)

注：*、**、***分别代表10%、5%、1%的显著性水平，括号中的数值为t统计量。
资料来源：本表由相关计算结果整理而得。

表4.24给出了 RDR_Gri 的双重10分组结果。同样，损失状态下股票收益 $Return_{t+1}$ 与风险 $Beta_t$ 显著正相关，盈利状态下股票收益 $Return_{t+1}$ 与风险 $Beta_t$ 显著负相关。如 Gri_4 中，亏损最多时风险与收益在99%置信水平下正相关，高低风险组合收益差为0.461%。盈利最多时风险与收益在99%置信水平下负相关，高低风险组合收益差为-0.674%。RDR_Gri的双重10分组结果与假设 H4.2 一致，即亏损状态下，股票风险越高，收益越高；盈利状态下，股票风险越高，收益越低。同样从收益以及t值大小看，短周期的参照依赖效应比长周期更明显。如 Gri_8 在盈亏状态下的组合收益差分别为0.431%、-0.732%，t值分别为3.823、-5.693。而 Gri_156 在盈亏状态下的组合收益差分别为0.207%、-0.556%，t值分别为1.653、-3.978。

表 4.24　　RDR_Gri 的过度反应、参照依赖与股票收益检验

T - Label			PL	PH	PH - PL	t 值	FF3 - α	FF3 - t
按 R D R 分 组	4	PL	0.244	0.634	0.461***	(4.450)	0.418***	(3.984)
		PH	0.501	-0.105	-0.674***	(-5.306)	-0.684***	(-5.330)
		PH - PL	0.259	-0.872***	\multicolumn{2}{c	}{PH&PH - PL&PL}	-0.431***	
		t 值	(1.622)	(-4.999)	\multicolumn{2}{c	}{t 值}	(-2.567)	
		FF3 - α	0.136	-0.959***	\multicolumn{2}{c	}{PH&PH - PL&PL (FF3 - α)}	-0.500***	
		FF3 - t	0.840	-5.395	\multicolumn{2}{c	}{FF3 - t}	(-2.953)	
	8	PL	0.308	0.704	0.431***	(3.823)	0.376***	(3.285)
		PH	0.506	-0.168	-0.732***	(-5.693)	-0.751***	(-5.769)
		PH - PL	0.198	-0.935***	\multicolumn{2}{c	}{PH&PH - PL&PL}	-0.536***	
		t 值	(1.379)	(-5.861)	\multicolumn{2}{c	}{t 值}	(-3.623)	
		FF3 - α	0.081	-1.036***	\multicolumn{2}{c	}{PH&PH - PL&PL (FF3 - α)}	-0.606***	
		FF3 - t	(0.556)	(-6.388)	\multicolumn{2}{c	}{FF3 - t}	(-4.042)	
	26	PL	0.483	0.811	0.375***	(3.519)	0.340***	(3.134)
		PH	0.503	-0.015	-0.505***	(-3.740)	-0.518***	(-3.788)
		PH - PL	0.012	-0.854***	\multicolumn{2}{c	}{PH&PH - PL&PL}	-0.481***	
		t 值	(0.078)	(-5.892)	\multicolumn{2}{c	}{t 值}	(-3.519)	
		FF3 - α	-0.070	-0.944***	\multicolumn{2}{c	}{PH&PH - PL&PL (FF3 - α)}	-0.520***	
		FF3 - t	(-0.441)	(-6.416)	\multicolumn{2}{c	}{FF3 - t}	(-3.296)	
	52	PL	0.445	0.767	0.354***	(3.205)	0.294***	(2.625)
		PH	0.576	0.096	-0.479***	(-3.408)	-0.526***	(-3.685)
		PH - PL	0.139	-0.678***	\multicolumn{2}{c	}{PH&PH - PL&PL}	-0.330**	
		t 值	(0.927)	(-4.271)	\multicolumn{2}{c	}{t 值}	(-2.317)	
		FF3 - α	0.051	-0.796***	\multicolumn{2}{c	}{PH&PH - PL&PL (FF3 - α)}	-0.403***	
		FF3 - t	(0.335)	(-4.945)	\multicolumn{2}{c	}{FF3 - t}	(-2.797)	
	156	PL	0.419	0.604	0.207*	(1.653)	0.191	(1.498)
		PH	0.707	0.138	-0.556***	(-3.978)	-0.590***	(-4.157)
		PH - PL	0.300**	-0.485***	\multicolumn{2}{c	}{PH&PH - PL&PL}	-0.276*	

续表

按RDR分组	T-Label	按 Beta 分组					
			PL	PH	PH-PL	t值	FF3-α	FF3-t
	156	t值	(2.042)	(-2.965)	t值		(-1.782)
		FF3-α	0.255*	-0.552***	PH&PH-PL&PL（FF3-α）		-0.295*
		FF3-t	(1.707)	(-3.325)	FF3-t		(-1.880)

注：*、**、***分别代表10%、5%、1%的显著性水平，括号中的数值为t统计量。
资料来源：本表由相关计算结果整理而得。

列数据结果表明，反应过度导致的收益反转更多地表现在高风险的股票上。如 Gri_26 中，风险最大时 PH-PL 的收益差为 -0.854%，在99%置信水平下显著，三因子模型下 α 收益为 -0.944%。另外，高 Beta 高 RDR 组合与低 Beta 低 RDR 组合的收益差为负，如 Gri_52 为 -0.330%，相应的 α 收益为 -0.403%。

相比 4.2 节，本节研究提供了一个非常丰富、稳健的实证过程，再次验证了假设 H4.1 与 H4.2。同时，多种周期的回归表明，较短的参考期具有更显著的结果，与国内投资者偏爱短线交易的状况相契合。

4.4 相关对策建议

针对上述结果，本书提出了如下建议：第一，投资者误以为自己有信息优势时，会对已获取的消息产生过度反应，从而在决策中忽视不同的信息。这种判断偏误容易在未来导致亏损，因此投资者应该正确看待自我，避免过度反应。同时，要多维度进行思考，多方面进行判断，增强风险意识，提高专业技能，保证自身分析的客观性。第二，有限理性客观存在，个体间行为并非独立而是紧密相关。不只是过度反应与过度保守，其他行为导致的认知偏差都会极大概率地引起价格波动，而价格波动又会反过来影响个体行为，从而形成一种持续性的非理性偏差。因此，全面看待非理性行为下的投资决策，并在行为基础上进行分析，将有助于资产价格波动的研究。

4.5 小　　结

　　缺乏信息的个体投资者会对正、负反馈产生过度反应，也会因盈亏状态产生不同的风险偏好，进而影响股票定价。鉴于我国股市信息有效性差、个体投资者多的背景，本书从理论与实证两种途径，探索了投资者的过度反应、参照依赖效应如何影响股票收益。模型推导表明，极端的盈亏反馈使投资者减少市场噪声的估计权重，导致股票收益发生反转。同时，过度反应的投资者在"追涨"时购买风险较小的股票，在"杀跌"时保留风险较大的股票，这一寻求主观价值最大化的过程导致盈亏状态下不同的风险收益关系——盈利时，未来收益与风险负相关；损失时，未来收益与风险正相关。本章模型亦能分析不同市场成熟度下的风险收益关系：高成熟度的市场未来预期收益趋于0，符合传统金融理论假设；低成熟度的市场未来预期收益不为0，盈利时为正，损失时为负。

　　为验证理论部分的核心假设，本书采用了6类股票参考价格，并分别从短、中、长三种周期视角对我国1990年1月~2019年6月所有股票进行研究。周数据的检验结果有以下几层含义：第一，参照收益率与下一期收益负相关性较强，依赖正负反馈进行的交易会产生反转效应，这种效果在高风险组合中尤为明显。第二，过度反应会受交易频率影响，交易频率高的股票反转效应明显，交易频率低的股票未出现反转效应。第三，"追涨"特征明显的盈利组合中，下一期收益与风险负相关，而"杀跌"特征明显的亏损组合中，二者关系显著为正，利用这一特性构建的多空组合能够在未来获取超额收益。第四，不同参考期的回归显示，短周期的参照依赖效应更强，表明国内投资者存在短期偏好。由此可见，价格参考点会影响追涨杀跌投资者的决策偏好，是资产定价研究中不可忽视的部分。

　　现阶段，行为分析是解释资本市场异象的一种有效手段。相较已有文献，本书在以下三个方面具有一定创新性：首先，当前行为金融研究多聚焦于单一非理性特征，而本书理论部分给出了一种探索混合行为的新思路。其次，本书的假设结合了国内股票市场特点，研究更贴合本土实际情况。最后，通过多种参考价格、参考周期的检验，得出十分稳健的结果，为相关研究提供一定的实证支持。

第 5 章

前景偏差与股票收益研究

前景理论的核心内容可归结为参照依赖、确定效应、反射效应、损失规避以及小概率迷恋。无论基于哪种视角，这五种表征都能明显地影响行为人在不确定条件下的投资决策。现阶段，学者们大多就某一特征展开研究，如王等（2017）、阿马尔多斯和何（Amaldoss & He，2018）重点研究参照依赖，安等（2020）、陈文博等（2019）重点研究博彩偏好。实际上，几种特征密切相关，共同构成前景理论的研究体系。就本书而言，任何行为都不容忽视，那么，能否做到同时兼顾？换言之，若以股票收益为研究对象，五种特征的综合影响是否会扭曲证券价格？此外，能否构建一种指标，涵盖前景理论的所有内容，方便进一步研究？鉴于此，本章以马科维茨（Markowitz，1952）的均值方差模型为基础，理论推导了前景投资者对股票收益的影响。同时，采用卡尼曼和特沃斯基（1992）累积概率分布的方法，计算每只股票在每一时期的前景值，并展开一系列实证研究。

5.1 前景偏差与股票收益的理论推导

根据前景理论的描述，行为人有以下几点特征与理性人不同：第一，效用主要取决于参考点，而非绝对财富。第二，盈利时厌恶风险。第三，损失时偏好风险。第四，对损失的敏感程度大于盈利。第五，面对小概率的高盈利时偏好风险，面对小概率的高损失时厌恶风险。为方便表述，本书将上述特征统称为前景偏差，将具备上述偏差的投资者称为前景投资者。接下来，通过模型推导的方式探析前景偏差如何影响股票收益。

5.1.1 前景偏差与股票收益研究的模型基础

追求确定收益下的最小风险或者确定风险下的最大收益,是均值方差理论研究的出发点。在马科维茨(1952)模型中,收益与风险是主要研究对象,分别用均值、方差度量。若市场中存在 N 种风险资产,收益率分别为 $r_1, r_2, \cdots, r_N$,对应的均值为 $\mu_1, \mu_2, \cdots, \mu_N$,在某一投资组合 p 中,如果各风险资产的配比权重为 $\omega_1, \omega_2, \cdots, \omega_N$,则该组合收益可表示为:

$$r_p = \omega_1 r_1 + \omega_2 r_2 + \cdots + \omega_N r_N \tag{5.1}$$

风险可表示为:

$$\sigma_p^2 = (\omega_1, \omega_2, \cdots, \omega_N) \begin{pmatrix} \sigma_1^2 & \sigma_{1,2} & \cdots & \sigma_{1,N} \\ \sigma_{2,1} & \sigma_2^2 & \cdots & \sigma_{2,N} \\ \vdots & \vdots & \ddots & \vdots \\ \sigma_{N,1} & \sigma_{N,2} & \cdots & \sigma_N^2 \end{pmatrix} \begin{pmatrix} \omega_1 \\ \omega_2 \\ \vdots \\ \omega_N \end{pmatrix} = W \sum W^T \tag{5.2}$$

式(5.2)中,$\sigma_1^2, \sigma_2^2, \cdots, \sigma_N^2$ 是各资产收益的方差,$\sigma_{i,j}$ 是资产 i 与 j 的协方差。W 为资产配比权重向量,$\sum$ 为所有资产收益的协方差矩阵。

在马科维茨模型基础上,考虑市场中存在两类投资者,一类是希望收益最大且风险最小的理性投资者。按照均值方差理论的描述,求解既定预期收益 Er_p 下风险最小的资产配比,具体的目标函数为:

$$\text{Min} \frac{1}{2} W_{RA} \sum W_{RA}^T \tag{5.3}$$

约束条件为:

$$W_{RA} e = Er_p, \quad W_{RA} \times 1 = 1 \tag{5.4}$$

式(5.4)中,W_{RA} 是理性投资者的权重向量,$e = (\mu_1, \mu_2, \cdots, \mu_N)^T$。通过拉格朗日方程求解的结果是:

$$\sigma_p^2 = \frac{1}{C} + \frac{C}{D} \left(Er_p - \frac{A}{C} \right)^2 \tag{5.5}$$

其中,$A = e \sum^{-1} 1$,$B = e \sum^{-1} e^T > 0$,$C = 1^T \sum^{-1} 1 > 0$,$D = BC - A^2 > 0$,均为常数。式(5.5)表明,收益随风险的增加而增加,且在双曲线 $f(\sigma_p, Er_p)$ 的上半部分,组合具有最佳收益风险比。因此,理性投资者会选择

有效前沿上的资产配置。

另一类是受行为偏差影响的前景投资者。根据前景理论内容，行为人与理性人存在巨大不同。然而，将前景理论纳入经济分析框架中时，并不能将前景投资者与理性投资者完全分离（Koszegi and Rabin, 2006, 2009），因此，本书假设这类非理性投资者在均值方差理论的基础上，根据主观价值调整各资产的配比，专业技能越薄弱，个体投资者的前景偏差更明显，因此其权重向量 W_P 是传统理论下 W_{RA} 与前景理论下 W_{PT} 的结合：

$$W_P = (1-k)W_{RA} + kW_{PT}, \quad k \in [0, 1] \tag{5.6}$$

调整资产配比的过程中，前景投资者会增加高主观价值资产的比例，减少低主观价值资产的比例。因此本章将 W_{PT} 的第 i 个元素 $\omega_{i,PT}$ 设定为前景值 PV 的函数，即 $\omega_{i,PT} = f(PV_i)$，其中，$f(\cdot)$ 是一个严格单调递增的函数，且 $f(0) = 0$。这种设置保证了高前景值的资产权重大，低前景值的资产权重小。

5.1.2 前景偏差与股票收益研究的推导过程

设市场中理性投资者的人数占比为 π，前景投资者的人数占比为 $1-\pi$。那么市场投资组合的资产配置权重向量 W_m 可表示为：

$$\begin{aligned} W_m &= \pi W_{RA} + (1-\pi)[(1-k)W_{RA} + kW_{PT}] \\ &= [1-(1-\pi)k]W_{RA} + (1-\pi)kW_{PT} \end{aligned} \tag{5.7}$$

令 $\eta = (1-\pi)k$，式（5.7）可写为：

$$W_m = (1-\eta)W_{RA} + \eta W_{PT} \tag{5.8}$$

由资本资产定价模型可知，任一资产的收益率可写成如下表达式：

$$\mu_i - r = \frac{\sigma_{i,RA}}{\sigma_{RA}^2}(\mu_{RA} - r) \tag{5.9}$$

相应的线性回归方程可写成：

$$r_i = r_f + \beta_i(r_m - r_f) + \varepsilon_i \tag{5.10}$$

式（5.10）中的 ε_i 是线性回归的残差项，由此可获得方差、协方差与残差间的关系：

$$\sigma_i^2 = \beta_i^2 \sigma_m^2 + s_i^2, \quad s_i^2 = \text{var}(\varepsilon_i) \tag{5.11}$$

$$\sigma_{i,j} = \beta_i \beta_j \sigma_m^2 + s_{i,j}, \quad s_{i,j} = \text{Cov}(\varepsilon_i, \varepsilon_j) \tag{5.12}$$

由式（5.8）可知，市场投资组合具有如下特性：

$$\mu_m - r = (1-\eta)(\mu_{RA} - r) + \eta(\mu_{PT} - r) \tag{5.13}$$

第5章　前景偏差与股票收益研究

$$\sigma_{i,m} = (1-\eta)\sigma_{i,RA} + \eta\sigma_{i,PT} \tag{5.14}$$

$$\sigma_m^2 = (1-\eta)^2\sigma_{RA}^2 + \eta^2\sigma_{PT}^2 + 2(1-\eta)\eta\sigma_{RA,PT} \tag{5.15}$$

整理之后：

$$\mu_{RA} - r = \frac{\mu_m - r - \eta(\mu_{PT} - r)}{1-\eta} \tag{5.16}$$

$$\sigma_{i,RA} = \frac{\sigma_{i,m} - \eta\sigma_{i,PT}}{1-\eta} \tag{5.17}$$

$$\sigma_{RA}^2 = \frac{\sigma_m^2 - \eta^2\sigma_{PT}^2 - 2\eta(1-\eta)\sigma_{RA,PT}}{(1-\eta)^2} \tag{5.18}$$

由于理性投资组合与前景投资组合的协方差 $\sigma_{RA,PT}$ 可写成 $W_{RA}\sum W_{PT}^T$，再结合式（5.8）可得：

$$\begin{aligned}(1-\eta)\sigma_{RA,PT} &= (1-\eta)W_{RA}\sum W_{PT}^T \\ &= (W_m - \eta W_{PT})\sum \omega_{PT}^T \\ &= \sigma_{m,PT} - \eta\sigma_{PT}^2\end{aligned} \tag{5.19}$$

故

$$\begin{aligned}\sigma_{RA}^2 &= \frac{\sigma_m^2 - \eta^2\sigma_{PT}^2 - 2\eta(\sigma_{m,PT} - \eta\sigma_{PT}^2)}{(1-\eta)^2} \\ &= \frac{\sigma_m^2 + \eta^2\sigma_{PT}^2 - 2\eta\sigma_{m,PT}}{(1-\eta)^2}\end{aligned} \tag{5.20}$$

代入式（5.9）后：

$$\mu_i - r = \frac{(\sigma_{i,m} - \eta\sigma_{i,PT})[\mu_m - r - \eta(\mu_{PT} - r)]}{\sigma_m^2 + \eta^2\sigma_{PT}^2 - 2\eta\sigma_{m,PT}} \tag{5.21}$$

意味着：

$$\mu_{PT} - r = \frac{\sigma_{PT,m} - \eta\sigma_{PT}^2[\mu_m - r - \eta(\mu_{PT} - r)]}{\sigma_m^2 + \eta^2\sigma_{PT}^2 - 2\eta\sigma_{m,PT}} \tag{5.22}$$

整理可得：

$$\frac{\mu_{PT} - r}{\mu_m - r} = \frac{\sigma_{PT,m} - \eta\sigma_{PT}^2}{\sigma_m^2 - \eta\sigma_{m,PT}} \tag{5.23}$$

等式右边上下同除以 σ_m^2 后

$$\begin{aligned}\frac{\mu_{PT} - r}{\mu_m - r} &= \frac{\beta_{PT} - \eta(\sigma_{PT}^2/\sigma_m^2)}{1 - \eta\beta_{PT}} \\ &= \beta_{PT} - \frac{\eta s_{PT}^2}{\sigma_m^2(1-\eta\beta_{PT})}\end{aligned} \tag{5.24}$$

根据式 (5.24), 式 (5.21) 中的 $\mu_m - r - \eta(\mu_{PT} - r)$ 可整理成：

$$\mu_m - r - \eta(\mu_{PT} - r) = \mu_m - r - \eta\left[\beta_{PT} - \frac{\eta(s_{PT}^2)}{\sigma_m^2(1-\eta\beta_{PT})}\right](\mu_m - r)$$

$$= \frac{(\mu_m - r)(\sigma_m^2 - \sigma_m^2\eta\beta_{PT}) - \eta[\beta_{PT}\sigma_m^2(1-\eta\beta_{PT}) - \eta s_{PT}^2](\mu_m - r)}{\sigma_m^2(1-\eta\beta_{PT})}$$

$$= \frac{(\mu_m - r)}{\sigma_m^2(1-\eta\beta_{PT})} \times (\sigma_m^2 - 2\eta\sigma_m^2\beta_{PT} + \eta^2\beta_{PT}^2\sigma_m^2 + \eta^2 s_{PT}^2)$$

(5.25)

根据式 (5.11), $\eta^2\beta_{PT}^2\sigma_m^2 + \eta^2 s_{PT}^2 = \eta^2\sigma_{PT}^2$, 故

$$\mu_m - r - \eta(\mu_{PT} - r) = \frac{(\mu_m - r)(\sigma_m^2 - 2\eta\sigma_{m,PT} + \eta^2\sigma_{PT}^2)}{\sigma_m^2(1-\eta\beta_{PT})} \quad (5.26)$$

因此式 (5.21) 可表示为

$$\mu_i - r = \frac{(\sigma_{i,m} - \eta\sigma_{i,PT})(\mu_m - r)}{\sigma_m^2(1-\eta\beta_{PT})}$$

$$= \frac{(\beta_i - \eta\sigma_{i,PT}/\sigma_m^2)(\mu_m - r)}{1 - \eta\beta_{PT}} \quad (5.27)$$

根据式 (5.12), $\sigma_{i,PT} = \beta_i\beta_{PT}\sigma_m^2 + s_{i,PT}$, 故式 (5.27) 可写为：

$$\frac{\mu_i - r}{\mu_m - r} = \beta_i - \frac{\eta s_{i,PT}}{\sigma_m^2(1-\eta\beta_{PT})} \quad (5.28)$$

假定当 $i \neq j$ 时, $\mathrm{Cov}(\varepsilon_i, \varepsilon_j) = 0$, 则

$$\frac{\mu_i - r}{\mu_m - r} = \beta_i - \frac{\eta\omega_{i,PT}s_i^2}{\sigma_m^2(1-\eta\beta_{PT})}$$

$$= \beta_i - \frac{\eta f(PT_i)s_i^2}{\sigma_m^2(1-\eta\beta_{PT})} \quad (5.29)$$

由式 (5.29) 可知, 股票收益 μ_i 与 $f(PT_i)$ 负相关, 即股票的主观价值越大, 股票收益越低。

5.1.3 前景偏差与股票收益的研究假设

前景理论描述的行为偏差可视为投资者的一种本能反应。一般而言，专业技能薄弱的个体投资者更容易表现出前景偏差，在投资决策中青睐前景值高的股票，进而降低收益。考虑到我国庞大的散户数量，前景偏差产生的影响可能更加突出。根据理论部分的推导结果，本章提出

如下研究假设：

H5.1：投资者会根据股票前景值改变资产组合配置，导致前景值高的股票收益低，前景值低的股票收益高。

5.2 前景值与股票收益的实证研究

5.2.1 前景值的计算方法

卡尼曼与特沃斯基在1979年提出行为人在不确定情况下具有损失厌恶、参照依赖等表现，但直到累积前景理论（卡尼曼和特沃斯基，1992）出现，这些特征才真正纳入经济学的计算框架中。本章计算前景值的方式也源于累积前景理论。具体地，考虑如下一个不确定情景：

$$(x_{-m}, p_{-m}; \cdots; x_0, p_0; \cdots; x_n, p_n), \sum_{j=-m}^{n} p_j = 1 \quad (5.30)$$

式（5.30）中，x_j 代表相对于价格参考点的盈亏，按照大小顺序依次排列。x_{-m} 代表投资者面临的最大损失，p_{-m} 代表该损失发生的概率。$x_0 = 0$，代表既没有损失，也没有盈利，相应的概率为 p_0。x_n 代表投资者面临的最大盈利，p_n 代表该盈利发生的概率，本章中，x 用第3章计算的参照收益率 RDR 替代，则投资者的前景值可表示为：

$$\sum_{j=-m}^{n} \pi_j v(RDR_j) \quad (5.31)$$

式（5.31）中，v 代表前景理论中的价值函数，具体为：

$$v(RDR) = \begin{cases} RDR^{\alpha}, & x \geq 0 \\ -\lambda(-RDR)^{\beta} & x < 0 \end{cases} \quad (5.32)$$

传统金融理论中，投资者效用是处处可微的凹函数，而 v(RDR) 在盈利时呈现凹性，损失时呈现凸性。通过主观概率 π_j 对不同的盈亏状态赋予权重，具体为：

$$\pi_j = \begin{cases} w^+(p_j + \cdots + p_n) - w^+(p_{j+1} + \cdots + p_n), & 0 \leq j \leq n \\ w^-(p_{-m} + \cdots + p_j) - w^-(p_{-m} + \cdots + p_{j-1}), & -m \leq j \leq 0 \end{cases} \quad (5.33)$$

根据累积前景理论的描述，投资者评估不确定事件时很少利用客观概率，而是通过权重 w^+、w^- 将其转换为主观概率 π_j。具体 w^+、w^- 的表达式为：

$$w^+(p) = \frac{p^\gamma}{(p^\gamma + (1-p)^\gamma)^{1/\gamma}} \quad (5.34)$$

$$w^-(p) = \frac{p^\delta}{(p^\delta + (1-p)^\delta)^{1/\delta}} \quad (5.35)$$

之所以这样设定 w^+、w^-，是为了描述投资者存在的博彩偏好——小概率赢利时为风险偏好，小概率损失时为风险厌恶。此外，式（5.32）与式（5.35）中，$\alpha = \beta = 0.88$，$\lambda = 2.25$，$\gamma = 0.61$，$\delta = 0.69$，这些参数都由卡尼曼和特沃斯基（1992）通过行为实验所得。

如式（5.33）所示，为获取 π_j，需要知道资产的盈亏分布，本章用历史数据进行拟合。由此，股票 i 在 t 期的前景值可表示为：

$$PV_{i,t} = \sum_{j=-m}^{-1} v(RDR_{i,j}) \left[w^- \left(\frac{j+m+1}{T} \right) - w^- \left(\frac{j+m}{T} \right) \right]$$
$$+ \sum_{j=0}^{n} v(RDR_{i,j}) \left[w^+ \left(\frac{n-j+1}{T} \right) - w^+ \left(\frac{n-j}{T} \right) \right] \quad (5.36)$$

同时，盈亏 RDR 与概率 p 构成的集合可重新表示为：

$$\left(RDR_{-m}, \frac{1}{T}; \cdots; RDR_0, \frac{1}{T}; \cdots; RDR_n, \frac{1}{T} \right) \quad (5.37)$$

式（5.36）与式（5.37）中，各盈亏对应的概率相同，如采用过去 5 年的盈亏计算前景值，则周数据对应的概率为 1/260。

5.2.2 数据选取与处理

根据本章 5.1 节的推导，前景投资者的存在导致股票收益产生偏差，且比例越高，负向收益越明显。接下来，本章采用 1990 年 1 月 1 日 ~ 2019 年 6 月 30 日的股票数据进行实证检验。所需指标包括股票收益率、无风险收益率、参照收益率，Fama - French 三因子模型、哈特四因子模型、Fama - French 五因子模型中的市值因子、规模因子、账市比因子、动量因子、盈利因子以及投资因子。其中，参照收益率源于第 3 章，股票收益率、无风险收益率以及三因子数据来源于锐思金融数据库，四因子、五因子数据来源于 CSMAR 数据库。

第 4 章的实证研究表明，国内股票市场投资者更偏爱短期投资，较短的参考期具有更显著的回归结果。因此，本章仅使用参考期为 4 周、8 周、26 周的参照收益率构建前景值。需要说明的是，四因子、五因子为月度数据，因此将前景值 PV 匹配成月度数据，相关的描述性统计如表 5.1 所示。

表 5.1　　　　　　　定价因子与前景值的描述性统计

	观测值数	最小值	最大值	中值	均值	标准差
\multicolumn{7}{c}{Panel A　因子描述性检验}						
Rf	341	0.090	0.555	0.266	0.291	0.125
RM	341	-26.355	112.045	0.435	1.239	12.373
SMB	334	-22.498	62.107	0.814	1.218	7.097
HML	334	-42.888	46.100	0.513	0.663	5.892
UMD	303	-19.061	22.384	0.829	0.558	5.609
RMW	288	-15.652	9.127	0.062	-0.063	2.612
CMA	288	-6.531	5.649	0.020	0.034	1.531
\multicolumn{7}{c}{Panel B　前景值描述性检验（样本期与 RDR 一致）}						
SMA_4	585761	-47.156	0.587	-0.040	-0.084	0.291
SMA_8	578647	-56.741	0.578	-0.065	-0.120	0.333
SMA_26	547010	-68.670	0.588	-0.137	-0.231	0.517
EMA_4	585761	-70.548	0.604	-0.047	-0.103	0.338
EMA_8	578647	-79.049	0.605	-0.080	-0.156	0.429
EMA_26	547010	-112.709	0.642	-0.192	-0.342	0.817
Max_4	582072	-80.698	0.398	-0.133	-0.219	0.576
Max_8	574818	-90.589	0.245	-0.244	-0.365	0.578
Max_26	542566	-142.354	0.114	-0.580	-0.809	1.143
Min_4	582072	-37.104	0.991	0.026	0.027	0.145
Min_8	574818	-24.579	0.927	0.055	0.066	0.140
Min_26	542566	-11.888	0.937	0.127	0.153	0.150
Fra_4	495584	-63.342	0.535	-0.053	-0.093	0.237
Fra_8	488316	-66.451	0.620	-0.091	-0.141	0.295
Fra_26	459979	-66.748	0.585	-0.215	-0.292	0.471
Gri_4	495584	-63.179	0.535	-0.054	-0.092	0.224
Gri_8	488316	-66.067	0.616	-0.091	-0.136	0.266
Gri_26	459979	-64.259	0.425	-0.194	-0.246	0.342

续表

	观测值数	最小值	最大值	中值	均值	标准差
Panel C 前景值描述性检验（样本期为52周）						
SMA_4	479100	-14.073	0.134	-0.085	-0.107	0.121
SMA_8	475678	-19.872	0.198	-0.115	-0.142	0.168
SMA_26	460351	-43.423	0.413	-0.195	-0.244	0.334
EMA_4	479100	-18.471	0.181	-0.100	-0.124	0.155
EMA_8	475678	-30.162	0.283	-0.142	-0.176	0.240
EMA_26	460351	-88.753	0.538	-0.260	-0.352	0.598
Max_4	478085	-19.182	0.080	-0.195	-0.234	0.178
Max_8	474228	-28.193	0.080	-0.310	-0.368	0.268
Max_26	457532	-80.680	0.069	-0.638	-0.778	0.638
Min_4	478085	-7.705	0.239	0.006	0.003	0.065
Min_8	474228	-7.683	0.373	0.045	0.049	0.073
Min_26	457532	-7.642	0.686	0.125	0.144	0.116
Fra_4	460813	-16.335	0.153	-0.097	-0.117	0.116
Fra_8	455655	-22.691	0.224	-0.139	-0.164	0.166
Fra_26	430578	-43.042	0.430	-0.253	-0.296	0.329
Gri_4	460813	-16.311	0.125	-0.096	-0.115	0.112
Gri_8	455655	-22.604	0.185	-0.135	-0.156	0.153
Gri_26	430578	-41.537	0.344	-0.224	-0.253	0.248
Panel D 前景值描述性检验（样本期为156周）						
SMA_4	397616	-7.037	0.075	-0.101	-0.113	0.075
SMA_8	394807	-10.092	0.098	-0.131	-0.149	0.104
SMA_26	382441	-22.206	0.190	-0.223	-0.254	0.200
EMA_4	397616	-9.327	0.084	-0.114	-0.129	0.094
EMA_8	394807	-15.270	0.138	-0.158	-0.180	0.144
EMA_26	382441	-45.512	0.262	-0.290	-0.335	0.350
Max_4	397384	-9.726	0.038	-0.231	-0.248	0.112
Max_8	394590	-14.671	0.038	-0.363	-0.390	0.173
Max_26	382174	-41.504	0.037	-0.741	-0.816	0.404
Min_4	397384	-3.759	0.116	0.009	0.004	0.039

续表

	观测值数	最小值	最大值	中值	均值	标准差
\multicolumn{7}{c}{Panel D 前景值描述性检验（样本期为156周）}
Min_8	394590	-3.726	0.199	0.056	0.053	0.044
Min_26	382174	-3.664	0.427	0.155	0.153	0.067
Fra_4	389036	-8.287	0.030	-0.114	-0.125	0.070
Fra_8	386023	-11.687	0.058	-0.160	-0.173	0.099
Fra_26	371438	-22.156	0.200	-0.285	-0.308	0.190
Gri_4	389036	-8.274	0.027	-0.113	-0.122	0.067
Gri_8	386023	-11.642	0.051	-0.155	-0.166	0.091
Gri_26	371438	-21.390	0.126	-0.251	-0.265	0.144
\multicolumn{7}{c}{Panel E 前景值描述性检验（样本期为260周）}
SMA_4	316132	-7.182	0.667	-0.112	-0.117	0.151
SMA_8	313936	-9.343	0.660	-0.142	-0.145	0.152
SMA_26	304531	-18.428	0.561	-0.220	-0.232	0.228
EMA_4	316132	-9.256	0.688	-0.125	-0.129	0.152
EMA_8	313936	-13.380	0.549	-0.166	-0.171	0.181
EMA_26	304531	-34.447	0.549	-0.276	-0.302	0.380
Max_4	316683	-10.287	0.458	-0.254	-0.269	0.250
Max_8	314952	-11.604	0.381	-0.392	-0.411	0.281
Max_26	306816	-31.554	0.381	-0.770	-0.838	0.569
Min_4	316683	-7.066	0.874	0.005	0.009	0.110
Min_8	314952	-7.030	0.902	0.053	0.061	0.095
Min_26	306816	-6.957	0.985	0.157	0.166	0.099
Fra_4	317259	-7.351	0.004	-0.128	-0.136	0.083
Fra_8	316391	-10.343	0.010	-0.174	-0.183	0.106
Fra_26	312298	-18.604	0.058	-0.301	-0.322	0.192
Gri_4	317259	-7.351	0.004	-0.128	-0.135	0.084
Gri_8	316391	-10.321	0.003	-0.171	-0.178	0.100
Gri_26	312298	-21.390	0.126	-0.251	-0.265	0.144

资料来源：各类前景值通过计算而得，其余数据来源于锐思金融数据库。其中 Rf、RM、SMB、HML、UMD、RMW、CMA 均用百分制计量。

表 5.1 中，Panel A 是因子模型中各变量的描述性检验结果，其中，Rf 代表无风险收益率，RM、SMB、HML 分别是市场因子、规模因子以及价值因子，UMD、RMW、CMA 分别代表动量因子、盈利因子、投资因子。Panel B 给出了样本期与 RDR 参考期一致的前景值，如 SMA_4 代表前景值的样本期为 4 周，采用的参照收益率为简单移动平均法计算的 RDR_SMA_4。EMA_8 代表前景值的样本期为 8 周，采用的参照收益率为指数平滑法计算的 RDR_EMA_8。图 5.1 给出了上述方法计算下的前景值第 50% 分位的序列图。

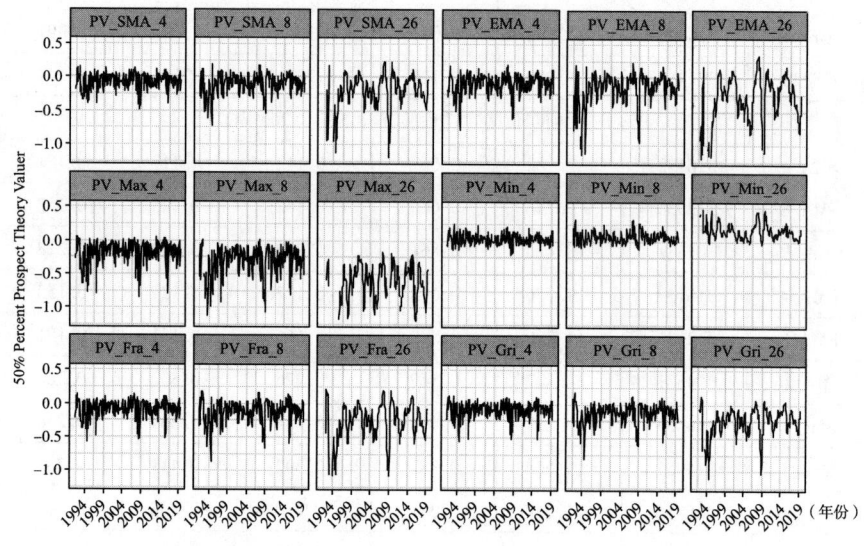

图 5.1　样本期与 RDR 参考期一致时前景值第 50% 分位时间序列图

理想条件下，投资者的前景值样本期应该与价格参考点的参考期一致，即滚动窗口分别设置为 4 周、8 周、26 周。然而，计算决策权重 π 时需要足够多的样本，上述数据量易导致较大偏差。因此，除 4 周、8 周、26 周外，本章还分别采用过去 52 周、156 周、260 周的历史数据计算前景值，于 Panel C 到 Panel E 展示。如 Panel D 中的 EMA_4 代表前景值的样本期为 156 周，采用的参照收益率为指数平滑法计算的 RDR_EMA_4，相应的截面分位时间序列如图 5.2、图 5.3、图 5.4 所示。

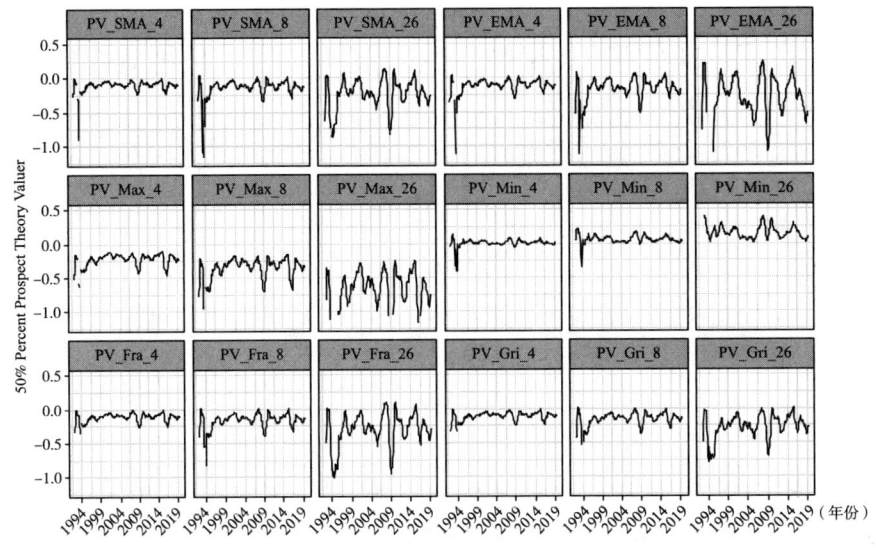

图 5.2　样本期为 52 周时前景值第 50％分位时间序列图

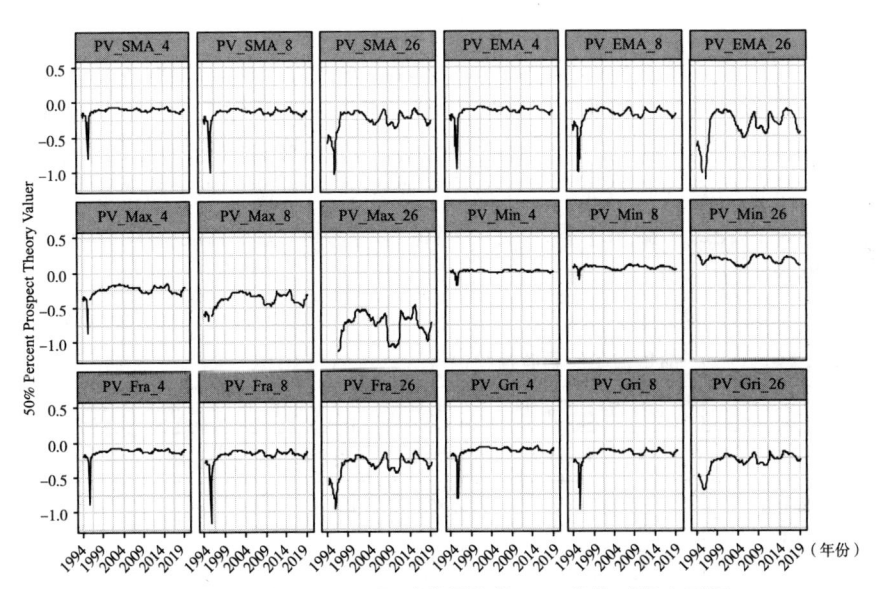

图 5.3　样本期为 156 周时前景值第 50％分位时间序列图

图 5.4　样本期为 260 周时前景值第 50% 分位时间序列图

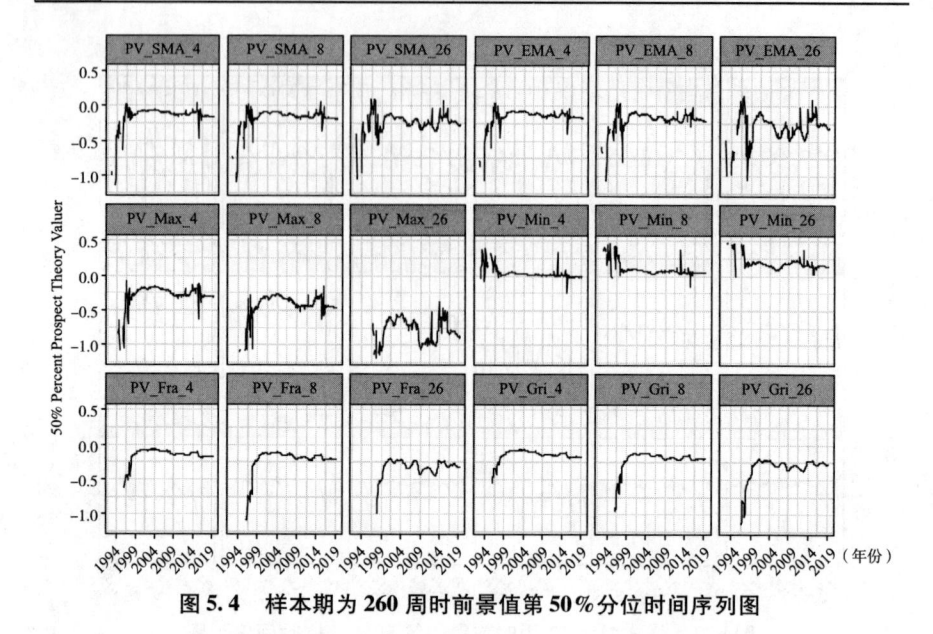

5.2.3　前景值与股票收益

为验证前景值与股票收益的负向关系，本章在实证分析时采用再平衡投资组合分析法，具体将 t 期前景值 $PV_{i,t}$ 作为控制指标，对所有股票进行 10 等分，并记录各组合同期的股票收益，进而检验组合差异的显著性。若低前景值组合的收益显著大于高前景值组合的收益，则支持本章理论部分的结论，表 5.2 给出了样本期与 RDR 参考期一致时前景值 10 分组的检验结果。

表 5.2　　　前景值与股票收益检验——样本期与 RDR 一致

	PL	PH	PH - PL	t 值
Panel A　参照收益率为 RDR_SMA			
SMA_4	1.757	1.455	-0.836	(-1.567)
SMA_8	2.077	1.515	-1.294**	(-2.253)
SMA_26	1.402	1.361	-0.381	(-0.72)

续表

	PL	PH	PH − PL	t 值
Panel B　参照收益率为 RDR_EMA					
EMA_4	2.006	1.697	−1.02*	(−1.821)
EMA_8	2.167	1.449	−1.352**	(−2.199)
EMA_26	1.475	1.465	−0.332	(−0.659)
Panel C　参照收益率为 RDR_Max					
Max_4	1.689	2.015	−0.289	(−0.558)
Max_8	2.004	1.91	−0.654	(−1.118)
Max_26	1.289	1.721	0.189	(0.362)
Panel D　参照收益率为 RDR_Min					
Min_4	1.85	1.418	−0.973*	(−1.66)
Min_8	2.302	1.575	−1.353**	(−2.149)
Min_26	1.649	1.656	−0.331	(−0.55)
Panel E　参照收益率为 RDR_Fra					
Fra_4	1.648	1.577	−0.626	(−1.22)
Fra_8	1.855	1.415	−0.946*	(−1.852)
Fra_26	1.732	1.441	−0.666	(−1.154)
Panel F　参照收益率为 RDR_Gri					
Gri_4	1.539	1.753	−0.335	(−0.646)
Gri_8	1.729	1.505	−0.722	(−1.482)
Gri_26	1.813	1.606	−0.569	(−0.965)

注：*、**、*** 分别代表10%、5%、1%的显著性水平，括号中的数值为t统计量。
资料来源：本表数据由样本期与RDR参考期一致的前景值相关检验结果整理而得。

表5.2中，PL代表低前景值的组合，PH代表高前景值的组合，PH−PL代表二者之差。可以发现，除了Max_26，低前景值组合的收益均大于高前景值组合。如SMA_8的组合收益差为−1.294%，EMA_8的组合收益差为−1.352%，Min_8的组合收益差为−1.353%，均在95%的置信水平下显著。如前文所述，若样本期与RDR参考期相同，会因数据量太少导致权重概率π出现较大的估计偏误，故本章在继续使用短周期参照收益率的情况下，将计算前景值的样本期设定为52周、156周、260周，再次进行实证检验。

表 5.3 是样本期为 52 周的前景值检验结果,虽然 PH 与 PL 的组合收益差多数为负,但并未达到显著性水平,意味着 52 周样本期的前景值没有捕捉到投资者的前景特征。

表 5.3　　　　　前景值与股票收益检验——样本期为 52 周

	PL	PH	PH - PL	t 值
Panel A　参照收益率为 RDR_SMA					
SMA_4	1.814	1.59	-0.508	(-0.911)
SMA_8	1.626	1.444	-0.498	(-0.902)
SMA_26	1.552	1.105	-0.352	(-0.757)
Panel B　参照收益率为 RDR_EMA					
EMA_4	1.699	1.519	-0.505	(-0.898)
EMA_8	1.538	1.401	-0.451	(-0.844)
EMA_26	1.746	0.893	-0.705	(-1.345)
Panel C　参照收益率为 RDR_Max					
Max_4	1.51	1.834	0.007	(0.013)
Max_8	1.556	1.8	-0.093	(-0.192)
Max_26	1.481	1.386	-0.034	(-0.073)
Panel D　参照收益率为 RDR_Min					
Min_4	1.783	1.328	-0.878	(-1.536)
Min_8	1.886	1.314	-0.883	(-1.478)
Min_26	2.154	1.086	-0.977	(-1.559)
Panel E　参照收益率为 RDR_Fra					
Fra_4	1.636	1.353	-0.501	(-1.002)
Fra_8	1.675	1.269	-0.676	(-1.353)
Fra_26	1.798	0.94	-0.77	(-1.378)
Panel F　参照收益率为 RDR_Gri					
Gri_4	1.641	1.402	-0.454	(-0.936)
Gri_8	1.71	1.326	-0.652	(-1.317)
Gri_26	1.896	1.073	-0.78	(-1.32)

注:*、**、*** 分别代表 10%、5%、1% 的显著性水平,括号中的数值为 t 统计量。
资料来源:本表数据由样本期为 52 周的前景值相关检验结果整理而得。

表 5.4 是样本期为 156 周的前景值检验结果。可以发现，除了 EMA_26 与 Max_26，所有高前景值组合的股票收益均显著小于低前景值组合。如 Fra_4 的组合收益差为 -1.039%，Fra_8 的组合收益差为 -1.301%，Gri_4 为 -1.042%，Gri_8 为 -1.202%，均在 99% 置信水平下显著。对比表 5.2 与表 5.3，样本期为 156 周的前景值具有十分显著的检验效果。

表 5.4　　　　前景值与股票收益检验——样本期为 156 周

	PL	PH	PH - PL	t 值
Panel A　参照收益率为 RDR_SMA				
SMA_4	1.889	1.073	-0.625*	(-1.946)
SMA_8	2.085	1.004	-0.912**	(-2.387)
SMA_26	2.477	1.243	-1.275**	(-2.474)
Panel B　参照收益率为 RDR_EMA				
EMA_4	2.129	0.974	-0.96**	(-2.572)
EMA_8	2.321	0.981	-1.097**	(-2.441)
EMA_26	2.111	1.425	-0.715	(-1.355)
Panel C　参照收益率为 RDR_Max				
Max_4	2.089	1.096	-0.801**	(-2.045)
Max_8	2.082	1.102	-0.83*	(-1.883)
Max_26	2.239	1.455	-0.841	(-1.539)
Panel D　参照收益率为 RDR_Min				
Min_4	2.025	0.827	-1.001***	(-3.2)
Min_8	2.258	0.784	-1.168***	(-2.773)
Min_26	2.328	1.092	-1.277***	(-2.917)
Panel E　参照收益率为 RDR_Fra				
Fra_4	2.056	0.839	-1.039***	(-2.716)
Fra_8	2.183	0.697	-1.301***	(-3.182)
Fra_26	2.383	0.947	-1.473***	(-3.131)
Panel F　参照收益率为 RDR_Gri				
Gri_4	2.049	0.83	-1.042***	(-2.719)
Gri_8	2.132	0.743	-1.202***	(-3.106)
Gri_26	2.348	1.074	-1.311***	(-2.865)

注：*、**、*** 分别代表 10%、5%、1% 的显著性水平，括号中的数值为 t 统计量。
资料来源：本表数据由样本期为 156 周的前景值相关检验结果整理而得。

表 5.5 是样本期为 260 周的前景值检验结果。除了 SMA_4、Max_8，高前景值 PH 组合与低前景值 PL 组合的收益差为负。如 SMA_26 的组合收益差为 -0.973%，在 90% 的置信水平下显著。EMA_26 的组合收益差为 -1.518%，在 99% 的置信水平下显著。可以发现，当样本期扩大到 260 周时，PH 与 PL 组合收益差的显著性有所下降。

表 5.5　　前景值与股票收益检验——样本期为 260 周

	PL	PH	PH - PL	t 值
Panel A　参照收益率为 RDR_SMA				
SMA_4	1.199	1.347	0.074	(0.185)
SMA_8	1.136	1.077	-0.055	(-0.133)
SMA_26	1.935	0.927	-0.973*	(-1.75)
Panel B　参照收益率为 RDR_EMA				
EMA_4	1.254	1.107	-0.325	(-0.835)
EMA_8	1.564	0.856	-0.708	(-1.377)
EMA_26	2.404	0.886	-1.518***	(-2.805)
Panel C　参照收益率为 RDR_Max				
Max_4	1.511	1.864	-0.145	(-0.387)
Max_8	1.269	2.02	0.06	(0.134)
Max_26	1.747	1.641	-0.471	(-0.943)
Panel D　参照收益率为 RDR_Min				
Min_4	1.352	0.777	-0.574**	(-2.064)
Min_8	1.712	0.586	-1.127***	(-3.6)
Min_26	2.079	0.565	-1.428***	(-3.466)
Panel E　参照收益率为 RDR_Fra				
Fra_4	1.283	1.682	-0.169	(-0.465)
Fra_8	1.217	1.807	-0.268	(-0.664)
Fra_26	1.705	1.269	-0.845	(-1.605)
Panel F　参照收益率为 RDR_Gri				
Gri_4	1.249	1.69	-0.127	(-0.336)
Gri_8	1.172	1.919	-0.21	(-0.532)
Gri_26	1.792	1.155	-0.796	(-1.44)

注：*、**、*** 分别代表 10%、5%、1% 的显著性水平，括号中的数值为 t 统计量。
资料来源：本表数据由样本期为 260 周的前景值相关检验结果整理而得。

综合不同样本期的结果来看,前景值越大,股票收益越小;前景值越小,股票收益越大,与本章理论部分推导一致。此外,样本期不同,检验的显著性也不同。具体地,当样本期与 RDR 参考期一致时,18 种前景值有 6 种显著,满足 95% 置信水平的有 3 种;当样本期为 52 周时,组合收益差均不显著;当样本期为 156 周时,18 种前景值有 16 种显著,满足 95% 置信水平的有 14 种;当样本期为 260 周时,18 种前景值有 5 种显著,满足 95% 置信水平的有 4 种。相较之下,156 周的检验效果最符合本章的理论推导。

5.3 前景值与资产定价模型

5.3.1 资产定价模型的内涵

资产定价模型的核心是通过风险因子刻画收益的变动,超过无风险收益的部分被视为投资者的风险补偿。从 1964 年的 CAPM 模型到 2015 年的 Fama - French 五因子模型,学者们从不同角度不断地完善模型的定价效率,使股票收益能够被公共因子所解释。现如今,资产定价模型已经能够解释大部分股票收益波动。那么,前景值的收益预测性是否能够被这些模型所解释?换言之,本章前景值对应的组合收益差在各模型中是否仍然显著?为回答这些问题,本章进行了如下研究。

5.3.2 前景值与资产定价模型的实证检验

本章分别采用 CAPM 模型(Sharpe,1964)、Fama - French 三因子模型(1993),Carhart 四因子模型(Carhart,1997),Fama - French 五因子模型(法玛和弗伦奇,2015)检验高前景值与低前景值的组合收益差 PH - PL。同时,为了挑选适合前景理论研究的计算方式,仅验证 5.2.3 中具有显著收益差的前景值,相关检验结果如表 5.6、表 5.7、表 5.8 所示。

表 5.6 是样本期与 RDR 参考期一致时的检验结果。由于表 5.2 中只有 SMA_8、EMA_4、EMA_8、Min_4、Min_8、Fra_8 具有显著的组合收益

差，因此只对这 6 种前景值进行检验。可以发现，不同前景值的 α 收益在四种资产定价模型中具有不同的显著性。如 SMA_8 与 EMA_8 的组合收益差在四种定价模型下均显著。EMA_4 的高低组合收益差在 Corhart 四因子、Fama-French 五因子模型中显著，在 CAPM、Fama-French 三因子模型中不显著。Min_8 在 CAPM、Corhart 四因子模型中显著，在 Fama-French 三因子、Fama-French 五因子模型中不显著。而 Fra_8 在四种资产定价模型下均不显著。

表 5.6　各定价模型下前景值与股票收益检验——样本期与 RDR 一致

	CAPM	FF3	CH4	FF5
Panel A　参照收益率为 RDR_SMA			
SMA_8	-1.043*	-0.984*	-1.118*	-0.938**
t 值	(-1.812)	(-1.682)	(-1.923)	(-2.03)
Panel B　参照收益率为 RDR_EMA			
EMA_4	-0.805	-0.77	-1.081*	-0.866*
t 值	(-1.436)	(-1.352)	(-1.892)	(-1.91)
EMA_8	-1.099*	-1.053*	-1.116*	-0.878*
t 值	(-1.783)	(-1.679)	(-1.786)	(-1.676)
Panel C　参照收益率为 RDR_Min			
Min_4	-0.752	-0.698	-0.756	-0.322
t 值	(-1.281)	(-1.172)	(-1.247)	(-0.761)
Min_8	-1.077*	-0.998	-1.105*	-0.814
t 值	(-1.704)	(-1.554)	(-1.729)	(-1.576)
Panel E　参照收益率为 RDR_Fra			
Fra_8	-0.704	-0.679	-0.759	-0.616
t 值	(-1.377)	(-1.306)	(-1.486)	(-1.498)

注：*、**、*** 分别代表 10%、5%、1% 的显著性水平，括号中的数值为 t 统计量。
资料来源：本表数据由样本期与 RDR 参考期一致的前景值相关检验结果整理而得。

表 5.7 是参考期为 156 周的前景值在四种资产定价模型下的检验结果，挑选的是表 5.4 中显著的 16 种前景值。由表 5.7 可知，4 种模型下均有显著 α 收益的前景值有 SMA_26、EMA_8、Min_4、Fra_4、Fra_8、

Fra_26、Gri_4、Gri_8、Gri_26，共计9种。三种模型下显著的有SMA_8、Max_4、Max_8、Min_26，共计4种。其余类型的前景值中，EMA_4仅在CAPM、Corhart四因子模型下显著，Min_8仅在CAPM模型下显著，而SMA_4均不显著。

表5.7　各定价模型下前景值与股票收益检验——样本期为156周

	CAPM	FF3	CH4	FF5
Panel A 参照收益率为RDR_SMA			
SMA_4	-0.414	-0.436	-0.47	-0.26
t值	(-1.288)	(-1.324)	(-1.408)	(-0.768)
SMA_8	-0.687*	-0.756*	-0.809**	-0.598
t值	(-1.791)	(-1.932)	(-2.035)	(-1.487)
SMA_26	-1.013*	-1.06**	-1.149**	-1.071**
t值	(-1.954)	(-2.013)	(-2.143)	(-1.98)
Panel B 参照收益率为RDR_EMA			
EMA_4	-0.725*	-0.754	-0.817**	-0.636
t值	(-1.935)	(-1.968)	(-2.102)	(-1.613)
EMA_8	-0.873*	-0.912**	-1.005**	-0.854*
t值	(-1.934)	(-1.98)	(-2.148)	(-1.793)
Panel C 参照收益率为RDR_Max			
Max_4	-0.606	-0.788**	-0.823**	-0.703*
t值	(-1.546)	(-1.992)	(-2.047)	(-1.729)
Max_8	-0.62	-0.813*	-0.847*	-0.8*
t值	(-1.401)	(-1.814)	(-1.86)	(-1.725)
Panel D 参照收益率为RDR_Min			
Min_4	-0.721**	-0.602*	-0.627*	-0.568*
t值	(-2.294)	(-1.881)	(-1.927)	(-1.726)
Min_8	-0.818*	-0.577	-0.577	-0.623
t值	(-1.939)	(-1.354)	(-1.331)	(-1.427)
Min_26	-0.954**	-0.755*	-0.811*	-0.622
t值	(-2.173)	(-1.696)	(-1.786)	(-1.371)

	CAPM	FF3	CH4	FF5
Panel E　参照收益率为 RDR_Fra				
Fra_4	-0.851**	-1.03***	-1.041***	-0.823**
t 值	(-2.226)	(-2.652)	(-2.64)	(-2.079)
Fra_8	-1.082***	-1.197***	-1.218***	-1.031**
t 值	(-2.635)	(-2.858)	(-2.862)	(-2.401)
Fra_26	-1.214**	-1.298***	-1.385***	-1.363***
t 值	(-2.563)	(-2.694)	(-2.824)	(-2.751)
Panel F　参照收益率为 RDR_Gri				
Gri_4	-0.86**	-1.041***	-1.059***	-0.823**
t 值	(-2.25)	(-2.681)	(-2.686)	(-2.083)
Gri_8	-0.99**	-1.137***	-1.166***	-0.998**
t 值	(-2.55)	(-2.881)	(-2.907)	(-2.46)
Gri_26	-1.071**	-1.16**	-1.27***	-1.169**
t 值	(-2.326)	(-2.476)	(-2.666)	(-2.424)

注：*、**、*** 分别代表 10%、5%、1% 的显著性水平，括号中的数值为 t 统计量。
资料来源：本表数据由样本期为 156 周的前景值相关检验结果整理而得。

表 5.8 是参考期为 260 周的前景值在四种资产定价模型下的检验结果，挑选的是表 5.5 中显著的 5 种前景值。由表 5.8 可知，Min_8 与 Min_26 在四种模型下均有显著的 α 收益，EMA_26 在 CAPM、Fama-French 三因子、Corhart 四因子、Fama-French 五因子模型下有显著的 α 收益。而 SMA_26 与 Min_4 的组合收益差在四种资产定价模型下均不显著。

表 5.8　各定价模型下前景值与股票收益检验——样本期为 260 周

	CAPM	FF3	CH4	FF5
Panel A　参照收益率为 RDR_SMA				
SMA_26	-0.7	-0.529	-0.629	-0.445
t 值	(-1.252)	(-0.925)	(-1.079)	(-0.757)

续表

	CAPM	FF3	CH4	FF5
Panel B 参照收益率为 RDR_EMA				
EMA_26	-1.253**	-1.056*	-1.118**	-0.984*
t值	(-2.301)	(-1.9)	(-1.969)	(-1.709)
Panel C 参照收益率为 RDR_Min				
Min_4	-0.293	-0.152	-0.215	-0.224
t值	(-1.051)	(-0.536)	(-0.745)	(-0.761)
Min_8	-0.846***	-0.676**	-0.772**	-0.592
t值	(-2.696)	(-2.129)	(-2.393)	(-1.805)
Min_26	-1.161***	-0.857**	-0.965**	-0.785*
t值	(-2.803)	(-2.06)	(-2.281)	(-1.831)

注：*、**、*** 分别代表10%、5%、1%的显著性水平，括号中的数值为 t 统计量。
资料来源：本表数据由样本期为 260 周的前景值相关检验结果整理而得。

相关的文献中，赵胜民（2019）、巴贝里斯等（2016）认为部分投资者的准则是"跑赢大盘"，故利用个股收益率与市场收益率的差计算前景值。相似地，李和杨（2013）认为投资者会在购买无风险资产与购买股票之间进行抉择，因此常将无风险收益作为参照标准。鉴于此，本章将样本期设置为156周，利用个股收益与 Rf、RM 的差计算前景值，并进行相关的实证检验，结果如表5.9所示。

由表5.9的Panel A可知，将无风险收益 Rf 作为参照标准时，高前景值组合 PH 与低前景值组合 PL 的收益差为 -1.448%，在99%置信水平下显著。将市场收益 RM 作为参照标准时，高前景值组合 PH 与低前景值组合 PL 的收益差为 -1.042%，在95%的置信水平下显著。另外，Panel B的因子模型检验结果表明，由无风险收益 Rf 构建的前景组合收益差在四种模型下均有显著的 α 收益，而由市场收益 RM 构建的前景组合收益差只有在 CAPM 模型中拥有显著的 α 收益。

综合上述检验结果，可以得到以下两种结论：其一，本章的前景值基于不同价格参考点计算而得，这些参考点分别代表了不同的研究视角。尽管采用 CAPM、Fama - French 三因子、Carhart 四因子以及 Fama - French 五因子模型进行检验，高前景值组合与低前景值组合的收益差依然具有显著的 α 收益，表明前景值的预测性客观存在，对股票收益产生的影响

表 5.9　由无风险收益、市场收益计算的前景值相关检验

Panel A　前景值与股票收益

	PL	PH	PH − PL	t 值
PV_Rf	2.31	0.804	−1.448 ***	(−3.135)
PV_RM	2.169	0.987	−1.042 **	(−2.529)

Panel B　因子模型检验

	CAPM	FF3	CH4	FF5
PV_Rf	−1.077 **	−0.817 *	−0.871 *	−1.09 **
t 值	(−2.327)	(−1.741)	(−1.826)	(−2.391)
PV_RM	−0.688 *	−0.498	−0.562	−0.669
t 值	(−1.666)	(−1.185)	(−1.316)	(−1.594)

注：*、**、*** 分别代表10%、5%、1%的显著性水平，括号中的数值为t统计量。
资料来源：本表数据由 Rf、RM 计算的前景值相关检验结果整理而得。

不可忽视。其二，本章采用了不同样本期进行检验，发现无论是显著个数还是显著性程度，156 周都明显优于其他，表明该样本期更适合前景理论的研究。

5.3.3　前景值计算方式的选择

价格参考点是一个动态变化的主观指标。由于个体之间存在较大差异，该指标的构建成为研究的一大难题。为尽可能全面地检验前景理论的相关影响，避免片面性与偶然性，本书整理了国内外相关文献，并筛选出 6 类主流的参考价格计算方式，包括基于简单移动平均法构建的参考价格、基于指数平滑法构建的参考价格、基于历史极端值构建的参考价格、基于交易频度构建的参考价格以及基于初始交易构建的参考价格。研究发现，股票的风险与收益具有明显的参照依赖性，即使计算方式不同，参考周期不同，这些参考点仍具有相近的检验结果。进一步，将参考点转化为前景值后，大多与股票收益显著负相关。由此可知，前景偏差在国内股票市场中普遍存在，是资产定价研究中不可忽视的元素。

本章构建的前景值为后续研究提供了丰富的数据支持。样本期为 52 周、156 周、260 周时，36 种参照收益率可转换为 108 种前景值，如果将无风险收益率 Rf 与市场整体收益 RM 包含在内，前景值的种类可达 116

第 5 章　前景偏差与股票收益研究

种。然而，若每次实证检验都遍历所有前景值，将是一种低效的研究方式。前文较为一致的检验结果表明，选取有代表性的前景值，能够在保证后续研究正常进行的情况下，祛除冗余部分，为此本章将尝试对多种前景值进行筛选。筛选过程可分为以下四步：

第一，价格参考点的选择。根据第 4 章的实证研究表明，无论是过度反应还是参照依赖，短周期下结果更显著。因此本章在构建前景值时选取参考期为 4 周、8 周以及 26 周的价格参考点。

第二，前景值的计算。一般的经济直觉下，前景值的样本期应该与参考价格相同，但概率权重的计算需要足够多的数据，从而拟合概率分布函数。因此本章将前景值的样本期增加至 52 周、156 周、260 周。

第三，有效样本期的选择。根据 5.1 节的理论推导，前景值越大，股票收益越低。因此对低前景值组合与高前景值组合的收益进行了初步验证。图 5.5 反映了不同样本期的检验结果，其中，深灰代表显著的前景值个数。可以发现，样本期为 156 周时，效果最显著，因此选择样本期为 156 周的前景值。

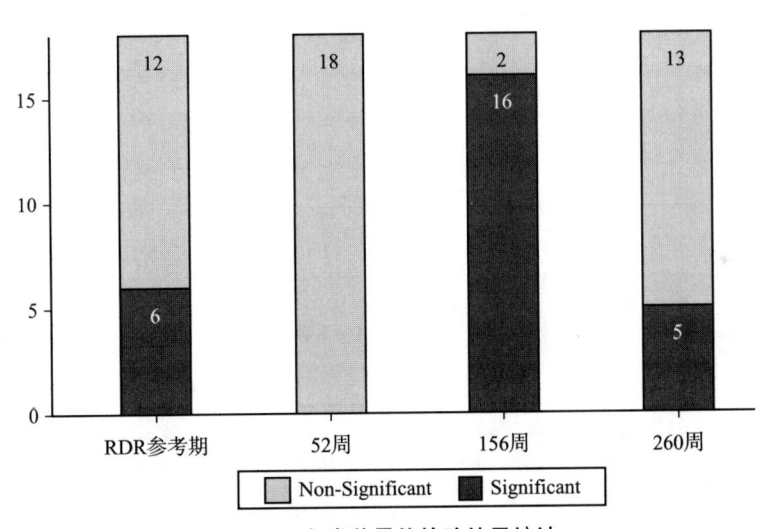

图 5.5　各类前景值检验结果统计

第四，代表性前景值的选择。前景值具有显著的收益预测性，理性的资产定价模型无法消除相应的 α 收益。因此，比较不同因子模型下 α 收益的显著性，进而选择有代表性的前景值。四种模型下都显著且达到 95% 置信水平的前景值有 Fra_4、Fra_8、Fra_26、Gri_4、Gri_8、Gri_26。其中，以交易频率计算的前景值中，Fra_26 的 α 收益更大，以初始交易价格计算的前景值中，Gri_26 的 α 收益更大。考虑到格林布拉特和韩（2005）提出的方法在国内外相关文献中更为通用，因此将样本期为 156 周、参照收益率为 Gri_26 的前景值作为代表性前景值，后续的研究也主要围绕该变量展开。

5.4 前景值的收益预测能力

格林等（2017）、侯等（2019）发现，多数指标并不具备长期稳定的收益预测能力。那么前景值与预期收益的相关性是否能够持续存在？为探索这一问题，本章利用 CAPM、Fama - French 三因子、Carhart 四因子以及 Fama - French 五因子模型考察了代表性前景值在未来 7 个月内的收益预测能力，检验结果如表 5.10 所示。

表 5.10　　　　　　　　前景值收益预测性检验

	PH - PL	CAPM	FF3	CH4	FF5
t	-1.311 *** (-2.865)	-1.071 ** (-2.326)	-1.16 ** (-2.476)	-1.27 *** (-2.666)	-1.169 ** (-2.424)
t+1	-1.329 *** (-2.78)	-1.041 ** (-2.163)	-1.09 ** (-2.216)	-1.14 ** (-2.282)	-1.123 ** (-2.224)
t+2	-1.154 ** (-2.295)	-0.768 (-1.53)	-0.533 (-1.052)	-0.548 (-1.069)	-0.463 (-0.888)
t+3	-1.162 ** (-2.264)	-0.842 (-1.632)	-1.091 ** (-2.086)	-1.005 * (-1.902)	-1.239 ** (-2.319)
t+4	-1.026 ** (-2.082)	-0.786 (-1.587)	-1.044 ** (-2.077)	-1.04 ** (-2.038)	-1.19 ** (-2.306)
t+5	-1.11 ** (-2.098)	-0.881 * (-1.654)	-0.753 (-1.382)	-0.696 (-1.262)	-0.729 (-1.306)
t+6	-1.188 ** (-2.159)	-0.837 (-1.517)	-0.655 (-1.164)	-0.728 (-1.277)	-0.577 (-1.003)
t+7	-0.971 * (-1.948)	-0.725 (-1.443)	-0.58 (-1.128)	-0.625 (-1.198)	-0.456 (-0.868)

注：*、**、*** 分别代表 10%、5%、1% 的显著性水平，括号中的数值为 t 统计量。
资料来源：本表由前景值与股票收益相关检验结果整理而得。

表 5.10 中，7 个月内高前景值组合与低前景值组合的收益差都达到显著性水平。同时，前景值在其他资产定价模型下也表现出较好的收益预测性。如在 t+1 期，组合收益差分别为 -1.041%、-1.09%、-1.14%、-1.123%，均在 95% 的置信水平下显著。随着滞后阶数的增加，收益预测性逐渐减弱。在 t+5 期，只有 CAPM 模型拥有 α 收益，从 t+6 期开始，收益差在定价模型下无一显著。由此可知，代表性前景值在 5 个月内具备稳定且持续的收益预测能力。

5.5 小　　结

为了将前景理论的多个表征纳入统一的研究框架中，本章借鉴卡尼曼和特沃斯基（1992）的方法，对第 3 章的参照收益率进行了转化，新计算的前景值涵盖了参照依赖、确定效应、反射效应、损失规避以及小概率迷恋 5 种特性。与此同时，在马科维茨（1952）均值方差模型的基础上，推导了前景偏差对股票收益的影响机理——投资者会根据股票前景值调整资产组合的配置，导致高前景值的股票收益低，低前景值的股票收益高。为了验证这一假设，本章采用再平衡组合的方法对同期的前景值与股票收益进行分析，得到与模型推导一致的结论。进一步，通过 CAPM、Fama - French 三因子、Carhart 四因子以及 Fama - French 五因子模型检验高前景值组合与低前景值组合的收益差，依然发现显著的 α 收益，表明前景值的收益预测性并不能用基于理性角度的资产定价模型解释。此外，不同的前景值具有相似的检验结果，挑选一种代表性的前景值有助于精简研究。根据检验结果以及计算通用性进行一系列筛选后，本章的后续研究将主要围绕样本期为 156 周，参照收益率为 Gri_26 的前景值展开。

第 6 章

基于股票内部特征的前景效应研究

第 5 章介绍了前景值的计算方式以及基本属性，本章将探索前景值与其他收益预测性指标之间的联系。研究内容围绕以下四个问题展开：第一，什么样的股票前景值高？或者说前景值高的股票具备哪些特征？第二，什么类型股票的前景值具有显著的收益预测性？第三，前景偏差反映了投资者的一种非理性投资偏好，在实际中较为普遍，该偏好是否会造成其他收益异象？第四，前景值对收益影响较大，能否转换为定价因子，进而改善传统模型的定价效率？

为便于表述，本章及后文将前景值与股票收益的负相关性称为前景效应，并以基本面指标、机构持股比例、技术面指标为主要研究对象，通过再平衡投资组合分析、Fama–Macbeth 两阶段回归、GRS 检验等方法依次回答上述问题。

6.1 前景值与股票其他指标的关联研究

投资者无法同时关注所有信息，由于经验、学识等背景不同，其投资侧重点存在较大差异。股票市场中有多种与收益相关的指标，这些指标也常常成为投资者的选股依据，如投资者常根据公司基本面、股票技术面指标选股。这些指标对应的股票分布在一定程度上反映了投资者偏好。集中程度越大，意味着投资者越青睐。与此同时，本书构建的前景值是主观效用代理变量，值越大，为投资者带来的效用越高。股票前景值是否能反映收益预测性指标对应的偏好特征，换言之，股票前景值与各类指标是否具备稳定的关联性？为此，本书从基本面指标、技术面指标以及机构持股比例出发，展开如下研究。

6.1.1 前景值与股票基本面指标

在股票市场公开交易信息中，市值、账市比、市场 Beta、股票价格的数据频度相对较高，是投资者普遍使用的基本面指标。其中，市值反映了公司的资产规模，大规模公司治理水平高，竞争力强，更受投资者青睐。而小规模公司竞争力弱，基本信息少，估值困难，投资者的关注度相对较低（金秀和杨欣，2014）。账市比是资产账面价值与公司市场价值的比，反映了公司的发展状况。低账市比意味着公司用较小的成本达到了较大的市值，而高账市比意味着公司花费较大的成本却只有较小的市值，因此出现财务困境的可能性更大，破产风险更高（法玛和弗伦奇，1992）。相较之下，投资者更倾向投资低账市比股票（Lakonishok et al.，1994，Daniel & Titman）。市场 Beta 是个股收益与市场投资组合收益的协方差，反映了一种偏离程度。部分投资者会围绕市场 Beta 构建投资组合，一般而言，投资者对低 Beta 股票的需求会大于高 Beta 股票。股票价格分理论价格与市场价格，本章的研究以后者为主。价格在一定程度上能够反映公司价值，同时，也能反映市场的博弈过程，是投资者最关注的指标之一。梁丽珍（2008）认为高价股的品质更好，因此投资者会纷纷跟投。

由此可见，投资者更偏好于高市值股、低账市比股、低市场 Beta 股与高价股，接下来，本书从锐思数据库选取 1990 年 1 月~2019 年 6 月的市值 Size、账市比 BM、收盘价 P 以及由 CAPM 模型计算的风险 Beta，采用再平衡组合分析上述四类指标与前景值的关系。

表 6.1 给出了前景值与股票基本面指标 10 分组的检验结果。可以发现，4 类指标在高低前景值组合中具有显著的差异。其中，市值 Size、P 都与前景值正相关，Size 在 PL 组中均值为 22.359，PH 组中均值为 23.347。P 在 PL 组中均值为 7.927，在 PH 组中均值为 16.856。而账市比 BM 与反映股票风险属性的 Beta 都随前景值的增大而减小，BM 在 PL 组中均值为 0.535，在 PH 组中均值为 0.348。Beta 在 PL 组中均值为 1.172，在 PH 组中均值为 0.872。由此可见，股票前景值与市值、账市比、市场 Beta、股价四类指标存在显著的相关性，且投资者偏好的股票恰好为高前景值股票。

表 6.1　　　　　　前景值与股票基本面指标 10 分组检验

	PL	P4	P7	PH	PH - PL	t 值
Size	22.359	22.246	22.311	23.347	0.988***	(10.759)
BM	0.535	0.412	0.401	0.348	-0.199***	(-8.736)
Beta	1.172	1.131	1.048	0.872	-0.294***	(-25.924)
P	7.927	9.194	10.258	16.856	9.408***	(24.769)

注：*、**、***分别代表10%、5%、1%的显著性水平，括号中的数值为t统计量。
资料来源：本表数据由前景值与股票基本面指标10分组结果整理而得。

6.1.2　前景值与机构持股比例

国内股市虽是世界上最大的新兴市场，但诸多方面需要完善。相比国外，我国个体投资者占比极高，非理性特征十分明显。一般而言，机构投资者专业技能强，信息渠道广泛。有研究表明，机构投资者偏好于财务信息透明和公司治理较好的公司，而具备这些特征的股票无疑是良好的投资标的。据《2019年度全国股票市场投资者状况调查报告》显示，2019年91.4%的机构投资者获得了正收益，但散户获得正收益的只有55.2%。此外，公司金融领域的众多研究发现，机构投资者可以利用其大股东所具备的信息优势、专业优势与人才优势，对公司管理层进行有效的监督，该监督效应能够增加公司的价值（李争光等，2014）。正是由于上述原因，个人投资者在大多数情况下会跟随机构投资者的步伐，买入机构持股比例高的股票。那么机构持股比例高的股票是否也是前景值较高的股票？接下来，本章对前景值与股票的机构持股比例进行10分组检验，以观测二者之间的相关性。

由表6.2的Panel A可知，低前景值组合的机构持股比例小于高前景值组合。这一结果是否表明机构投资者也青睐高前景值的风险资产？张腊凤和刘维奇（2014）认为，受市场环境限制，机构投资者和个体投资者在选择偏好上具有一定的相似性。为此，将股票重新按照机构持股比例划分，并用再平衡组合的方法统计各组中前景值的平均水平。如Panel B所示，机构持股比例高的组合前景值也高。

表 6.2　　前景值与机构持股比例 10 分组检验

Panel A　按前景值观测机构持股比例

PL	P4	P7	PH	PH - PL	t 值
0.176	0.178	0.196	0.254	0.084***	(5.543)

Panel B　按机构持股比例观测前景值

PL	P4	P7	PH	PH - PL	t 值
-0.288	-0.276	-0.259	-0.252	0.044***	(6.685)

注：*、**、*** 分别代表 10%、5%、1% 的显著性水平，括号中的数值为 t 统计量。
资料来源：本表数据由前景值与机构持股比例 10 分组结果整理而得。

6.1.3　前景值与股票技术面指标

历史收益蕴含了大量的股票特质信息，学者们不仅用往期数据估计收益分布，也根据不同的理论构建技术面指标。比如反映股票特质风险的特质波动率（如刘维奇等，2014；Miffre et al.，2013），反映风险分布的峰度与偏度（如邢红卫等，2017；郑振龙等，2013；Mitton & Vorkink，2007）。其中，特质波动率是指与公司自身特征相关的股价波动，其描述了公司的特质风险，特质波动率越大，表明公司的特质风险越大。峰度衡量了随机变量概率分布的峰态，股票收益分布的峰度越高，则收益出现极端值的概率越大，股票风险越大。偏度刻画了随机变量概率分布的偏斜方向和程度，股票收益分布的偏度越小，意味着收益位于均值右边的比位于左边的多，直观表现为左边的尾部相对于右边的尾部要长，结果是收益下降的可能性大于上升的可能性，股票风险越大。

一般而言，风险低的股票受欢迎程度越大。接下来，本章将特质波动率 IVOL、峰度 Skew、偏度 Kurt 作为研究对象，检验这些指标与前景值之间的关系。具体地，特质波动率 IVOL 用当月的日收益以及 Fama-French 三因子计算，表达式为：

$$R_{i,t,d} - rf_{t,d} = \alpha_{i,t} + \beta_{1,i,t}(RM_{t,d} - rf_{t,d}) + \beta_{2,t}SMB_{t,d} + \beta_{3,t}HML_{t,d} + \varepsilon_{i,t,d} \quad (6.1)$$

$$IVOL_{i,t} = std(\varepsilon_{i,t,d}) \times \sqrt{D_{i,t}} \quad (6.2)$$

式（6.1）与式（6.2）中，$R_{i,t,d}$ 代表股票 i 在第 t 月第 d 天的收益，$rf_{t,d}$ 代表第 t 月第 d 天的无风险收益率，$RM_{t,d}$、$SMB_{t,d}$、$HML_{t,d}$ 代表第 t 月第 d

天的市场收益率、规模因子、价值因子，$\varepsilon_{i,t,d}$ 代表残差，$std(\varepsilon_{i,t,d})$ 是残差的标准差，$D_{i,t}$ 代表股票 i 在 t 月的交易天数。

偏度 Skew 与峰度 Kurt 用过去 1 年的周收益滚动计算，具体表达式为：

$$\text{Skew}_{i,t} = \frac{1}{52} \sum \left(\frac{R_{i,t} - \mu_{i,t}}{std(R_{i,t})} \right)^3 \qquad (6.3)$$

$$\text{Kurt}_{i,t} = \frac{1}{52} \sum \left(\frac{R_{i,t} - \mu_{i,t}}{std(R_{i,t})} \right)^4 - 3 \qquad (6.4)$$

式（6.3）、式（6.4）中，$R_{i,t}$ 代表股票 i 在第 t 月的收益，$\mu_{i,t}$ 代表过去 1 年的收益均值。10 分组检验如表 6.3 所示。

表 6.3 是股票收益特质信息与前景值 10 分组的检验结果。其中，特质波动率 IVOL 在 PL 组中均值为 0.083，在 PH 组中均值为 0.079。组合差在 99% 的置信水平下显著。收益的偏度 Skew 在 PL 组中的平均值为 0.828，在 PH 组中的平均值为 0.722，组合差也在 99% 的置信水平下显著。同样，峰度 Kurt 的组合差为 -0.839，与前景值显著负相关。投资者偏好于低风险股票，表 6.3 再次说明，高前景值股票在一定程度上反映了投资者偏好。

表 6.3　　　　前景值与技术面指标 10 分组检验

	PL	P4	P7	PH	PH - PL	t 值
IVOL	0.083	0.081	0.079	0.079	-0.002 ***	(-2.682)
Skew	0.828	0.82	0.749	0.722	-0.175 ***	(-3.792)
Kurt	8.578	9.183	8.78	7.964	-0.839 **	(-2.009)

注：*、**、*** 分别代表 10%、5%、1% 的显著性水平，括号中的数值为 t 统计量。
资料来源：本表数据由前景值与技术面指标 10 分组结果整理而得。

6.2 不同指标下的前景效应研究

6.2.1 股票基本面指标下前景效应检验

Size、BM、Beta、P 是股票最基本的信息，也是可获得性较强、使用频率较高的市场公开数据。根据这些基本信息可以将股票划分到不同属性资产类别中，本书第5章研究表明，受前景效应影响，高前景值组合与低前景值组合之间存在显著的收益差，那么在不同基本面水平下，前景效应是否有差异化的表现？为此，本章通过3×10双重分组检验t+1期的股票收益。

表6.4是4类股票基本信息与前景值双重分组检验的结果。可以发现，当市值较小时，高前景值组与低前景值组的预期收益差为-2.536%，在99%的置信水平下显著。而当市值较大时，高低组合预期收益差仅为-0.04%，并不显著。当账市比处于较高水平，即股票多为价值型股票时，高前景值组与低前景值组的预期收益差为-1.442%，在95%的置信水平下显著。而当账市比处于较低水平，即股票为成长型股票时，高低组合收益差并不明显。Beta指标是CAPM模型中市场因子的回归系数，反映了股票与市场收益的偏离程度。检验结果显示在高Beta的股票中，高前景值组合与低前景值组合的预期收益差为-0.881%，在90%的置信水平下显著。而在低Beta的股票中，组合收益差仅为-0.667%，未达到显著性水平。这一结果表明前景效应更容易出现在偏离市场组合的股票中。

表6.4　　　　股票基本面指标与前景值3×10双重分组检验

		按PV分组					
		PL	P4	P7	PH	PH-PL	t值
Size	PL	4.18	2.548	2.327	1.586	-2.536***	(-3.82)
	PM	2.22	1.696	1.819	1.352	-0.736**	(-2.221)
	PH	0.855	1.229	1.632	0.966	-0.04	(-0.127)
BM	PL	1.367	1.324	1.127	0.917	-0.432	(-1.157)
	PM	2.322	2.023	1.576	1.359	-0.884**	(-2.082)
	PH	2.923	1.961	1.912	1.364	-1.442**	(-2.26)
Beta	PL	1.874	1.898	1.562	0.949	0.667	(-1.431)
	PM	2.46	1.78	1.642	1.334	-1.125*	(-1.669)
	PH	1.947	1.61	1.68	1.135	-0.881*	(-1.778)
P	PL	2.882	2.389	1.959	1.525	-1.264**	(-2.006)
	PM	1.181	1.695	1.777	1.003	-0.019	(-0.063)
	PH	0.808	0.365	1.253	0.879	0.002	(0.006)

注：*、**、***分别代表10%、5%、1%的显著性水平，括号中数值为t统计量。
资料来源：本表数据由股票基本信息与前景值的双重分组结果整理而得，表中收益用百分制计量。

6.2.2 机构持股下前景效应检验

相较个体投资者而言,机构投资者一般不容易产生行为偏差。但上一节机构持股比例与前景值的检验结果表明,机构投资者也青睐高前景值股票。那么机构投资者是否也助推了前景效应的产生?为研究这一问题,本章将股票按照机构持股比例分组,检验各组合中的前景效应。

表 6.5 的结果显示,按机构持股比例分组后并没有显著的前景效应。不过,各组合的预期收益仍能反映一些细节。当机构持股比例较低时,股票收益随前景值的增加而减小,如 PL 组的预期收益为 0.388%,PH 组的预期收益为 -0.102%。

表 6.5   机构持股比例与前景值 3×10 双重分组检验

	按 PV 分组					
	PL	P4	P7	PH	PH-PL	t 值
PL	0.388	0.366	0.089	-0.102	-0.332	(-0.68)
PM	0.619	0.063	-0.253	0.534	-0.503	(-1.19)
PH	0.076	0.182	0.423	1.282	1.09	(1.642)

注:*、**、*** 分别代表 10%、5%、1% 显著性水平,括号中数值为 t 统计量。
资料来源:本表数据由机构持股比例与前景值的双重分组结果整理而得,表中收益用百分制计量。

当机构持股比例较高时,股票收益随前景值的增加而增加,如 PL 组的收益为 0.076%,PH 组的预期收益为 1.282%。由此可见,机构投资者并未助推前景效应的产生,持有高前景值股票可能是因为其具有较好的投资质量。而且从检验结果看,机构投资者的增加有益于抵御前景效应的产生。

6.2.3 股票技术面指标下前景效应检验

由历史收益计算的技术面指标是学者们进一步划分股票的重要参照,同样,本章用再平衡组合的方法检验了不同技术面指标下的前景效应。检验结果如表 6.6 所示。

表 6.6 给出了 6 类技术面指标与前景值 3×10 双重分组的检验结果。可以发现,当 Skew 较低时,低前景值组合收益为 2.703%,高前景值组合收益为 1.086%,高低组合收益差为 -1.531%,在 99% 的置信水平下显著。而当 Skew 较高时,组合收益差仅为 -0.85%,未达到显著性水平。同样,Kurt 较低时,高前景值组与低前景值组的收益差显著为负,Kurt 较高时,组合收益差并不显著。另外,将股票按照特质波动率分组后,并未发现明显的前景效应。

表 6.6　　股票技术指标与前景值 3×10 双重分组检验

		按 PV 分组					
		PL	P4	P7	PH	PH－PL	t 值
IVOL	PL	1.681	2.18	2.021	1.339	-0.245	(-0.813)
	PM	1.845	2.231	1.738	1.481	-0.342	(-0.807)
	PH	0.684	0.884	0.623	0.779	0.13	(0.379)
Skew	PL	2.703	1.548	1.953	1.086	-1.531***	(-2.745)
	PM	2.062	1.528	1.878	1.047	-1.01**	(-2.168)
	PH	1.81	1.408	1.105	1.07	-0.85	(-1.527)
Kurt	PL	2.835	1.282	1.785	0.873	-1.828***	(-3.306)
	PM	1.913	1.748	1.928	1.023	-0.771	(-1.594)
	PH	1.999	1.345	1.401	1.188	-0.885	(-1.57)

注: *、**、*** 分别代表 10%、5%、1% 的显著性水平,括号中的数值为 t 统计量。
资料来源: 本表数据由收益特质信息与前景值的双重分组结果整理而得,表中收益用百分制计量。

6.3　基于流动性的前景效应机制分析

6.2 节研究表明,当基本面、技术面指标处于不同水平时,前景效应的表现不尽相同。本节将以流动性为研究切入点,分析这些差异产生的原因。

流动性是现代金融市场的重要属性之一。施莱弗和维什尼(Shleifer and Vishny,1997)提出,资产出现错误定价是由于有限套利,有限套利主要表现在时间约束和资金约束,而流动性则是影响套利成本的重要因素。随后，学者们开始将有限套利理论应用于金融异象的解释。

受此启发，考虑到股票的流动性水平不同，相关的套利活动程度将有所区别，本章推测，前景效应在不同状态下的强弱很可能是由于流动性差异引起的，故本书将在这一部分从流动性视角展开前景效应产生机制的分析。

6.3.1 流动性与前景值

股票流动性这一概念最早由德姆塞茨（Demsetz，1968）提出，主要指交易完成的瞬时性。后来，哈里斯（Harris，1990）给出了一个较为全面的界定，即流动性可从"即时性""市场宽度""市场弹性""市场深度"四方面解释。具体地，即时性的内涵与 Demsetz 的"瞬时性"观点一致；市场宽度的内涵是当前成交价对真实值的偏离程度；市场弹性的内涵是价格受冲击后返回真实值的速度；市场深度的内涵是价格保持不变时股票的最大交易数量。

流动性对股票市场的健康稳定发展有至关重要的意义，对微观层面的投资者而言，充足的流动性是快速交易的先决条件。但由于信息不对称、获取成本较高、反应不足等原因，客观世界无法保证所有资产时刻具备充足的流动性，因此不同股票的流动性差异很大。根据本书第 5 章的描述，投资者青睐前景值高的股票，那么这种股票是否具备更好的流动性？换言之，股票前景值与流动性之间是否显著正相关？为了研究这一关系，本章选取了流动性代理变量，具体如下：

首先是阿米胡德（Amihud，2002）提出的非流动性指标，计算表达式为：

$$\text{Amihud}_{i,t} = \frac{1}{D_{i,t}} \sum_{d=1}^{D_{i,t}} \frac{|R_{i,t,d}|}{\text{VOL}_{i,t,d}} \tag{6.5}$$

式（6.5）中，i 代表股票，t 代表时期，本章指月份标识。d 代表第 t 月第 d 天，D 代表月内交易天数，R 代表股票当天的收益率，VOL 代表当天的成交量。

其次是罗尔（Roll，1984）提出的价差指标，计算方法为：

$$\text{Roll}_{i,t,d} = \begin{cases} 2\sqrt{-\text{cob}(\Delta R_{i,t,d}, \Delta R_{i,t,d+1})}, & \text{cov}(\Delta R_{i,t,d}, \Delta R_{i,t,d+1}) < 0 \\ 0, & \text{cob}(\Delta R_{i,t,d}, \Delta R_{i,t,d+1}) \geqslant 0 \end{cases}$$
$$\tag{6.6}$$

式 (6.6) 中，i 代表股票，t 代表时期，本章指月份标识。d 代表第 t 月第 d 天，$\Delta R_{i,t,d}$ 代表日收益率的一阶差分。计算过程中，自动忽略月内交易天数小于 4 的月份。

再次是月内零收益率天数比 Zero 指数，计算表达式为：

$$\text{Zero}_{i,t} = \frac{\text{NRD}_{i,t}}{D_{i,t}} \qquad (6.7)$$

式 (6.7) 中，$\text{NRD}_{i,t}$ 代表股票 i 在第 t 期收益率为 0 的天数，$D_{i,t}$ 代表 t 期的交易天数。

最后是流通股换手率，该数据来源于锐思数据库。构建流动性指标后，利用再平衡投资组合分析法进行与同期前景值的 10 分组检验。

表 6.7 是流动性按前景值 10 分组的检验结果。横栏内 PL 代表前景值最小的 10% 组合，P4 代表前景值大小在 30% 至 40% 水平的组合，P7 代表前景值大小在 60% 至 70% 的组合，PH 代表前景值最大的 10% 组合，下同。其中，Amihud 非流动性在 PL 组的平均值为 22.131，远远高于其他组。Zero 在 PL 组的平均值为 0.056，PH 组的平均值为 0.035，Roll 指标在 PL 组的平均值为 0.06，PH 组的平均值为 0.049。这三类指标数值越大，代表流动性越差，而 Turnover 是流通股换手率，数值越大代表流动性越强。上述指标高低组合的差值均在 99% 的置信水平下显著，说明股票流动性随前景值的增大而增强。由此可见，流动性大明显集中于前景值较高的股票。

表 6.7 前景值与流动性 10 分组检验

	PL	P4	P7	PH	PH − PL	t 值
Amihud	22.131	0.057	0.031	0.103	−22.023***	(−3.159)
Zero	0.056	0.036	0.036	0.035	−0.022***	(−5.688)
Roll	0.06	0.053	0.052	0.049	−0.013***	(−3.644)
Turnover	31.44	39.947	40.685	35.739	3.756***	(2.73)

注：*、**、*** 分别代表 10%、5%、1% 的显著性水平，括号中的数值为 t 统计量。
资料来源：本表数据由前景值与流动性指标的 10 分组结果整理而得。

6.3.2 流动性与股票其他指标的关联研究

1. 流动性与股票基本面指标

从某些资产定价模型中可以得到关于流动性与股票基本面指标之间的

启示。刘（2006）在经典的 CAPM 模型中，直接加入流动性风险补偿因子，建立了包含市场和流动性的二因子模型，其核心思想在于认为流动性因子能够涵盖市值与账市比因子，结果表明二因子模型的解释力度高于 Fama-French 三因子模型。沿用这一逻辑，本章将在这一部分对流动性与股票基本面指标的关系进行直接分析，以此来验证前景效应的流动性机制是否成立。采用 3×10 再平衡组合分析，检验各基本面指标在不同水平下的流动性，结果如表 6.8 所示。

表 6.8 基本面指标与流动性 3 分组检验

	Amihud	Roll	Zero	Turnover
Size	-2.976*** (-4.071)	-0.006** (-2.314)	-0.021*** (-9.896)	0.17 (0.112)
BM	3.475*** (3.836)	0.002** (2.369)	0.032*** (12.088)	-22.177*** (-21.599)
Beta	1.127* (1.694)	0.007*** (7.046)	0.01*** (8.035)	8.501*** (9.197)
P	-2.759*** (-3.492)	-0.006** (-1.982)	-0.042*** (-14.529)	19.302*** (14.117)

注：*、**、*** 分别代表 10%、5%、1% 的显著性水平，括号中的数值为 t 统计量。
资料来源：本表数据由流动性指标与基本面指标 3 分组结果整理而得。

表 6.8 是股票基本面指标的流动性高低组合差结果。可以发现，除了 Turnover 不显著外，Amihud、Roll、Zero 的结果均表明股票的市值越大，流动性越好；同时，股票账市比越小，流动性越好的结果在 4 个流动性度量指标中一致；此外，Amihud、Roll、Zero 的结果表明股票的 Beta 越大，流动性越好，但这一现象在以 Turnover 衡量的流动性组合中出现反转；最后，股票价格越高，流动性越好的结果也较为稳健。

2. 流动性与股票技术面指标

同样，本章采用 3×10 再平衡组合分析，检验各技术面指标在不同水平下的流动性，结果如表 6.9 所示。

第6章 基于股票内部特征的前景效应研究

表 6.9　技术面指标与流动性 3 分组检验

	Amihud	Roll	Zero	Turnover
IVOL	0.001 *** (2.661)	0.025 *** (19.868)	0.015 *** (22.181)	46.892 *** (31.295)
Skew	6.485 *** (3.012)	-0.002 *** (-3.613)	-0.01 *** (-3.452)	0.383 (0.431)
Kurt	5.629 *** (2.853)	0.001 * (1.703)	-0.008 *** (-2.774)	2.362 *** (3.732)

注：*、**、*** 分别代表 10%、5%、1% 的显著性水平，括号中的数值为 t 统计量。
资料来源：本表数据由流动性指标与技术面指标 3 分组结果整理而得。

由表 6.9 可知：在特质波动率方面，Amihud、Roll、Zero 的结果均表明股票特质波动率越小，流动性越好，但这一结果在以 Turnover 度量的流动性组合中是相反的；偏度和峰度方面，结果较为不一致，无法得出偏度和峰度与股票流动性的明确结果。由此可知，流动性不仅与股票基本面指标存在联系，其对股票技术指标研究的重要影响同样不可忽视。综合对比发现，基本面指标与技术面指标的检验均指向一个结果——前景效应显著的组合流动性较弱，而前景效应不显著的组合流动性较强。

6.3.3　不同流动性水平下的前景效应检验

若市场存在无风险套利机会，投资者会通过交易使价格在短时间内回到均衡。但股票之间的流动性差异较大，套利效果并不相同。前面研究结果表明，当基本面、技术面指标水平不同时，存在前景效应的组合流动性较差，不存在前景效应的组合流动性较好。为进一步证明这种差异由流动性所致，本章直接对流动性与前景效应进行检验。

由于高前景值组合与低前景值组合之间存在显著且稳健的收益差，这一盈利机会是否会在流动性充足的情况下通过套利行为消除？换言之，前景效应在低流动性组合中是否比高流动性组合显著？为此，本章利用再平衡投资组合分析法对流动性与前景值进行了 3×10 双重分组检验。具体地，先按照 t 期流动性强弱将所有股票平均分为 3 组，再根据 t 期前景值大小将各组合分为 10 组。由于要检验前景效应产生的套利机会是否会变化，因此计算 30 个组合中 t+1 期股票收益的均值，检验结果如表 6.10 所示。

表 6.10　　　　　流动性与前景值 3×10 双重分组检验

按 PV 分组

		PL	P4	P7	PH	PH − PL	t 值
Amihud	PL	0.44	0.563	0.823	1.034	0.499	(1.47)
	PM	2.098	1.348	1.663	1.281	−0.846**	(−2.196)
	PH	3.086	2.046	2.206	1.202	−1.833***	(−2.994)
Zero	PL	0.424	−1.929	5.293	2.276	3.284*	(2.26)
	PM	1.61	1.389	1.288	1.307	−0.039	(−0.076)
	PH	2.353	2.08	1.874	1.000	−1.164*	(−1.823)
Roll	PL	2.123	1.469	1.474	0.897	−1.087	(−1.648)
	PM	2.25	1.74	1.883	1.511	−0.716	(−1.383)
	PH	2.263	1.826	1.592	1.289	−0.992**	(−2.165)
Turnover	PL	2.613	1.741	1.707	0.823	−1.63***	(−2.873)
	PM	2.199	2.293	2.211	1.365	−0.766*	(−1.887)
	PH	0.536	0.987	0.819	0.65	−0.075	(−0.238)

注：*、**、*** 分别代表 10%、5%、1% 的显著性水平，括号中数值为 t 统计量。
资料来源：本表数据由流动性与前景值的双重分组结果整理而得，表中收益用百分制计量。

表 6.10 给出了不同流动性指标与前景值 3×10 双重分组检验结果。其中，竖列代表按照流动性指标分组，PL、PM、PH 依次是前 33.3%、33.3% 至 66.6%、后 33% 水平的组合。需要注意的是，Amihud、Zero、Roll 数值越大，流动性越差，因此流动性最强的是 PL 组。而换手率 Turnover 数值越大，流动性越好，因此流动性最好的是 PH 组。横行代表按照前景值分组，与前文一致，PL 是前景值最大的组合，PH 是前景值最小的组合。可以发现，当流动性水平较低时，高前景值组合与低前景值组合的预期收益差依然显著为负。如 Amihud 较小时，高低前景值组合预期收益差仅为 0.499%，并未达到显著性水平。而 Amihud 较大时，高低组合预期收益差为 −1.833%，在 99% 置信水平下显著。当 Turnover 较小时，高低前景值组合预期收益差为 −1.63%，在 99% 置信水平下显著。而当 Turnover 较大时，组合预期收益差仅为 −0.075%，未达到显著性水平。

可见，前景效应更容易发生在流动性较差的股票中，这一结果与设想一致，即较差的流动性阻碍了套利者的交易，因此无法消除前景效应产生的超额收益,进而造成 6.2 节的组间差异。

6.4 前景值对部分异象的作用

传统金融理论认为,股票收益率是一个服从布朗运动的鞅过程,因此不可预测。然而,越来越多的实证研究发现,市场中的一些指标能够稳健地预测未来的收益,比如股票流动性、特质波动率、偏度、峰度、动量效应、反转效应等。选择从理性角度还是非理性角度探索这些收益异象背后的原因,成为传统金融和行为金融的重要区别。多数学者认为,理性人假说过于苛刻,所得结论会偏离实际,因此多从有限理性的角度展开研究。如丹尼尔等(1998)从过度自信的角度探索了动量效应、反转效应的生成过程。彭和熊(Peng & Xiong,2006)在有限关注的基础上,分析了收益相关性的形成机理。那么,前景效应作为行为人普遍存在的非理性特征,是否在收益异象的产生过程中起到关键作用?为此本章研究了前景值对部分指标收益预测能力的影响。

6.4.1 前景值与流动性

市场并非无摩擦,因此股票流动性是投资者决策时不能忽视的关键要素。从理性角度看,低流动性的股票存在无法转手的可能,需要更多的风险补偿,所以流动性越差,股票收益越高。而从非理性角度看,"追涨杀跌"等羊群行为也会导致流动性快速攀升,此时流动性与股票收益正相关。面对截然对立的两种观点,本节首先利用 Amihud、Roll 与 Turnover 三种指标分析流动性与 $t+1$ 期股票收益的关系,然后通过双重分组的方法分析前景效应对流动性收益预测能力的影响。

表 6.11(a)是流动性指标与股票收益的 10 分组检验。可以发现,随着 Roll 指数的增加,股票收益不断增大,组合收益差为 8.273%,在 99% 的置信水平下显著。同样,换手率 Turnover 与预期收益也显著正相关,组合收益差为 7.895%。需要注意的是,Roll 指数越大表示流动性越差,Turnover 越大表示流动性越强,但二者与股票收益表现出相同的相关性,可见两种指标对应的收益预测性具有其他内涵。

表 6.11（a） 流动性指标收益预测性检验

	PL	P4	P7	PH	PH - PL	t 值
Amihud	3.462	2.251	1.49	4.182	0.94	(0.483)
Roll	0.615	0.469	2.105	8.745	8.273 ***	(4.347)
Turnover	0.992	0.801	2.409	9.022	7.895 ***	(5.692)

注：*、**、*** 分别代表 10%、5%、1% 的显著性水平，括号中的数值为 t 统计量。
资料来源：本表数据由流动性指标与股票 t+1 期收益整理而得，表中收益用百分制计量。

此外，Amihud 指标并未表现出明显的收益变化，组合差仅为 0.94，未达到显著性水平。接下来，检验前景效应与股票流动性之间收益的关系。具体步骤如下，先将所有股票按照 t 期前景值从小到大等分为 10 组，然后将各组股票按照 t 期流动性从小到大等分为 10 组，并计算各组合在 t+1 期的股票收益，最后用再平衡组合的方法计算这 100 个组合的平均收益。对比表 6.11（a），若双重分组后股票收益与流动性指标的相关性降低，说明控制前景效应即可消除收益异象。换言之，流动性的收益预测性能够被前景效应解释。反之，若双重分组后股票收益与流动性指标的相关性增强，说明控制前景效应反而为收益异象筛选了特殊样本，即前景效应加强了流动性的收益预测能力。前景值与流动性的 10×10 双重分组的检验如表 6.11（b）所示。

表 6.11（b） 前景值对流动性收益异象的解释力检验

		PL	PH	PH - PL	t 值
Amihud	PL_PV	0.492	3.292	2.363 ***	(3.045)
	PH_PV	0.67	1.258	0.295	(0.512)
	PH - PL_PV	0.178	-1.994 **		
	t 值	(0.363)	(-2.429)		
Roll	PL_PV	2.198	1.643	-1.245 **	(-2.4)
	PH_PV	1.336	0.468	-0.949 **	(-2.333)
	PH - PL_PV	-0.913	-1.149		
	t 值	(-1.489)	(-1.392)		

续表

		PL	PH	PH - PL	t 值
Turnover	PL_PV	2.184	0.399	-2.024**	(-2.471)
	PH_PV	0.352	0.509	0.188	(0.357)
	PH - PL_PV	-1.832**	0.101		
	t 值	(-2.246)	(0.21)		

注：*、**、***分别代表10%、5%、1%显著性水平，括号中数值为t统计量。
资料来源：本表数据由前景值与流动性指标双重10分组结果整理而得，表中收益用百分制计量。

表6.11（b）是流动性与前景值10×10双重分组的检验结果。竖列代表按前景值分组，横行代表按流动性分组。表6.11（a）中，Amihud指标与股票收益没有相关性，但与前景值双重分组后，Amihud在PL_PV中的高低组合收益差达到2.363%，在99%置信水平下显著。说明低前景值水平下，Amihud的收益预测能力有所加强。同时，Turnover本身与股票收益正相关，双重分组后，组合收益差只在低前景值中显著，说明高前景值水平下，Turnover的收益预测能力有所减弱。表6.11（a）中，Roll指数与股票收益正相关，双重分组后仍然正相关，可见前景值不影响Roll指数的收益预测能力。

6.4.2 前景值与股票基本面指标

反映公司规模的市值Size、反映公司价值属性的账市比BM，以及反映收益偏离度的风险Beta不仅是Fama - French三因子模型中的元素，也是人们用于构建投资策略的重要指标。如班兹（Banz，1981）将纽交所股票按公司规模分组后，发现大规模公司的平均收益率比小规模公司低将近20%。此外价格P不仅是股票价值的表现，而且是市场参与者博弈的最终结果。如梁丽珍（2008）认为投资者会因高价股较好的品质纷纷跟投，推动其产生溢价。而从行为金融视角看，部分投资者有名义价格幻觉，易对低价股产生特殊偏好（俞红海等，2014；陈国进等，2009；Baker et al.，2009）。接下来，本章将检验这4类指标是否存在收益异象，同时也分析前景值是否会减弱或加强这种收益预测能力。

表6.12（a）给出了Size、BM、P、Beta与股票收益的10分组检验结

果。其中,P、Beta 与股票收益显著正相关。而 Size 与 BM 的组合收益差分别为 -0.184%、-0.395%,并未达到显著性水平。需要说明的是,以法马(Fama)和弗伦奇(French)为代表的学者认为市值 Size 与账市比 BM 具有明显的收益预测力,但本章的检验结果并不支持该结论。导致这一差异性的原因可能有两种,其一与检验的样本数量、样本时期有关,本章采用 1990 年 1 月~2019 年 6 月的月度数据,相比国外文献并不够长。另一方面可能与股票市场有关,如刘等(Liu et al.,2019)认为,中国股票市场由于特有的壳价值、壳污染问题,Fama - French 三因子模型的适用性受到一定制约。接下来,对前景值与公司基本面信息做双重分组检验,同样,若双重分组后股票收益与观测指标的相关性降低,说明公司特质信息的收益预测性能够被前景效应解释。反之,前景效应加重了该指标的收益异象,双重分组的检验结果如表 6.12(b)所示。

表 6.12(a) 股票基本面指标收益预测性检验

	PL	P4	P7	PH	PH - PL	t 值
Size	3.015	1.521	2.816	2.865	-0.184	(-0.093)
BM	1.983	1.729	1.651	1.861	-0.395	(-0.733)
Beta	0.946	0.957	1.439	3.741	2.442***	(2.93)
P	0.463	1.212	2.328	5.8	5.541***	(4.187)

注:*、**、*** 分别代表 10%、5%、1% 的显著性水平,括号中的数值为 t 统计量。
资料来源:本表数据由公司特质信息与股票 t+1 期收益整理而得,表中收益用百分制计量。

表 6.12(b) 前景值对基本面指标收益异象的解释力检验

		PL	PH	PH - PL	t 值
Size	PL_PV	5.569	1.161	-4.789***	(-3.517)
	PH_PV	1.376	0.761	-0.734	(-1.286)
	PH - PL_PV	-4.193***	-0.398		
	t 值	(-3.199)	(-0.794)		
BM	PL_PV	1.485	3.148	1.175*	(1.912)
	PH_PV	0.95	1.376	0.385	(0.697)
	PH - PL_PV	0.012*	0.004		
	t 值	(1.912)	(0.697)		

续表

		PL	PH	PH－PL	t 值
Beta	PL_PV	1.32	1.668	0.14	(0.264)
	PH_PV	0.884	0.623	－0.297	(－0.65)
	PH－PL_PV	－0.436	－1.008*		
	t 值	(－0.879)	(－1.688)		
P	PL_PV	2.643	1.015	－2.138***	(－3.447)
	PH_PV	1.191	1.192	0.022	(0.037)
	PH－PL_PV	－1.487***	0.215		
	t 值	(－2.732)	(0.402)		

注：*、**、***分别代表10%、5%、1%的显著性水平，括号中的数值为t统计量。
资料来源：本表数据由前景值与公司特质信息双重10分组结果整理而得，表中收益用百分制计量。

表6.12（b）的结果可以归结为两类，一是前景值明显减弱了观测指标与预期收益的相关性。如风险 Beta 与股票价格 P，两者在表6.12（a）中的组合收益差显著为负，但经过与前景值的双重分组后，Beta 对应的高低组合收益差在 PL_PV 中仅为0.14%，在 PH_PV 中仅为－0.297%，P 对应的高低组合收益差在 PH_PV 中仅为0.022%，均未达到显著性水平。二是前景值增加了观测指标与预期收益的相关性。如市值 Size 与账市比 BM，两者在表6.12（a）中与收益没有明显的相关性，但加入前景值后，Size 在 PL_PV 中的组合收益差变为－4.789%，在99%的置信水平下显著，BM 在 PL_PV 中的组合收益差变为1.175%，在90%的置信水平下显著。

6.4.3 前景值与股票技术面指标

一直以来，特质波动率 IVOL 就是资产定价领域关注的热点，莫顿（Merton，1987）认为，特质波动率属于股票自身风险，所以会产生风险溢价。这种观点也被较多学者所证实（Miffre et al.，2013；邓雪春和郑振龙，2011）。同时，作为股票收益的高阶矩信息，峰度和偏度被认为具有显著的收益预测能力。如郑振龙等（2013）发现特质偏度与股票收益负相关。同样，本章先对这3类指标与t+1期收益展开再平衡组合分析，表6.13（a）是3类技术面指标与股票收益10分组结果。

表6.13（a）　　　　　股票技术面指标收益预测性检验

	PL	P4	P7	PH	PH - PL	t 值
IVOL	-2.209	-0.592	1.914	10.796	12.962 ***	(17.588)
skew	0.485	1.639	1.678	2.529	2.38 ***	(5.772)
kurt	1.112	1.687	1.684	1.913	1.101 ***	(3.433)

注：*、**、*** 分别代表 10%、5%、1% 的显著性水平，括号中的数值为 t 统计量。
资料来源：本表数据由收益特质信息与股票 t+1 期收益整理而得，表中收益用百分制计量。

可以发现，偏度 Skew、峰度 Kurt 都与收益正相关，组合收益差分别为 2.38%、1.101%，在 99% 的置信水平下显著。特质波动率 IVOL 在 PL 组的股票收益为 -2.209%，PH 组的收益为 10.796%，二者之差在 99% 的置信水平下显著。接下来，对前景值与技术面指标做 10×10 双重分组检验，结果如表 6.13（b）所示。

表6.13（b）　　　　前景值对技术面指标收益异象的解释力检验

		PL	PH	PH - PL	t 值
IVOL	PL_PV	1.778	-0.354	-2.275 ***	(-5.577)
	PH_PV	1.143	0.402	-0.769	(-1.632)
	PH - PL_PV	-0.726 **	0.845 *		
	t 值	(-1.994)	(1.732)		
Skew	PL_PV	1.6	2.259	0.226	(0.383)
	PH_PV	1.219	0.758	-0.476	(-1.269)
	PH - PL_PV	-0.419	-1.506 **		
	t 值	(-0.817)	(-2.283)		
Kurt	PL_PV	2.299	2.298	-0.383	(-0.538)
	PH_PV	0.9	1.238	0.351	(0.816)
	PH - PL_PV	-1.398 *	-1.063		
	t 值	(-1.798)	(-1.599)		

注：*、**、*** 分别代表 10%、5%、1% 的显著性水平，括号中的数值为 t 统计量。
资料来源：本表数据由前景值与收益特质信息双重 10 分组结果整理而得，表中收益用百分制计量。

对比表 6.13（a）可知，偏度 Skew 与峰度 Kurt 的收益预测能力大大降低，Skew 的组合收益差在 PL_PV 中为 0.226%，在 PH_PV 中为 -0.476%。Kurt 的组合收益差在 PL_PV 中为 -0.383%，在 PH_PV 中为 0.351%，均未达到显著性水平，这一结果说明前景值对高阶矩产生的收益异象有较好的解释作用。需要特别提到的是特质波动率 IVOL，该指标本身与股票收益相关性非常高，表 6.13（a）中的组合收益差为 -12.962%，相应的 t 值为 -17.588。经过与前景值双重分组后，仅在 PL_PV 中有显著的组合收益差，且对应的收益差与 t 值分别降至 -2.275% 与 -5.577。

综上所述，前景值对各指标收益预测能力具有一定的弱化或增强作用。其中，对换手率 Turnover、股票价格 P、风险 Beta、偏度 Skew、峰度 Kurt、特质波动率 IVOL 为弱化作用，说明投资者的前景效应可能在一定程度上引起了相应的收益异象。而对 Amihud、市值 Size、账市比 BM 有一定的增强作用。

6.5 前景值的定价能力研究

传统金融理论中，定价模型的因子是某种影响因素的风险溢价（risk premium），其系数被视为风险载荷（risk loading）。风险载荷越大，单只股票的预期收益就越高。因此，寻找合适的定价因子以有效区分股票在横截面上的收益，一直是资产定价领域研究的重点。

前景效应是一种客观存在的非理性结果，投资者会根据股票前景值调整组合中的资产配置，进而影响股票收益。第 5 章的研究结果表明，低前景值组合的收益大于高前景值组合，那么二者之差可否视作一种偏好溢价？本章的实证检验也说明，前景效应与其他横截面异象存在一定联系，那么能否将前景效应转化为定价因子，进而增进模型的定价效率？为此，本节将对前景因子的定价能力展开一系列研究。

6.5.1 前景值的风险溢价

在对定价因子进行时间序列回归时，要求因子必须为投资组合的收益，这样求得的 β 才是个股收益对横截面收益的风险暴露。而前景值是通过历史参照收益计算的数值，并非投资组合的收益，故不能采用时间序列进行检验。由法玛与麦克白（1973）提出两阶段回归方法并不要求因子必须是投资组合收益，因此本节将采用该方法探析前景值与股票超额收益的关系。具体地，先按照式（6.8）进行时间序列回归，得到每只股票的风险载荷 β_i。

$$R_{i,t} = \alpha + \beta_1 PV_{i,t} + \sum_{j=2}^{n} \beta_j Control_{i,j,t} + \varepsilon_{i,t}, \quad t=1, \cdots, T \quad (6.8)$$

式（6.8）中，$R_{i,t}$ 代表股票的超额收益，$PV_{i,t}$ 代表前景值，$Control_{i,j,t}$ 代表控制变量，β_i 代表因子的风险载荷（risk loading）。得到 β_i 之后，再按照式（6.9）对每一期进行截面回归，此时，因变量是各股超额收益，自变量是风险载荷 β_i。

$$R_{i,t} = \alpha_i + \sum \beta_i \lambda_t + \varepsilon_{i,t}, \quad t=1, \cdots, T \quad (6.9)$$

第二次回归目的是为了确定因子的预期收益率 λ，即风险溢价。由于一共有 T 期，因此可以得到 T 个截面回归的结果，将这 T 个 λ 作为独立的样本处理，便可求得相应的标准误，进而获得 λ 的估计值。回归结果如表 6.14 所示。

表 6.14　　　　　前景值的 Fama – Macbeth 检验

	Model 1	Model 2	Model 3	Model 4	Model 5
Panel A　前景值与同期收益检验					
PV	-0.018*** (-2.923)	-0.012*** (-2.634)	-0.012*** (-2.853)	-0.012*** (-3.032)	-0.009*** (-3.047)
Size		-0.5186 (-1.062)	-0.557 (-1.554)	-0.626* (-1.861)	-0.616** (-2.309)
BM			0.011** (2.013)	0.012** (2.524)	0.009* (1.761)
Skew				0.104*** (3.12)	0.031 (1.211)
Kurt					0.244 (1.286)

续表

	Model 1	Model 2	Model 3	Model 4	Model 5
\multicolumn{6}{c}{Panel B 前景值与下一期收益检验}
PV	-0.018*** (-2.689)	-0.017*** (-2.936)	-0.017*** (-2.96)	-0.018*** (-3.04)	-0.011*** (-2.879)
Size		0.360 (0.678)	0.148 (0.334)	0.072 (0.164)	-0.089 (-0.221)
BM			0.008 (1.385)	0.009 (1.636)	0.006 (1.196)
Skew				0.153*** (2.623)	0.047** (2.224)
Kurt					0.442*** (2.787)

注：*、**、*** 分别代表10%、5%、1%的显著性水平，括号中数值为t统计量。
资料来源：本表数据由前景值的 Fama - Macbeth 回归结果整理而得，表中收益用百分制计量。

表6.14给出了前景值 PV 与股票收益的 Fama - Macbeth 回归结果。当被解释变量是 t 期股票收益时，前景值 PV 的系数为 -0.018，在99%的置信水平下显著。为保证结果稳健，回归时逐步加入控制变量市值 Size、账市比 BM、偏度 Skew、峰度 Kurt，前景值 PV 的回归系数依然在99%的置信水平下显著为负。进一步，将被解释变量换为 t+1 期收益，前景值 PV 的回归系数依然显著小于0，这一结果再次支持了本书第5章的模型推导——前景投资者会青睐前景值高的股票，并根据该指标调整组合中的资产配置，导致高前景值的股票收益低，低前景值的股票收益高，因此前景值对股票收益有负向影响。同时，根据 Fama - Macbeth 两阶段回归的思路，股票收益对前景值的敏感系数（即风险载荷）存在一个预期收益率，也就是表6.14中 PV 的回归系数。如回归系数等于 -0.018 时，意味着每 1 单位的前景值有 -1.8% 的横截面收益。

6.5.2 前景投资组合的风险溢价

法玛和弗伦奇（1993）在构建三因子时，采用了高低组合的收益差，并将 SMB、HML 视为投资者购入小规模、高账市比股票，卖出大规模、低账市比股票的风险溢价。本书第 5 章研究结果表明，低前景值组与高前景值组的收益差显著为正，因此这一横截面收益可视为投资者放弃高前景值股票、购入低前景值股票的偏好溢价。接下来，按照法玛和弗伦奇的研究范式，将前景值的组合收益差视为前景定价因子，再次进行如下 Fama – Macbeth 检验：

$$R_{i,t} = \alpha + \beta_1 FPV_{i,t} + \sum_{j=2}^{n} \beta_j Control_{i,j,t} + \varepsilon_{i,t}, \quad t = 1, \cdots, T \quad (6.10)$$

式（6.10）中，$R_{i,t}$ 代表股票的超额收益，$FPV_{i,t}$ 代表按前景值 10 分组后最低组与最高组的收益之差，$Control_{i,j,t}$ 代表控制变量，β_j 代表因子风险载荷，相应的回归结果如表 6.15 所示。

表 6.15　　　　　　前景定价因子的 Fama – Macbeth 检验

	Model 1	Model 2	Model 3	Model 4	Model 5
Panel A　以组合收益差为定价因子					
FPV	0.009 * (1.768)	0.012 * (1.872)	0.01 * (1.685)	0.009 * (1.72)	0.009 (1.565)
Size		-1.592 ** (-2.282)	-1.169 ** (-2.296)	-1.113 *** (-2.669)	-1.001 *** (-2.77)
BM			0.013 ** (2.073)	0.016 *** (2.901)	0.013 *** (2.641)
Skew				0.134 *** (3.193)	0.053 * (1.777)
Kurt					0.347 * (1.704)
Panel B　以低前景值组合收益为定价因子					
FPV_PL	0.019 ** (1.979)	0.022 ** (2.18)	0.019 * (1.962)	0.017 * (1.865)	0.019 ** (1.992)
Size		-1.511 * (-1.703)	-1.107 * (-1.753)	-0.822 * (-1.695)	-1.210 *** (-2.654)

续表

	Model 1	Model 2	Model 3	Model 4	Model 5
	Panel B 以低前景值组合收益为定价因子				
BM			0.018 * (1.891)	0.019 *** (2.641)	0.022 *** (2.93)
Skew				0.19 *** (3.245)	0.075 ** (2.323)
Kurt					0.648 *** (3.066)

注：*、**、***分别代表10%、5%、1%显著性水平，括号中数值为 t 统计量。
资料来源：本表数据由前景定价因子 Fama – Macbeth 回归结果整理而得，表中收益用百分制计量。

表 6.15 给出了前景定价因子的 Fama – Macbeth 回归结果。由 Panel A 可知，将前景值转化为定价因子后，回归系数显著为正。如模型中仅有前景因子时，回归系数为 0.009，在 90% 的置信水平下显著。加入控制变量 Size 后，前景因子的回归系数变为 0.012，依然显著。同样，按照 Fama – Macbeth 两阶段回归的思路，前景因子的回归系数是股票收益对前景因子敏感系数的横截面收益。在其他资产定价模型中，因子反映了一种风险，故横截面收益被称为风险溢价。而本章构建前景定价因子的方法是用低前景值的组合收益减去高前景值的组合收益，是投资者没有选择高前景股票的一种补偿，因此回归系数可视为一种偏好溢价。一般情况下，因子是多空组合的收益差，但我国股票市场难以卖空，为此本章只选取低前景值组合的收益作为另一种前景定价因子，重新进行了 Fama – Macbeth 回归，结果如 Panel B 所示。可以发现，以低前景收益为因子的回归系数同样为正，且显著性优于以组合收益差为因子的回归系数。

6.5.3 前景值的定价效果

前景值 PV 与前景组合收益差 FPV 的 Fama – Macbeth 回归结果均表明前景效应有助于区分股票超额收益在横截面上的差异。因此本节尝试将前景因子加入 Fama – French 五因子模型中，形成新的六因子模型。按照因子构建的标准范式，采用组合收益差 FPV 作为前景因子，检验新模型的定价效果。在此之前，先考察 RM、SMB、HML、RMW、CMA、FPV 是否冗余，确保不会被剩余因子联合解释。具体步骤是将定价因子逐一作为被解释变量，对其他因子作线性回归，结果如表 6.16 所示。

表 6.16 给出了因子冗余性检验的结果。可以发现，当前景定价因子 FPV 为被解释变量时，截距项为 0.005，在 90% 的置信水平下显著，说明不会被其他因子联合解释。同时，前景因子 FPV 与价值因子 HML、投资因子 CMA 之间的回归系数相互显著为正，说明彼此之间正相关。而与盈利因子 RMW 的回归系数相互为负，说明彼此之间负相关。

表 6.16 各定价因子冗余性检验

	α 收益	RM	SMB	HML	RMW	CMA	FPV
RM	0.013* (1.759)		-0.486** (2.017)	0.1384 (1.543)	-2.173** (-2.261)	-1.024* (-1.819)	0.022 (1.451)
SMB	0.009** (2.017)	-0.076** (2.162)		-0.684** (2.311)	-1.284* (1.844)	-0.315 (-1.247)	0.086 (1.264)
HML	0.004** (2.014)	0.021 (1.376)	-0.412** (2.314)		-0.097 (1.584)	0.641** (2.004)	0.401* (1.846)
RMW	0.007** (2.247)	-0.071** (2.372)	-0.314** (2.243)	-0.0264 (1.441)		-0.487** (2.116)	-0.301** (2.049)
CMA	0.008* (1.849)	-0.036** (-2.184)	-0.027 (1.571)	0.146** (2.337)	-0.476** (2.081)		0.105* (1.811)
FPV	0.005* (1.816)	0.002 (1.271)	0.034 (1.339)	0.301** (2.184)	-0.682** (2.144)	0.097* (1.793)	

注：*、**、*** 分别代表 10%、5%、1% 的显著性水平，括号中的数值为 t 统计量。
资料来源：本表数据由回归结果整理而得，表中收益用百分制计量。

因子冗余性检验说明前景定价因子具有五因子未包含的信息，现构建如下六因子模型：

$$R_{p,t} = \alpha + \beta_1 RM_t + \beta_2 SMB_t + \beta_3 HML_t + \beta_4 RMW_t + \beta_5 CMA_t + \beta_6 FPV_t + \varepsilon_{p,t} \tag{6.11}$$

式（6.11）中，$R_{p,t}$ 与 RM_t 均已减去无风险收益 Rf。新的定价模型不仅涵盖了公司基本面信息，也囊括了投资者的风险偏好。

如前文所述，定价模型的核心不是单只股票收益在时间序列上的波

动，而是组合在横截面上的收益解释力。为此，本章按照市值 Size 与账市比 BM 的大小将股票进行 5×5 交叉分组，利用这 25 个投资组合检验新六因子模型的定价效果。一般而言，若组合中的截距项接近 0，说明多因子模型具有较高的定价效率。GRS 检验是国内外学者常用的一种方法，通过 GRS 统计量考察所有组合的截距项是否联合为 0，若 GRS 统计量超出临界值，说明因子模型定价效率不高，反之，说明因子模型对横截面收益有很好的解释力。此外，赵胜民等（2019）还通过截距项的绝对值 $A|\alpha|$ 以及与收益绝对值的比 $A|\alpha_i|/A|r_i|$ 衡量多因子模型的定价效果，这些统计量越小说明模型的定价能力越强。因此，本章采用上述方法对六因子模型的定价效率进行检验，结果如表 6.17 所示。

表 6.17 的 Panel A 是六因子模型对各投资组合的回归结果，可以发现，25 个组合中有 10 组的截距项并不显著，其中 P2_BM、P4_BM、PH_BM 组合尤为明显。从截距项的正负来看，共有 3 组正显著，7 组负显著。Panel B 给出了 4 种模型定价效率的比较结果。其中，Fama – French 五因子模型、新六因子模型通过了 GRS 检验，且新六因子模型的统计量小于五因子模型。另外，六因子模型的 $A|\alpha|$ 与 $A|\alpha_i|/A|r_i|$ 分别为 0.276、0.502，均小于其他定价模型，说明加入前景定价因子后，模型的定价效率有所提升。

表 6.17　　　　　　　　　前景因子定价效果检验

Panel A　六因子模型下 5×5 组合的截距项

	PL_BM	P2_BM	P3_BM	P4_BM	PH_BM
PL_Size	0.201 (1.094)	-0.126 (0.847)	0.296* (1.71)	0.511** (2.016)	0.161 (1.046)
P2_Size	-0.283* (-1.705)	-0.391** (-2.006)	-0.462** (-2.010)	0.092 (0.204)	-0.117 (-0.846)
P3_Size	-0.312* (-1.91)	-0.143 (-1.33)	-0.286* (-1.88)	-0.146 (-1.55)	-0.133 (-1.46)
P4_Size	0.064 (-0.416)	-0.108 (-1.052)	-0.512** (-2.163)	0.184 (1.155)	0.094 (0.773)
P5_Size	0.244** (2.227)	0.141 (1.095)	-0.213* (-1.79)	0.042 (0.78)	0.121 (1.221)

续表

Panel B 不同定价模型之间的比较

	CAPM	FF3	FF5	FF5 + FPV
GRS	2.273*	1.937*	1.440	1.184
$A\|\alpha\|$	0.571	0.327	0.313	0.276
$A\|\alpha_i\|/A\|r_i\|$	1.21	0.597	0.581	0.502

注：*、**、***分别代表10%、5%、1%的显著性水平。
资料来源：本表数据由FF5+前景定价因子的截距项检验结果整理而得，表中收益用百分制计量。

6.6 小 结

前景效应并非一种独立存在的非理性特征，因此有必要研究与其他股票特征之间的相互影响。本章的研究可归结为以下五个层面：第一，从机构持股比例、基本面指标、技术面指标三个角度切入，探索了这些元素与前景值之间的相关性。检验发现，高前景值股票往往是市值较大、风险较小、价格较高的成长型股票，这类股票也常常受到机构投资者的青睐。同时，高前景值股票的特质波动率、偏度、峰度较低。第二，通过再平衡资产组合分析方法检验了前景效应在哪些情况下更明显，结果表明，小规模股票、价值型股票、高Beta股票以及低价股票往往风险较高，这些股票的前景效应十分明显；机构投资者专业性更强，信息渠道更广，增加其持股比例可以抵御前景效应的发生；前景效应易在低偏度、低峰度股票中产生。第三，从流动性的角度入手，解释基本面、技术面指标的前景效应组间差异的产生原因，发现高流动性股票能消除前景效应的影响，突出了套利行为在其中的作用；第四，转换研究视角，探索前景效应是否能解释部分收益异象。研究发现，前景效应能够较大程度解释Beta、偏度、峰度对应的收益异象，但对换手率、价格、特质波动率的解释只有在前景值较高时有效。对规模、账市比的收益异象反而有一种强化作用。第五，探索了前景效应的定价作用。Fama-Macbeth两阶段回归结果表明，前景值对股票收益有负向影响，这与第5章的研究结果一致。同时，组合收益差也存在显著的溢价，因此将低前景值组与高前景值组的收益差作为未获得理想股票的偏好补偿，并加入 Fama-French 五因子模型中。研究发现，加入前景因子后模型的定价效率有效提升。本章研究明确了前景值与其他股票特征之间的联系，细化了前景效应的产生条件，探索了前景效应对收益异象的解释能力，增强了模型的定价效果。

第 7 章

基于市场外部环境的前景效应研究

根据演化心理学的观点，行为是心理机制和外部环境共同作用的结果。卡尼曼和特沃斯基（1979）在研究不确定情况下的决策问题时，并未将实验人员放置于真实环境中，所得结论是一种纯粹的、未受干扰的结果。换言之，这种行为选择更偏向于无须考虑其他因素的本能反应。然而，随着外界条件的变化，投资者表现不可能始终如一，因此前景效应也存在一定的时变性。之前第 3 至 5 章的研究为后续的探索提供了数据基础，本章利用这些数据展开前景效应在市场外部环境下的分析。

首先，信息有效性差的市场容易产生更多非理性行为，那么前景效应是否在低信息效率下更加显著？其次，投资者会在经济政策不确定性较高的时期产生恐慌心理，甚至存在股市撤资行为，那么前景投资者的决策偏好是否会受经济政策不确定性的影响？再次，投资者的行为常常受情绪影响，那么情绪的高涨与低落又会对前景投资者起到什么作用？然后，不同的市场行情与股票收益密切相关，在直观收益变动面前，前景偏好是否仍占主导？最后，随着人工智能技术的发展，智能投顾已成为投资者决策过程中重要的辅助工具，那么前景效应是否会随着智能科技水平的提升而弱化？

接下来，本章构建了一系列外部环境指标，并通过理论推导与实证研究两种途径逐一回答上述问题。

7.1 市场外部环境与前景效应的理论研究

7.1.1 市场外部环境与前景效应的理论推导

为展开相关研究，本章推导了不同外部环境与前景偏差在股票收益中的交叉作用。与 5.1.2 一致，假定市场中存在两种投资者，理性投资者的人数占比为 π，前景投资者的人数占比为 1-π。其中，前景投资者的资产组合依然是在均值方差理论的基础上，根据主观价值调整各资产的配比，即 $W_p = (1-k)W_{RA} + kW_{PT}$。一般情况下，理性投资者主要由机构投资者、基金经理以及部分专业性较强的个体投资者组成，而前景投资者主要由技术薄弱、信息匮乏且存在非理性特征的散户投资者组成。当市场信息效率较高时，投资者能够准确甄别有价值的公司，采取理性的决策。而当市场信息效率较低时，信息被噪声掩盖，价格易产生误导作用，进而增大投资者的心理偏差（Hirshleifer & Luo，2001）。根据邓等（2018）的观点，成熟度高、信息完善的市场理性投资者更多，因此，本章认为市场信息质量越高，理性投资者占比越大。

当宏观环境变得恶劣时，投资者会调整风险资产比例，以避免外部冲击的不利影响。如贝克等（2016）认为在经济政策不确定性较大的时期，民间投资降低了约16%。陈国进等（2017）也发现该时期的投资者降低了风险资产持有比例。前景投资者多为个体投资者，该群体资金持有量少，在不利环境中可以灵活地将资金撤出。而理性投资者的资金量巨大，大幅降低风险资产比例并不容易。同时，技术、信息优势也有助于该群体在这一时期低价购入有价值的风险资产。因此，在外部环境变差时，逃离资本市场的理性投资者人数会明显低于前景投资者，相较之下，理性投资者占总人数的比例会有所提升。

鉴于上述原因，本章将理性投资者人数占比 π 设定为信息 I 与外部不利冲击 E 的增函数，即信息质量越高，外部不利信号越强，理性投资者占比越大。其中，I 与 E 是一种外生变量，其变动与股票收益的变动相互独立。相似地，k 影响前景投资者关于均值方差组合与主观价值组合的配比权重，故信息质量越高，k 越小。因此本章将 k 设定为信息 I 的减函数。为方便证明，同时也为了满足 π 与 k 的取值要求，本章将 π 设定为线性函数，将 k 设定为反函数，即：

$$\pi(I_t, E_t) = aI_t + bE_t \tag{7.1}$$

$$k(I_t) = \frac{c}{I_t} \tag{7.2}$$

式（7.1）、式（7.2）中，a、b、c 均大于 0，$I_t \in (0,1)$，且 $0 < aI_t + bE_t < 1$，$0 < c/I_t < 1$。同样，资产 i 的收益率表达式为：

$$\mu_i - r = \frac{\sigma_{i,RA}}{\sigma_{RA}^2}(\mu_{RA} - r) \tag{7.3}$$

对应的线性回归残差具有以下方差与协方差关系：

$$\sigma_i^2 = \beta_i^2 \sigma_m^2 + s_i^2, \quad s_i^2 = Var(\varepsilon_i) \tag{7.4}$$

$$\sigma_{i,j} = \beta_i \beta_j \sigma_m^2 + s_{i,j}, \quad s_{i,j} = Cov(\varepsilon_i, \varepsilon_j) \tag{7.5}$$

理性人数占比 $\pi(I_t, E_t)$ 与权重配比 $k(I_t)$ 被重新定义后，市场投资组合的性质如下：

$$\mu_{RA} - r = \frac{\mu_m I_t - rI_t + (aI_t + bE_t - 1)c(\mu_{PT} - r)}{I_t - c + acI_t + bcE_t} \tag{7.6}$$

$$\sigma_{i,RA} = \frac{\sigma_{i,m} I_t + (aI_t + bE_t - 1)c\sigma_{i,PT}}{I_t + (aI_t + bE_t - 1)c} \tag{7.7}$$

$$\sigma_{RA}^2 = \frac{\sigma_m^2 I_t^2 - (1 - aI_t - bE_t)^2 c^2 \sigma_{PT}^2 + [2(aI_t + bE_t - 1)cI_t + 2(aI_t + bE_t - 1)^2 c^2]\sigma_{RA,PT}}{I_t^2 + (aI_t + bE_t - 1)^2 c^2 + 2I_t(aI_t + bE_t - 1)c}$$
$$\tag{7.8}$$

与第 5 章理论部分的求解方式相似，考虑外部环境因素后，资产 i 最终的收益表达式为：

$$\frac{\mu_i - r}{\mu_m - r} = \beta_i - \frac{(1 - aI_t - bE_t)cf(PT_i)s_i^2}{\sigma_m^2 [I_t - (1 - aI_t - bE_t)c\beta_{PT}]} \tag{7.9}$$

令

$$A = \frac{-(1 - aI_t - bE_t)cf(PT_{i,t})s_i^2}{\sigma_m^2 [I_t - (1 - aI_t - bE_t)c\beta_{PT}]} \tag{7.10}$$

对 A 关于 $f(PT_{i,t})$ 求一阶导，可得：

$$\frac{dA}{df(PT_{i,t})} = \frac{(aI_t + bE_t - 1)cs_i^2}{\sigma_m^2 [I_t - (1 - aI_t - bE_t)c\beta_{PT}]} \tag{7.11}$$

式（7.11）中，由于 $aI_t + bE_t < 1$，$c > 0$，故一阶导为负，因此股票收益与主观效用负相关，表明新模型中前景值的负向收益预测性并未发生变化，接着对 A 关于 I_t 求一阶导，可得：

$$\frac{dA}{dI_t} = \frac{\sigma_m^2 cf(PT_{i,t})s_i^2 (1 - bE_t)}{\sigma_m^4 [I_t - (1 - aI_t - bE_t)c\beta_{PT}]^2} \tag{7.12}$$

式（7.12）中，一阶导的正负取决于 $1 - bE_t$。由于 $\pi = aI_t + bE_t < 1$，其中 $aI_t > 0$，则 $1 - bE_t > 0$，故 A 关于 I_t 的一阶导恒为正，这一结果意味着股票收益与市场整体的信息质量正相关。对 A 关于 E_t 求一阶导，可得：

$$\frac{dA}{dE_t} = \frac{\sigma_m^2 f(PT_{i,t}) s_i^2 bcI_t}{\sigma_m^4 [I_t - (1 - aI_t - bE_t) c\beta_{PT}]^2} \quad (7.13)$$

由式（7.13）可知，一阶导的结果恒为正，意味着股票收益与外部不利冲击正相关。

综合来看，外部环境与主观效用都会影响股票收益，但它们的作用恰好相反。换言之，同向变动时，外部环境会削弱主观效用的负向收益预测性。具体地，当 I_t 或 E_t 增大时，低 $PT_{i,t}$ 股票的收益会有所增加，并趋于理性收益 $\beta_i(\mu_m - r)$；而当 I_t 或 E_t 减小时，高 $PT_{i,t}$ 股票的收益会进一步降低，远离理性收益 $\beta_i(\mu_m - r)$。

7.1.2 市场外部环境与前景效应的研究假设

作为现实社会的微观个体，投资者难以脱离复杂环境的影响。已有文献表明，市场宏观信息效率、经济政策稳定性、投资者情绪、市场行情以及智能科技水平等宏观环境因素都会影响投资者行为。

1. 市场宏观信息效率

受实际条件制约，公司层面的特质信息不能完全反映到价格中，这一转换比例被视为股票市场的信息效率。信息效率越高，价格越趋于公司内在价值，因此也越有利于整体的资源配置（Tobin，1982）。在高信息效率市场，投资者能够准确甄别有价值的公司，因此资金更容易流向效益上升的行业。而在低信息效率市场，信息被噪声掩盖，价格易发生扭曲，增加资源配置中的难度（袁知柱等，2012；Wurgler，2000）。7.1.1 的推导结果表明，市场整体的信息质量与股票前景值同方向变化时，二者对收益的影响会互相抵消，为此，本章提出如下研究假设：

H7.1：在市场宏观信息效率较高的时期，股票前景值对收益的负向预测性不明显；在市场宏观信息效率较低的时期，股票前景值对收益的负向预测性显著。

2. 经济政策不确定性

如贝克和沃格勒（2006）所述，若经济政策的制定方向与执行强度存在多种可能，投资决策将面临更大的困难。在经济政策不确定性较高的时期，投资者往往会减少风险资产的比例。按照 7.1.1 的推导，本章关于经济政策不确定性与前景效应的研究假设如下：

H7.2：在经济政策不确定性较高的时期，股票前景值对收益的负向预测性不明显；在经济政策不确定性较低的时期，股票前景值对收益的负向预测性显著。

3. 投资者情绪

投资者情绪是资产定价研究不可忽视的因素。受教育背景、知识结构、先前经历的影响，投资者会对资产价格未来的变动趋势形成自身的主观预期。当预期与事实背离时，便形成投资者情绪。在本章，投资者情绪可视为一种外部因素，投资者情绪越高涨，表明宏观不利冲击越弱。因此根据推导结果，投资者情绪与前景效应的研究假设为：

H7.3：在投资者情绪低落的时期，股票前景值对收益的负向预测性不明显；在投资者情绪高涨的时期，股票前景值对收益的负向预测性显著。

4. 市场行情

一般情况下，市场行情可分为牛市与熊市，在牛市中，投资者普遍具有乐观的预期，而在熊市中，由于价格不断下降，投资者易产生悲观的预期，交易决策变得谨慎，甚至会抛售资产躲避风险。相对于个股，市场行情可作为一种外部因素，熊市意味着外部不利冲击较强，牛市意味着外部不利冲击较弱，相应的研究假设为：

H7.4：在市场萧条期，股票前景值对收益的负向预测性不明显；在市场繁荣期，股票前景值对收益的负向预测性显著。

5. 智能科技水平

随着计算机技术的不断发展革新，被称作第四次工业革命的人工智能技术开始在各个领域影响人们的工作与生活。由于金融行业提供了大量可供分析的数据，智能分析技术在该领域的应用使得信息被充分挖掘。因此当智能科技水平增强时，市场信息质量也得到提升。根据7.1.1的推导，本书提出如下假设：

H7.5：在智能科技水平较高的时期，股票前景值对收益的负向预测性不明显；在智能科技水平较低的时期，股票前景值对收益的负向预测性显著。

7.2 宏观信息效率与前景效应

7.2.1 宏观信息效率的度量

关于信息效率的度量，使用较为普遍的一种指标是股价波动非同步性（杨洁等，2016；袁知柱等，2009，2012；Jin & Myers，2006），该指标最早由罗尔（Roll，1988）提出，用于衡量单个股票的信息效率。本章先采用这一方法计算每只股票的价格非同步性，具体如下：

$$R_{i,t,d} = \alpha_{i,t} + \beta_{i,t} RM_{t,d} + \varepsilon_{i,t,d} \quad (7.14)$$

$$Nsynch_{i,t} = \ln\left(\frac{1 - R_{i,t}^2}{R_{i,t}^2}\right) \quad (7.15)$$

式（7.14）中，$R_{i,t,d}$ 是股票 i 在 t 月第 d 天的收益，$RM_{t,d}$ 是 t 月第 d 天的市场收益。式（7.15）中的 $Nsynch_{i,t}$ 代表股票 i 在 t 月的价格波动非同步性，$R_{i,t}^2$ 代表股票 i 在 t 月回归的可决系数。由上式可知，通过月内数据的回归，计算出个股收益不能被市场收益解释的部分，即为股价波动非同步性。$Nsynch_{i,t}$ 越大，代表个股的自主信息越多，信息效率越高，反之，信息效率越低。

上述价格非同步性 $Nsynch_{i,t}$ 反映了个股的信息效率，并非市场整体的信息效率。接下来，借鉴袁知柱等（2012）的方法，通过加权平均计算市场整体的信息效率。具体计算方式如下：

$$NsyM_t = \frac{\sum RSS_{i,t}}{\sum TSS_{i,t}} \quad (7.16)$$

式（7.16）中，$RSS_{i,t}$ 代表股票 i 在 t 月的残差平方和，$TSS_{i,t}$ 代表股票 i 在 t 月的总体平方和。通过加权求均值，获得市场在 t 月的信息效率 $NsyM_t$。图 7.1 给出了 1995 年 1 月至 2019 年 6 月 $NsyM_t$ 的时间序列图，所用数据均来源于锐思数据库。

7.2.2 信息效率与前景效应的投资组合分析

将样本期按 $NsyM_t$ 的大小等分为两组，较小的组视为低信息效率时期,较大的组视为高信息效率时期。然后对各时期的股票按照前景值大小进行10分组,并采用再平衡投资组合分析法观测各组合股票收益的平均值。

图7.1 市场信息效率时间序列图

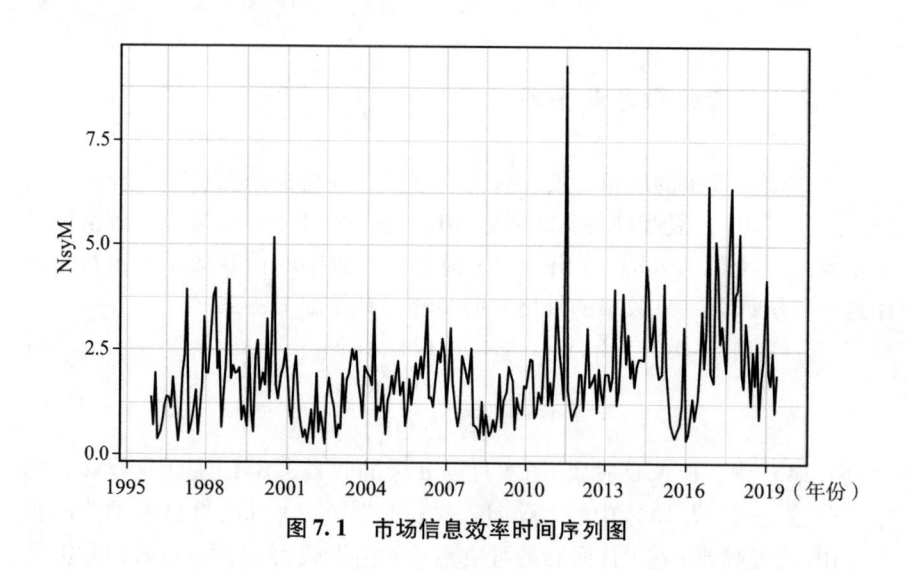

表7.1是不同信息效率下前景效应的检验。其中,PL代表前景值最小的10%股票,PH代表前景值最大的10%股票,PH−PL代表二者的组合收益差。结果表明,当市场整体信息效率较低时,高前景值组合与低前景值组合在t期的收益差为−2.086%,在95%的置信水平下显著。而当市场整体信息效率较高时,高前景值组合与低前景值组合在t期的收益差仅为−0.518%,未达到显著性水平。Panel B的结果表明,t+1期的组合收益差也仅在低信息效率下显著,这一结果与前文描述一致,即低信息效率的市场存在显著的前景效应。

表7.1 市场信息效率与前景效应检验

Panel A $Return_t$

	PL	P2	P3	P4	P5	P6
低信息效率	1.305	0.285	0.377	−0.55	−0.552	−0.798
	P7	P8	P9	PH	PH−PL	t值
	−0.999	−0.705	−0.867	−0.586	−2.086**	(−2.282)

续表

Panel A Return$_t$

	PL	P2	P3	P4	P5	P6
高信息效率	2.428	2.465	2.61	2.501	2.455	2.489
	P7	P8	P9	PH	PH - PL	t值
	2.458	2.09	2.174	1.954	-0.518	(-1.154)

Panel B Return$_{t+1}$

	PL	P2	P3	P4	P5	P6
低信息效率	1.5	0.258	-0.308	-0.411	-0.346	-0.267
	P7	P8	P9	PH	PH - PL	t值
	-0.818	-0.669	-0.609	-0.826	-2.121**	(-2.086)
高信息效率	PL	P2	P3	P4	P5	P6
	2.464	2.611	2.415	2.423	2.447	2.507
	P7	P8	P9	PH	PH - PL	t值
	2.543	2.205	2.205	1.922	-0.561	(-1.313)

注：*、**、***分别代表10%、5%、1%显著性水平，括号中数值为t统计量。
资料来源：本表数据由不同市场信息效率下前景值10分组结果整理而得，表中收益用百分制计量。

7.2.3 信息效率与前景效应的回归分析

除了再平衡投资组合分析，本章亦对不同市场信息效率下的前景效应进行了 Fama - Macbeth 两阶段回归，模型如下：

$$R_{i,t} = \alpha + \beta_1 PV_{i,t} + \beta_2 DNsyM_{i,t} + \beta_3 PV_{i,t} \times DNsyM_{i,t} + \sum_{j=4}^{n} \beta_j Control_{i,j,t} \quad (7.17)$$

式 (7.17) 中，$R_{i,t}$ 代表股票的超额收益，$PV_{i,t}$ 代表前景值，$Control_{i,j,t}$ 代表控制变量，$DNsyM_{i,t}$ 是市场信息效率的虚拟变量，$PV_{i,t} \times DNsyM_{i,t}$ 是前景值与虚拟变量的交乘项。为增强不同信息效率的对比，本章进行了两次回归，第一次令 $NsyM_{i,t}$ 小于中值时 $DNsyM_{i,t}$ 为 1，以凸显低市场信息效率时的系数。第二次令 $NsyM_{i,t}$ 大于中值时 $DNsyM_{i,t}$ 为 1，以凸显高市场信息效率时的系数。

表 7.2 是 Fama – Macbeth 两阶段回归的检验结果。由表可知，加入新变量后，前景值 PV 的回归系数为 -0.006，在 95% 的置信水平下显著，表明前景效应对股票收益有显著的负向影响。同时，交乘项 PV * DNsyM 的回归系数为 -0.021，在 90% 的置信水平下显著，说明低信息效率会加重前景值对股票收益的负向影响。为增强对比效果，重新设置 DNsyM，令信息效率 NsyM 大于中值时等于 1，结果如 Panel B 所示，交乘项 PV * DNsyM 的回归系数由负变正，意味着高信息效率会减弱前景值对股票收益的负向影响。新的回归系数虽未达到显著性水平，但二者之间的变化表明外部的市场信息效率在前景效应的作用过程中扮演重要的角色。

表 7.2　　市场信息效率与前景值 Fama – Macbeth 回归

Panel A　NsyM 小于中值为 1

PV	Size	BM	Skew	Kurt	DNsyM	PV * DNsyM
-0.006**	-0.445*	0.012**	0.015	0.172	0.049	-0.021*
(-2.524)	(-1.689)	(2.42)	(0.539)	(0.93)	(1.146)	(-1.799)

Panel B　NsyM 大于中值为 1

PV	Size	BM	Skew	Kurt	DNsyM	PV * DNsyM
-0.006**	-0.396	0.011**	0.014	0.16	-0.047	0.011
(-2.47)	(-1.437)	(2.362)	(0.5)	(0.856)	(-1.103)	(0.874)

注：*、**、*** 分别代表 10%、5%、1% 的显著性水平，括号中的数值为 t 统计量。
资料来源：本表数据由 Fama – Macbeth 回归结果整理而得，表中收益用百分制计量。

7.2.4　相关稳健性检验

第 5 章 5.4 节中，参照收益率为 RDR_Fra_26，样本期为 156 周的前景值也具有较强的代表性，因此本章利用该指标重新进行检验，以保证结论的稳健性，相应的检验结果如表 7.3、表 7.4 所示。

表 7.3 给出了再平衡投资组合分析的结果，可以发现，无论是 t 期收益还是 t+1 期收益，前景效应都发生在市场信息效率较低的时期，其中前者的组合收益差为 -2.174%，在 95% 的置信水平下显著，后者的组合收益差为 -1.861，在 90% 的置信水平下显著。高信息效率下的组合收益

差虽然为负,但并未达到显著性水平。

表 7.3　　市场信息效率与前景效应稳健性检验

Panel A　Return$_t$

	PL	P2	P3	P4	P5	P6
低信息效率	1.258	0.241	-0.21	-0.526	-0.744	-0.513
	P7	P8	P9	PH	PH-PL	t 值
	-0.475	-0.82	-0.469	-0.693	-2.174**	(-2.362)
高信息效率	PL	P2	P3	P4	P5	P6
	2.503	2.66	2.5	2.506	2.417	2.522
	P7	P8	P9	PH	PH-PL	t 值
	2.362	2.143	2.074	1.866	-0.656	(-1.294)

Panel B　Return$_{t+1}$

	PL	P2	P3	P4	P5	P6
低信息效率	1.31	0.198	-0.649	-0.784	-0.54	-0.963
	P7	P8	P9	PH	PH-PL	t 值
	0.133	-0.506	-0.09	-0.833	-1.861*	(-1.787)
高信息效率	PL	P2	P3	P4	P5	P6
	2.579	2.636	2.479	2.576	2.375	2.489
	P7	P8	P9	PH	PH-PL	t 值
	2.458	2.167	2.037	1.962	-0.636	(-1.187)

注:*、**、***分别代表10%、5%、1%的显著性水平,括号中的数值为t统计量。
资料来源:本表数据由不同市场信息效率下的前景值10分组结果整理而得,表中收益用百分制计量。

表 7.4 是相应的 Fama – Macbeth 两阶段回归结果,Panel A 中,前景值对股票收益的回归系数为 -0.011,在 95% 的置信水平下显著,而交乘项 PV * DNsyM 的回归系数在 90% 的置信水平下显著为负。作为对照,Panel B 给出了高信息效率下交乘项回归结果,系数由负转正,反向说明低信息效率加重了前景效应。

表 7.4　市场信息效率与前景值 Fama – Macbeth 稳健性回归

Panel A　NsyM 小于中值为 1

PV	Size	BM	Skew	Kurt	DNsyM	PV * DNsyM
-0.011**	-0.491*	0.013**	0.029	0.287*	0.039	-0.020*
(-2.256)	(-1.754)	(2.278)	(1.375)	(1.75)	(1.075)	(-1.736)

Panel B　NsyM 大于中值为 1

PV	Size	BM	Skew	Kurt	DNsyM	PV * DNsyM
-0.012***	-0.534**	0.01	0.032*	0.318**	-0.014	0.001
(-2.659)	(-1.994)	(1.597)	(1.658)	(1.987)	(-0.424)	(0.022)

注：*、**、*** 分别代表 10%、5%、1% 的显著性水平，括号中的数值为 t 统计量。
资料来源：本表数据由 Fama – Macbeth 回归结果整理而得，表中收益用百分制计量。

7.3　经济政策不确定性与前景效应

7.3.1　经济政策不确定性的度量

关于经济政策不确定性的度量，由贝克等（2016）等构建的指数是现阶段使用较为普遍的指标。该指标的媒体素材源于香港英文报——《南华早报》，构建过程分为以下三个步骤：第一，通过相关资料（如中国欧盟术语集）构建不确定性词库。第二，按月统计包含中国经济政策不确定性的文章数量，并计算占当月所有文章的比例。第三，通过乘数因子，将比例转化成单位为 100 的指数。由上述构建过程可知，经济政策不确定性指数源于媒体新闻。不过，作为一家港媒创建的英文报纸，《南华早报》在国内个体投资者中的影响力可能存在一定局限性。与贝克等（2016）的构建过程相似，大卫等（Davis et al., 2019）将《人民日报》与《光明日报》作为媒体素材，制定了基于大陆报纸的中国经济政策不确定性。相较之下，后者可能更贴近内地投资者。图 7.2 给出了两种经济政策不确定性指数的时间序列，两种指数均来源于网站 www.policyuncertainty.com。可以发现，2010 年之后，经济政策不确定性一直处于上升状态。

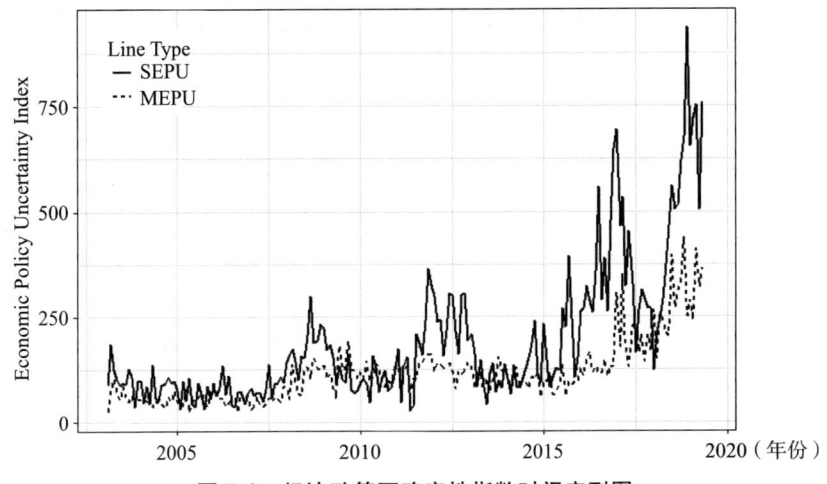

第7章 基于市场外部环境的前景效应研究

图 7.2 经济政策不确定性指数时间序列图

7.3.2 经济政策不确定性与前景效应的投资组合分析

同样,将样本期按照经济政策不确定性指数三等分,最小的视为低经济政策不确定性组,最大的视为高经济政策不确定性组。接下来,对各时期的股票按照前景值进行10分组,并计算各组合的收益平均值。为综合研究,本章同时采用了贝克等(2016)与大卫等(2019)的方法,并用SEPU代表基于《南华早报》的经济政策不确定性,用MEPU代表基于《人民日报》《光明日报》的经济政策不确定性。再平衡投资组合分析的结果如表7.5、表7.6所示。

表7.5给出了不同SEPU下的检验结果,PH-PL代表高前景值组合与低前景值组合的收益差。可以发现,t期的组合收益差在低政策不确定下为-0.804%,在高政策不确定下为-0.49%,均未达到显著性水平。同样,t+1期的组合收益差在两种时期下也都不显著。此外,低经济政策不确定中各组合的收益明显大于高经济政策不确定的组合,如Panel A中,前者PL组合收益为3.811%,PH的组合收益为3.007%。后者PL组合收益为-0.337%,PH组合收益为-0.827%。

表7.6给出了不同MEPU下的检验结果。如表所示,当经济政策不确定性较低时,t期的组合收益差在90%的置信水平下显著。而当经济政策不确定性较高时,组合收益差并不显著。同样,t+1期的组合收益差也表现出相似的情形。此外,对比低不确定性与高不确定性的收益可知,前者

表 7.5　　　　　经济政策不确定性（SEPU）与前景效应检验

Panel A　Return$_t$

	PL	P2	P3	P4	P5	P6
低政策不确定	3.811	3.716	3.444	3.26	3.1	3.279
	P7	P8	P9	PH	PH-PL	t 值
	3.16	3.117	3.298	3.007	-0.804	(-1.015)
	PL	P2	P3	P4	P5	P6
高政策不确定	-0.337	-0.475	-0.354	-0.488	-0.407	-0.501
	P7	P8	P9	PH	PH-PL	t 值
	-0.62	-0.836	-0.845	-0.827	-0.49	(-1.128)

Panel B　Return$_{t+1}$

	PL	P2	P3	P4	P5	P6
低政策不确定	3.824	3.734	3.28	3.303	3.228	3.277
	P7	P8	P9	PH	PH-PL	t 值
	3.211	3.198	3.319	2.936	-0.888	(-1.168)
	PL	P2	P3	P4	P5	P6
高政策不确定	-0.333	-0.536	-0.478	-0.549	-0.418	-0.542
	P7	P8	P9	PH	PH-PL	t 值
	-0.54	-0.552	-0.8	-0.709	-0.376	(-0.923)

注：*、**、*** 分别代表 10%、5%、1% 的显著性水平，括号中的数值为 t 统计量。
资料来源：本表数据由政策不确定下前景值 10 分组结果整理而得，表中收益用百分制计量。

表 7.6　　　　　经济政策不确定性（MEPU）与前景效应检验

Panel A　Return$_t$

	PL	P2	P3	P4	P5	P6
低政策不确定	3.909	3.422	2.802	2.674	2.563	2.743
	P7	P8	P9	PH	PH-PL	t 值
	2.511	2.313	2.346	1.784	-2.125*	(-1.868)
	PL	P2	P3	P4	P5	P6
高政策不确定	-0.355	-0.52	-0.422	-0.547	-0.504	-0.585
	P7	P8	P9	PH	PH-PL	t 值
	-0.687	-0.821	-0.929	-0.795	-0.44	(-1.02)

续表

<table>
<tr><td colspan="7" align="center">Panel B   Return$_{t+1}$</td></tr>
<tr><td></td><td>PL</td><td>P2</td><td>P3</td><td>P4</td><td>P5</td><td>P6</td></tr>
<tr><td rowspan="4">低政策不确定</td><td>4.169</td><td>3.397</td><td>2.622</td><td>2.791</td><td>2.591</td><td>2.668</td></tr>
<tr><td>P7</td><td>P8</td><td>P9</td><td>PH</td><td>PH - PL</td><td>t 值</td></tr>
<tr><td>2.599</td><td>2.385</td><td>2.435</td><td>1.751</td><td>-2.419**</td><td>(-1.995)</td></tr>
<tr><td>PL</td><td>P2</td><td>P3</td><td>P4</td><td>P5</td><td>P6</td></tr>
<tr><td rowspan="4">高政策不确定</td><td>-0.484</td><td>-0.531</td><td>-0.497</td><td>-0.61</td><td>-0.427</td><td>-0.618</td></tr>
<tr><td>P7</td><td>P8</td><td>P9</td><td>PH</td><td>PH - PL</td><td>t 值</td></tr>
<tr><td>-0.59</td><td>-0.62</td><td>-0.891</td><td>-0.731</td><td>-0.247</td><td>(-0.636)</td></tr>
</table>

注：*、**、***分别代表10%、5%、1%的显著性水平，括号中数值为 t 统计量。
资料来源：本表数据由政策不确定下前景值10分组结果整理而得，表中收益用百分制计量。

明显高于后者。如 Panel A 中低政策不确定下 PL 组合的收益率为 3.909%，PH 组合的收益率为 1.784%，高政策不确定下 PL 组合的收益率为 -0.355%，PH 组合的收益率为 -0.795%。

上述结果表明，前景效应会发生在经济政策不确定性较低的时期。事实上，不论上市公司还是股票投资者，面对高不确定性的经济政策时，都会对资产做出调整，以避免外部冲击的不利影响。如 IMF 在 2012 年的《世界经济展望》中反复强调，经济政策不确定性的升高减少了家庭投资。贝克等（2016）认为经济政策不确定性使美国的民间投资下降了 16%。由此可见，在不确定性较高的时期，投资者"恐慌"的内心盖过了前景偏好。此外，两时期明显的收益差距也说明，稳定的经济政策有利于市场整体的发展。最后，对比表 7.5 与表 7.6 可知，SEPU 指数并不像 MEPU 指数能够有效划分前景效应发生的时期。实际上，国内股票市场日常的交易多由个体投资者完成，他们接触的新闻多来自大陆媒体，因此所受影响要大于港媒。

7.3.3 经济政策不确定性与前景效应的回归分析

不同经济政策不确定性下前景效应的 Fama - Macbeth 两阶段回归模型如下：

$$R_{i,t} = \alpha + \beta_1 PV_{i,t} + \beta_2 DEPU_{i,t} + \beta_3 PV_{i,t} \times DEPU_{i,t} + \sum_{j=4}^{n} \beta_j Control_{i,j,t} + \varepsilon_{i,t}$$

(7.18)

式 (7.18) 中，$DEPU_{i,t}$ 是经济政策不确定性的虚拟变量，$PV_{i,t} \times DEPU_{i,t}$ 是前景值与虚拟变量的交乘项。同样，两次回归中，第一次令 $EPU_{i,t}$ 小于中值时 $DEPU_{i,t}$ 为 1，以凸显低经济政策不确定性的系数。第二次令 $EPU_{i,t}$ 大于中值时 $DEPU_{i,t}$ 为 1，以凸显高经济政策不确定性的系数。

表 7.7 采用 SEPU 指数进行回归，结果表明 PV * DSEPU 不论在 Panel A 还是 Panel B 中均不显著，但不确定性较低时系数大于 0，不确定性较高时系数小于 0。表 7.8 采用 MEPU 指数进行回归，其中，Panel A 的交乘项回归系数代表经济不确定性较低时前景值对股票收益的影响，Panel B 的交乘项回归系数代表经济不确定较高时前景值对股票收益的影响。可以发现，前者的回归系数在 90% 的置信水平下显著为负，后者未达到显著性水平。这一结果与表 7.6 的组合分析一致，即经济政策不确定性较低时更容易发生前景效应。

表 7.7　经济政策不确定性（SEPU）与前景值 Fama – Macbeth 回归

Panel A　SEPU 小于中值为 1						
PV	Size	BM	Skew	Kurt	DSEPU	PV * DSEPU
-0.004***	-0.538**	0.003	-0.006	-0.086*	0.023	-0.009
(-2.623)	(-2.2)	(1.609)	(-0.494)	(-1.844)	(1.02)	(-1.415)
Panel B　SEPU 大于中值为 1						
PV	Size	BM	Skew	Kurt	DSEPU	PV * DSEPU
-0.004***	0.409	0.003	-0.005	-0.087*	-0.023	0.005
(-2.66)	(-1.563)	(1.442)	(-0.455)	(-1.84)	(-1.016)	(0.827)

注：*、**、*** 分别代表 10%、5%、1% 的显著性水平，括号中的数值为 t 统计量。
资料来源：本表数据由 Fama – Macbeth 回归结果整理而得，表中收益用百分制计量。

表 7.8　经济政策不确定性（MEPU）与前景值 Fama – Macbeth 回归

Panel A　MEPU 小于中值为 1						
PV	Size	BM3	skew3	kurt3	DMEPU	PV * DMEPU
-0.003***	-0.510**	0.005**	-0.003	-0.101**	-0.013	-0.006*
(-2.624)	(-2.05)	(2.074)	(-0.275)	(-2.044)	(-1.069)	(-1.772)

续表

Panel B MEPU 大于中值为 1

PV	Size	BM	Skew	Kurt	DMEPU	PV * DMEPU
−0.003***	−0.511**	0.005**	−0.003	−0.101**	0.013	0.003
(−2.624)	(−2.05)	(2.074)	(−0.275)	(−2.044)	(1.069)	(0.847)

注：*、**、***分别代表10%、5%、1%的显著性水平，括号中的数值为 t 统计量。
资料来源：本表数据由 Fama‑Macbeth 回归结果整理而得，表中收益用百分制计量。

7.3.4 相关稳健性检验

同样，本节采用参照收益率为 RDR_Fra_26、样本期为 156 周的前景值重新进行稳健性检验，相应的检验结果如表 7.9、表 7.10、表 7.11、表 7.12 所示。

由表 7.9 可知，经济政策不确定性较低时，组合的整体收益更高。如 Panel A 中，低不确定下 P2 的收益为 3.715%，P4 的收益为 3.399%，高不确定下对应的收益仅为 −0.356%、−0.429%。不过，高前景值组合与低前景值组合的收益差未达到显著性水平，再次表明，股票市场的前景效应受 SEPU 指数影响较小。相比之下，表 7.8 中高前景值组合与低前景值组合的收益差在 90% 的置信水平下显著，t+1 期的收益也有相似的结果。

表 7.9 经济政策不确定性（SEPU）与前景效应稳健性检验

Panel A $Return_t$

	PL	P2	P3	P4	P5	P6
低政策不确定	3.758	3.715	3.397	3.399	3.41	3.229
	P7	P8	P9	PH	PH − PL	t 值
	3.137	2.955	3.205	3	−0.758	(−0.91)
高政策不确定	PL	P2	P3	P4	P5	P6
	−0.388	−0.512	−0.356	−0.429	−0.494	−0.472
	P7	P8	P9	PH	PH − PL	t 值
	−0.566	−0.717	−0.7	−1.079	−0.691	(−1.425)

续表

Panel B Return$_{t+1}$

	PL	P2	P3	P4	P5	P6
低政策不确定	3.76	3.765	3.339	3.382	3.331	3.189
	P7	P8	P9	PH	PH-PL	t值
	3.277	3.086	3.23	2.977	-0.783	(-0.928)
高政策不确定	PL	P2	P3	P4	P5	P6
	-0.494	-0.521	-0.593	-0.484	-0.371	-0.59
	P7	P8	P9	PH	PH-PL	t值
	-0.48	-0.547	-0.621	-0.844	-0.35	(-0.794)

注：*、**、***分别代表10%、5%、1%的显著性水平，括号中数值为t统计量。
资料来源：本表数据由政策不确定下前景值10分组结果整理而得，表中收益用百分制计量。

表7.10　经济政策不确定性（MEPU）与前景效应稳健性检验

Panel A Return$_t$

	PL	P2	P3	P4	P5	P6
低政策不确定	3.841	3.408	2.71	2.797	2.595	2.798
	P7	P8	P9	PH	PH-PL	t值
	2.604	2.188	2.366	1.751	-2.09*	(-1.943)
高政策不确定	PL	P2	P3	P4	P5	P6
	-0.459	-0.552	-0.447	-0.523	-0.428	-0.563
	P7	P8	P9	PH	PH-PL	t值
	-0.639	-0.781	-0.721	-1.063	-0.604	(-1.269)

Panel B Return$_{t+1}$

	PL	P2	P3	P4	P5	P6
低政策不确定	3.972	3.449	2.561	2.787	2.72	2.573
	P7	P8	P9	PH	PH-PL	t值
	2.765	2.357	2.348	1.804	-2.168*	(-1.823)
高政策不确定	PL	P2	P3	P4	P5	P6
	-0.567	-0.554	-0.55	-0.526	-0.449	-0.598
	P7	P8	P9	PH	PH-PL	t值
	-0.58	-0.634	-0.619	-0.929	-0.362	(-0.838)

注：*、**、***分别代表10%、5%、1%的显著性水平，括号中数值为t统计量。
资料来源：本表数据由政策不确定下前景值10分组结果整理而得，表中收益用百分制计量。

表 7.11 与表 7.12 是相应的 Fama–Macbeth 两阶段回归结果，由 Panel A 可知，交乘项 PV * DMEPU、PV * DSEPU 的回归系数分别为 -0.01、-0.007，均达到显著性水平，作为对比，Panel B 中的交乘项回归系数都大于 0，可见较低的经济政策不确定性会加重前景值对股票收益的负向影响。

表 7.11　经济政策不确定性（SEPU）与前景值 Fama–Macbeth 稳健性回归

| \multicolumn{7}{c}{Panel A　SEPU 小于中值为 1} |
PV	Size	BM	Skew	Kurt	DSEPU	PV * DSEPU
-0.006*	-0.605**	0.003	-0.008	-0.078*	0.026	-0.01*
(-1.911)	(-2.555)	(1.416)	(-0.56)	(-1.701)	(1.407)	(-1.946)

| \multicolumn{7}{c}{Panel B　SEPU 大于中值为 1} |
PV	Size	BM	Skew	Kurt	DSEPU	PV * DSEPU
-0.005**	-0.413	0.002	-0.004	-0.072*	-0.033	0.006
(-2.056)	(-1.633)	(1.195)	(-0.312)	(-1.725)	(-1.487)	(1.018)

注：*、**、*** 分别代表 10%、5%、1% 的显著性水平，括号中的数值为 t 统计量。
资料来源：本表数据由 Fama–Macbeth 回归结果整理而得，表中收益用百分制计量。

表 7.12　经济政策不确定性（MEPU）与前景值 Fama–Macbeth 稳健性回归

| \multicolumn{7}{c}{Panel A　MEPU 小于中值为 1} |
PV	Size	BM	Skew	Kurt	DMEPU	PV * DMEPU
-0.003	-0.553**	0.004**	-0.007	-0.073	0.02	-0.007**
(-1.02)	(-2.489)	(2.076)	(-0.581)	(-1.582)	(1.526)	(-2.182)

| \multicolumn{7}{c}{Panel B　MEPU 大于中值为 1} |
PV	Size	BM	Skew	Kurt	DMEPU	PV * DMEPU
-0.003	-0.399*	0.003	0.002	-0.068	-0.021	0.004
(-1.581)	(-1.667)	(1.566)	(0.173)	(-1.609)	(-1.507)	(1.157)

注：*、**、*** 分别代表 10%、5%、1% 的显著性水平，括号中的数值为 t 统计量。
资料来源：本表数据由 Fama–Macbeth 回归结果整理而得，表中收益用百分制计量。

7.4　投资者情绪与前景效应

7.4.1　投资者情绪的构建

较多学者认为由贝克和沃格勒（2006）提出的方法能够反映投资者内

心的活动，具体的构建方式如下：

$$ISI_t = \beta_1 NA_t + \beta_2 Turnover_{t-1} + \beta_3 CCI_{t-1} + \beta_4 DCEF_{t-1} + \beta_5 NIPO_t + \beta_6 RIPO_t \tag{7.19}$$

式（7.19）中，ISI_t 代表当期的投资者情绪，NA_{t-1} 代表上一期新增开户数，$Turnover_{t-1}$ 代表上一期换手率，CCI_{t-1} 代表上一期的消费者信心指数，$DCEF_{t-1}$ 代表上一期封闭式基金的平均折价率，$NIPO_t$ 代表当期 IPO 数量，$RIPO_t$ 代表当期 IPO 收益率。然后采用主成分分析法计算 β，最终求得 $\beta_1 = 0.64$，$\beta_2 = 0.521$，$\beta_3 = 0.229$，$\beta_4 = 0.351$，$\beta_5 = 0.227$，$\beta_6 = 0.463$。

不过，易志高和茅宁（2009）认为，上述投资者情绪在构建过程中只提取了第一主成分，易丢失信息，导致整体方差解释率不高，且该指标在欧美成熟市场较为适用，并不贴合中国股票市场。为此，他们提出了中国投资者情绪指标，具体构建方式如下：

$$CISI_t = \beta_1 DCEF_t + \beta_2 Turnover_{t-1} + \beta_3 NIPO_t + \beta_4 RIPO_t + \beta_5 CCI_t + \beta_6 LnNA_{t-1} \tag{7.20}$$

式（7.20）中，$DCEF_t$ 代表当期封闭式基金的平均折价率，$Turnover_{t-1}$ 代表上一期换手率，$NIPO_t$ 代表当期 IPO 数量，$RIPO_t$ 代表当期 IPO 收益收益率，CCI_t 代表当期的消费者信心指数，$LnNA_{t-1}$ 代表上一期新增开户数的对数。同样采用主成分分析法计算 β，最终求得 $\beta_1 = 0.231$，$\beta_2 = 0.224$，$\beta_3 = 0.257$，$\beta_4 = 0.322$，$\beta_5 = 0.268$，$\beta_6 = 0.405$，图 7.3 给出了两种情绪指标的时间序列。

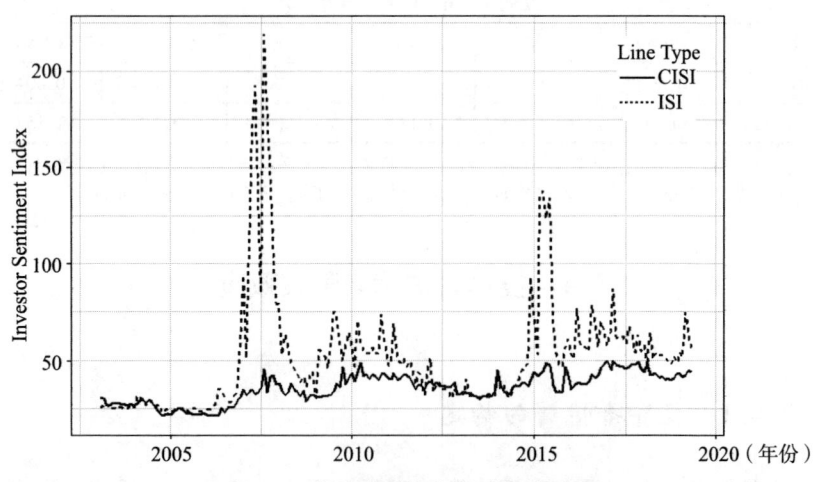

图 7.3　投资者情绪指数时间序列图

7.4.2 投资者情绪与前景效应的投资组合分析

本节将同时采用上述两种情绪指标进行检验,并用 ISI 代表贝克和沃格勒(2006)方法构建的指标,CISI 代表易志高和茅宁(2009)方法构建的指标。同样,3 等分后指数最小的组视为低投资者情绪组,最大的组视为高投资者情绪组。再平衡投资组合分析结果如表 7.13、表 7.14 所示。

表 7.13　　　　投资者情绪(ISI)与前景效应检验

	\multicolumn{6}{c	}{Panel A　Return$_t$}
	PL	P2	P3	P4	P5	P6
低投资者情绪	1.21	1.245	0.93	0.748	0.866	0.67
	P7	P8	P9	PH	PH-PL	t 值
	0.81	0.797	0.989	0.859	-0.351	(-0.691)
	PL	P2	P3	P4	P5	P6
高投资者情绪	3.798	3.54	3.516	3.535	3.236	3.659
	P7	P8	P9	PH	PH-PL	t 值
	3.391	3.057	3.163	3.257	-0.541	(-0.902)
	\multicolumn{6}{c	}{Panel B　Return$_{t+1}$}
	PL	P2	P3	P4	P5	P6
低投资者情绪	1.191	1.272	0.849	0.748	0.788	0.804
	P7	P8	P9	PH	PH-PL	t 值
	0.774	0.868	1.009	0.838	-0.354	(-0.737)
	PL	P2	P3	P4	P5	P6
高投资者情绪	3.727	3.473	3.495	3.47	3.43	3.451
	P7	P8	P9	PH	PH-PL	t 值
	3.488	3.151	3.192	3.241	-0.486	(-0.828)

注:*、**、*** 分别代表 10%、5%、1% 显著性水平,括号中数值为 t 统计量。

资料来源:本表数据由不同投资者情绪下前景值 10 分组结果整理而得,表中收益用百分制计量。

表 7.14　　　　　　　投资者情绪（CISI）与前景效应检验

Panel A　Return$_t$

	PL	P2	P3	P4	P5	P6
低投资者情绪	1.942	1.73	1.474	1.26	1.157	1.01
	P7	P8	P9	PH	PH－PL	t 值
	1.119	0.923	1.029	0.769	－1.173*	(－1.788)
高投资者情绪	PL	P2	P3	P4	P5	P6
	1.553	1.614	1.438	1.453	1.406	1.656
	P7	P8	P9	PH	PH－PL	t 值
	1.517	1.281	1.309	1.43	－0.123	(－0.286)

Panel B　Return$_{t+1}$

	PL	P2	P3	P4	P5	P6
低投资者情绪	1.859	1.836	1.382	1.231	1.081	1.13
	P7	P8	P9	PH	PH－PL	t 值
	1.231	0.946	1.002	0.76	－1.099*	(－1.746)
高投资者情绪	PL	P2	P3	P4	P5	P6
	1.521	1.542	1.507	1.49	1.481	1.562
	P7	P8	P9	PH	PH－PL	t 值
	1.498	1.428	1.339	1.409	－0.112	(－0.264)

注：*、**、*** 分别代表 10%、5%、1% 显著性水平，括号中数值为 t 统计量。

资料来源：本表数据由不同投资者情绪下前景值 10 分组结果整理而得，表中收益用百分制计量。

表 7.13 是根据 ISI 指数划分投资者情绪后的检验结果，可以发现，在投资者情绪高涨的时期，前景值组合的收益普遍较高，如 PL 组合的收益为 3.798%，PH 组合的收益为 3.257%，而在投资者情绪低落的时期，PL、PH 组合的收益仅为 1.21%、0.859%。此外，t 期的组合收益差在情绪低落期为 －0.351%，在情绪高涨期为 －0.541%，t＋1 期的组合收益差在情绪低落期为 －0.354%，在情绪高涨期为 －0.486%，四类收益差均未达到显著性水平。

相比 ISI，根据 CISI 指数划分的时期得出了不同的结论。第一，在 Panel A 中，当投资者情绪低落时，高前景值组与低前景值组的收益差为 -1.173%，在90%的置信水平下显著，而当投资者情绪高涨时，高低组合的收益差仅为 -0.123%，未达到显著性水平。相似地，Panel B 中，当投资者情绪低落时，高前景值组合的收益在为1.859%，低前景值组合的收益为0.76%，二者之差在90%的置信水平下显著。当投资者情绪高涨时，组合收益差并不显著。由式（7.7）的结构可知，高涨的投资者情绪对应的流动性较强。结合前面6.2.1的研究，一个可能的原因是投资者情绪高涨时流动性十分充足，消除了前景效应产生的组合收益差。第二，根据 CISI 划分情绪高涨期与情绪低落期后，股票之间的收益差距远没有 ISI 的大。如 Panel A 中 PL 组合在低情绪时收益为1.942%，高情绪时收益为1.553%。

7.4.3 投资者情绪与前景效应的回归分析

接下来，采用 Fama-Macbeth 两阶段回归检验不同投资者情绪下的前景效应，模型如下：

$$R_{i,t} = \alpha + \beta_1 PV_{i,t} + \beta_2 DISI_{i,t} + \beta_3 PV_{i,t} \times DISI_{i,t} + \sum_{j=4}^{n} \beta_j Control_{i,j,t} + \varepsilon_{i,t}$$

(7.21)

式（7.21）中，$DISI_{i,t}$ 是投资者情绪的虚拟变量，$PV_{i,t} \times DISI_{i,t}$ 是前景值与虚拟变量的交乘项。同样，第一次回归令 $ISI_{i,t}$ 小于中值时 $DISI_{i,t}$ 为1，第二次令 $ISI_{i,t}$ 大于中值时 $DISI_{i,t}$ 为1。

表7.15是 ISI 指数 Fama-Macbeth 两阶段回归的结果，由表可知，PV 的回归系数显著为负，依然支持前景值对股票收益有负向影响结论。变量 DISI 在 Panel A 中显著为负，在 Panel B 中显著为正，表明股票收益与市场整体的投资者情绪正相关，这与再平衡组合分析中高 ISI 时期收益明显大于低 ISI 时期的结果一致。此外，交乘项 PV * DISI 的回归系数并未达到显著性水平。表7.16是 CISI 指数 Fama-Macbeth 两阶段回归的结果，同样，前景值对股票收益有显著的负向影响，但交乘项 PV * DCISI 的回归系数也未达到显著性水平。

表7.15　　投资者情绪（ISI）与前景值 Fama – Macbeth 回归

Panel A　ISI 小于中值为 1

PV	Size	BM	Skew	Kurt	DISI	PV * DISI
-0.002*	-0.129	0.001	-0.004	-0.061	-0.016*	0.003
(-1.938)	(-0.646)	(0.775)	(-0.373)	(-1.522)	(-1.709)	(1.02)

Panel B　ISI 大于中值为 1

PV	Size	BM	Skew	Kurt	DISI	PV * DISI
-0.002*	-0.129	0.001	-0.004	-0.061	0.016*	-0.003
(-1.938)	(-0.646)	(0.775)	(-0.373)	(-1.522)	(1.709)	(-1.222)

注：*、**、*** 分别代表 10%、5%、1% 的显著性水平，括号中数值为 t 统计量。
资料来源：本表数据由 Fama – Macbeth 回归结果整理而得，表中收益用百分制计量。

表7.16　　投资者情绪（CISI）与前景值 Fama – Macbeth 回归

Panel A　CISI 小于中值为 1

PV	Size	BM	Skew	Kurt	DCISI	PV * DCISI
-0.003**	-0.424*	0.001	0.002	-0.078*	0.01	-0.003
(-2.263)	(-1.937)	(0.585)	(0.205)	(-1.723)	(0.87)	(-1.3)

Panel B　CISI 大于中值为 1

PV	Size	BM	Skew	Kurt	DCISI	PV * DCISI
-0.003**	-0.424*	0.001	0.002	-0.078*	-0.01	0.001
(-2.263)	(-1.937)	(0.585)	(0.205)	(-1.723)	(-0.87)	(0.276)

注：*、**、*** 分别代表 10%、5%、1% 的显著性水平，括号中的数值为 t 统计量。
资料来源：本表数据由 Fama – Macbeth 回归结果整理而得，表中收益用百分制计量。

7.4.4　相关稳健性检验

上述检验表明，CISI 的检验效果优于 ISI，且前景效应存在于投资者情绪低落的时期。接下来，采用参照收益率为 RDR_Fra_26、样本期为 156 周的前景值重新进行稳健性检验，相应的检验结果如表 7.17、表 7.18、表 7.19、表 7.20 所示。

表 7.17　　投资者情绪（ISI）与前景效应稳健性检验

Panel A　Return$_t$

低投资者情绪	PL	P2	P3	P4	P5	P6
	1.127	1.083	0.956	0.996	0.906	0.658
	P7	P8	P9	PH	PH-PL	t 值
	0.715	0.779	0.979	0.898	-0.229	(-0.389)
高投资者情绪	PL	P2	P3	P4	P5	P6
	3.854	3.64	3.421	3.563	3.501	3.507
	P7	P8	P9	PH	PH-PL	t 值
	3.195	3.227	3.177	3.076	-0.779	(-1.186)

Panel B　Return$_{t+1}$

低投资者情绪	PL	P2	P3	P4	P5	P6
	1.128	1.089	0.872	1.005	0.93	0.552
	P7	P8	P9	PH	PH-PL	t 值
	0.803	0.831	0.996	0.907	-0.221	(-0.401)
高投资者情绪	PL	P2	P3	P4	P5	P6
	3.807	3.615	3.366	3.478	3.563	3.386
	P7	P8	P9	PH	PH-PL	t 值
	3.307	3.277	3.242	3.109	-0.698	(-1.068)

注：*、**、*** 分别代表 10%、5%、1% 显著性水平，括号中数值为 t 统计量。

资料来源：本表数据由不同投资者情绪下前景值 10 分组结果整理而得，表中收益用百分制计量。

表 7.18　　投资者情绪（CISI）与前景效应稳健性检验

Panel A　Return$_t$

低投资者情绪	PL	P2	P3	P4	P5	P6
	1.929	1.501	1.439	1.436	1.236	1.119
	P7	P8	P9	PH	PH-PL	t 值
	1.013	1.028	0.957	0.738	-1.191*	(-1.685)
高投资者情绪	PL	P2	P3	P4	P5	P6
	1.574	1.62	1.578	1.47	1.462	1.58
	P7	P8	P9	PH	PH-PL	t 值
	1.462	1.341	1.282	1.301	-0.273	(-0.557)

续表

Panel B Return$_{t+1}$

	PL	P2	P3	P4	P5	P6
低投资者情绪	1.91	1.496	1.379	1.443	1.282	0.904
	P7	P8	P9	PH	PH-PL	t值
	1.245	1.029	0.979	0.772	-1.139*	(-1.694)
高投资者情绪	PL	P2	P3	P4	P5	P6
	1.596	1.497	1.678	1.371	1.674	1.434
	P7	P8	P9	PH	PH-PL	t值
	1.521	1.403	1.36	1.258	-0.338	(-0.707)

注：*、**、***分别代表10%、5%、1%显著性水平，括号中数值为t统计量。
资料来源：本表数据由不同投资者情绪下前景值10分组结果整理而得，表中收益用百分制计量。

表7.19　投资者情绪（ISI）与前景值Fama-Macbeth稳健性回归

Panel A　ISI小于中值为1

PV	Size	BM	Skew	Kurt	DISI	PV*DISI
-0.003	-0.316	0.003	-0.005	-0.068	-0.014	0.002
(-1.374)	(-1.505)	(1.555)	(-0.391)	(-1.55)	(-1.257)	(0.748)

Panel B　ISI大于中值为1

PV	Size	BM	Skew	Kurt	DISI	PV*DISI
-0.002	-0.179	0.001	-0.004	-0.053	0.009	-0.004
(-0.9)	(-0.926)	(0.379)	(-0.337)	(-1.307)	(0.86)	(-1.415)

注：*、**、***分别代表10%、5%、1%的显著性水平，括号中的数值为t统计量。
资料来源：本表数据由Fama-Macbeth回归结果整理而得，表中收益用百分制计量。

表7.20　投资者情绪（CISI）与前景值Fama-Macbeth稳健性回归

Panel A　CISI小于中值为1

PV	Size	BM	Skew	Kurt	DCISI	PV*DCISI
0.001	-0.362*	0.001	0.001	-0.083	0.012	-0.004
(0.291)	(-1.686)	(0.627)	(0.039)	(-1.625)	(0.86)	(-1.292)

第7章 基于市场外部环境的前景效应研究

续表

Panel B　CISI 大于中值为 1

PV	Size	BM	Skew	Kurt	DCISI	PV * DCISI
-0.004*	-0.455**	0.001	0.001	-0.055	-0.015	0.001
(-1.96)	(-2.084)	(0.077)	(-0.025)	(-1.507)	(-1.15)	(0.511)

注：*、**、*** 分别代表 10%、5%、1% 的显著性水平，括号中的数值为 t 统计量。
资料来源：本表数据由 Fama - Macbeth 回归结果整理而得，表中收益用百分制计量。

由表 7.17 与表 7.18 可知，即使替换前景值，ISI 指数下的组合收益差仍未达到显著性水平，而在 CISI 指数的再平衡组合分析中，当投资者情绪低落时，低前景值组合的同期收益为 1.929%，高前景值组合的同期收益为 0.738%，二者之差在 90% 的置信水平下显著。当投资者情绪高涨时，低前景值组合的同期收益为 1.574%，高前景值组合的同期收益为 1.301%，二者之差并不显著。相似地，t+1 期的组合收益差在投资者情绪低落时显著为负，在投资者情绪高涨时并不显著。表 7.18 再次表明，前景效应易发生在投资者情绪低落的时期，且 CISI 指数更适合前景效应的检测。表 7.19 与表 7.20 是 ISI 与 CISI 相关的 Fama - Macbeth 两阶段回归，但与表 7.16、表 7.17 相似，交乘项的回归系数并不显著。

7.5　市场行情与前景效应

7.5.1　市场行情的度量

一般情况下，市场行情可分为牛市与熊市，在牛市中，投资者普遍具有乐观的预期，更容易表现出过度自信、代表性偏差等非理性特征，因此会频繁买入目标股票。而在熊市中，由于价格不断下降，投资者易产生悲观的预期，交易决策变得谨慎，甚至会抛售资产躲避风险。由此可见，投资者因不同的市场行情拥有截然不同的心理状态。前景效应是一种普遍存在的行为偏差，是股价波动研究中不可忽视的因素，但鲜有学者探索不同市场行情下该偏差的影响。接下来，本章将流通市值加权的市场收益率作为市场行情的代理指标,并围绕前景效应展开研究,图 7.4 给出了市场收益率 RM 的时间序列图。

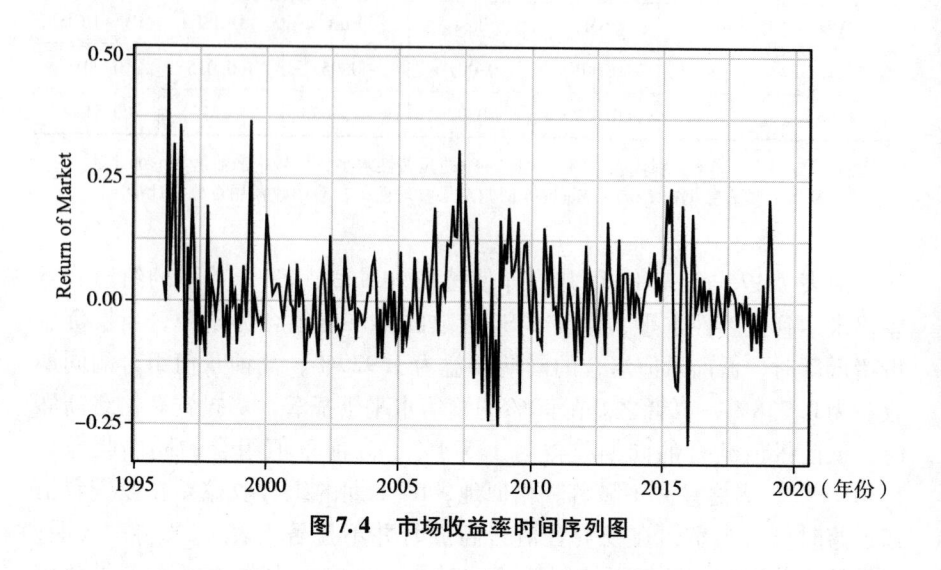

图 7.4 市场收益率时间序列图

7.5.2 市场行情与前景效应的投资组合分析

接下来,将样本按照市场收益率 RM 进行 3 分组,最小的组视为熊市,最大的组视为牛市。相应的再平衡投资组合分析结果如表 7.21 所示。

表 7.21 市场行情与前景效应检验

	Panel A Return$_t$					
熊市行情	PL	P2	P3	P4	P5	P6
	-8.807	-8.974	-8.863	-9.158	-8.908	-8.634
	P7	P8	P9	PH	PH - PL	t 值
	-8.64	-8.622	-8.115	-7.798	1.223**	(2.361)
牛市行情	PL	P2	P3	P4	P5	P6
	13.82	12.777	12.933	12.469	11.782	11.429
	P7	P8	P9	PH	PH - PL	t 值
	10.969	10.678	9.855	9.453	-4.706***	(-4.354)

续表

	Panel B　Return$_{t+1}$					
熊市行情	PL	P2	P3	P4	P5	P6
	-8.704	-8.991	-9.011	-9.432	-8.706	-8.692
	P7	P8	P9	PH	PH-PL	t值
	-8.629	-8.255	-8.256	-7.68	1.223**	(2.227)
牛市行情	PL	P2	P3	P4	P5	P6
	14.098	12.73	12.247	12.267	12.127	12.029
	P7	P8	P9	PH	PH-PL	t值
	11.05	10.598	10.352	9.127	-4.922***	(-4.283)

注：*、**、*** 分别代表10%、5%、1%显著性水平，括号中数值为t统计量。
资料来源：本表数据由不同市场行情下前景值10分组结果整理而得，表中收益用百分制计量。

表7.21的结果可归结为以下三层含义：一，熊市与牛市的股票收益差异巨大。熊市中，PL组合在t期的收益为-8.807%，t+1期收益为-8.704%，PH组合在t期的收益为-7.798%，t+1期的收益为-7.68%。而牛市中，PL组合在t期的收益为13.82%，t+1期收益为14.098%，PH组合在t期的收益为9.453%，t+1期的收益为9.127%。二，在熊市中，股票收益与前景值显著正相关，如t期的组合收益差为1.223%，在95%的置信水平下显著，t+1期的组合收益差为1.223%，在95%的置信水平下显著。三，牛市中，股票收益与前景值显著负相关，如t期的组合收益差为-4.706%，t+1期的组合收益为-4.922%，均在99%的置信水平下显著。这一结果也表明前景效应更容易发生在市场行情较好的时期。

牛市与熊市表现出如此巨大的差异，除了市场整体趋势，投资者的心理因素也起到了重要作用。牛市中的投资者较为乐观，常常忽略负面消息。在选股与交易过程中，偏好起到了很大的作用。而熊市中的投资者普遍悲观，及时抛售，避免更大的损失是第一目标，因此偏好在此时并不会产生什么效果。

7.5.3　市场行情与前景效应的回归分析

不同市场行情下前景效应的回归模型如下：

$$R_{i,t} = \alpha + \beta_1 PV_{i,t} + \beta_2 DRM_{i,t} + \beta_3 PV_{i,t} \times DRM_{i,t} + \sum_{j=4}^{n} \beta_j Control_{i,j,t} + \varepsilon_{i,t}$$

(7.22)

式（7.22）中，$DRM_{i,t}$ 是市场行情的虚拟变量，$PV_{i,t} \times DRM_{i,t}$ 是前景值与虚拟变量的交乘项。同样，第一次回归令 $RM_{i,t}$ 小于中值时 $DRM_{i,t}$ 为 1，第二次令 $RM_{i,t}$ 大于中值时 $DRM_{i,t}$ 为 1。

表 7.22 是加入市场行情后的 Fama – Macbeth 检验。由结果可知，前景值 PV 的回归系数为 – 0.014，对股票收益有显著的负向影响。同时，DRM 在 Panel A 中的回归系数为 – 0.107，在 Panel B 中的回归系数为 0.107，均在 95% 的置信水平下显著，这与熊市收益低、牛市收益高的现状一致。此外，交乘项 PV * DRM 在熊市中为 0.025，在 95% 的置信水平下显著，而在牛市中的回归系数为 – 0.039，在 99% 的置信水平下显著，意味着熊市对前景值的负向影响有显著的弱化作用，牛市有强化作用，这一结果与表 7.21 相一致。

表 7.22　　　　市场行情与前景值 Fama – Macbeth 回归

Panel A　RM 小于中值为 1						
PV	Size	BM	Skew	Kurt	DRM	PV * DRM
– 0.014 ***	– 0.814 **	0.011 **	0.105 ***	0.797 ***	– 0.107 **	0.025 **
(– 2.963)	(– 2.421)	(2.165)	(3.233)	(2.985)	(– 2.245)	(1.969)

Panel B　RM 大于中值为 1						
PV	Size	BM	Skew	Kurt	DRM	PV * DRM
– 0.014 ***	– 0.832 **	0.011 **	0.105 ***	0.794 ***	0.107 **	– 0.039 ***
(– 2.877)	(– 2.324)	(2.059)	(3.238)	(2.974)	(2.261)	(– 2.871)

注：*、**、*** 分别代表 10%、5%、1% 的显著性水平，括号中的数值为 t 统计量。
资料来源：本表数据由 Fama – Macbeth 回归结果整理而得，表中收益用百分制计量。

7.5.4　相关稳健性检验

更换前景值后的稳健性检验如表 7.23、表 7.24 所示。

表7.23　市场行情与前景效应稳健性检验

Panel A　Return$_t$

	PL	P2	P3	P4	P5	P6
熊市行情	-8.708	-9.141	-8.903	-8.615	-9.17	-8.808
	P7	P8	P9	PH	PH - PL	t值
	-8.443	-8.673	-8.111	-7.838	1.081**	(2.006)
	PL	P2	P3	P4	P5	P6
牛市行情	13.947	13.108	12.077	11.877	11.744	11.96
	P7	P8	P9	PH	PH - PL	t值
	11.305	10.624	10.115	9.376	-4.906***	(-4.359)

Panel B　Return$_{t+1}$

	PL	P2	P3	P4	P5	P6
熊市行情	-6.01	-5.967	-6.124	-5.94	-5.879	-6.065
	P7	P8	P9	PH	PH - PL	t值
	-5.764	-5.571	-5.389	-5.197	0.984**	(2.327)
	PL	P2	P3	P4	P5	P6
牛市行情	14.379	12.755	11.878	11.53	11.646	11.588
	P7	P8	P9	PH	PH - PL	t值
	11.895	10.789	10.68	9.331	-4.983***	(-3.937)

注：*、**、***分别代表10%、5%、1%显著性水平，括号中数值为t统计量。
资料来源：本表数据由不同市场行情下前景值10分组结果整理而得，表中收益用百分制计量。

表7.24　市场行情与前景值 Fama - Macbeth 稳健性回归

Panel A　RM 小于中值为1

PV	Size	BM	Skew	Kurt	DRM	PV * DRM
-0.022**	-0.799**	0.013**	0.104***	0.796***	-0.105**	0.019
(-2.439)	(-2.508)	(2.101)	(3.218)	(2.894)	(-2.213)	(1.556)

Panel B　RM 大于中值为1

PV	Size	BM	Skew	Kurt	DNsyM	PV * DRM
-0.021**	-0.792**	0.011**	0.112***	0.892***	0.107**	-0.039***
(-2.546)	(-2.239)	(2.004)	(3.274)	(2.944)	(2.256)	(-2.823)

注：*、**、***分别代表10%、5%、1%的显著性水平，括号中的数值为t统计量。
资料来源：本表数据由 Fama - Macbeth 回归结果整理而得，表中收益用百分制计量。

表 7.23 是再平衡组合分析的稳健性检验。同样可以发现，股票收益在熊市与牛市之间存在巨大的差异。如熊市中，PL 组合在 t 期的收益为 -8.708%，t+1 期的收益为 -6.01%，PH 组合在 t 期的收益为 -7.838%，在 t+1 期的收益为 -5.197%，而牛市中，PL 组合在 t 期的收益为 13.947%，t+1 期的收益为 14.379%，PH 组合在 t 期的收益为 9.376%，在 t+1 期的收益为 9.331%。此外，高前景值组合与低前景值组合在 t 期与 t+1 期的收益差在熊市中显著为正，在牛市中显著为负，再次证明结果的稳健。表 7.24 中，前景值的回归系数分别为 -0.022、-0.021，均在 95% 的置信水平下显著。DRM 对股票收益的影响在熊市中为负，在牛市中为正。另外，Panel B 中的交乘项 PV * DRM 回归系数显著为负，表明牛市对前景效应有一定的加强作用。

7.6 智能科技与前景效应

7.6.1 智能科技水平的度量

随着计算机技术的不断发展革新，被称作第四次工业革命的人工智能技术开始在各个领域影响人们的工作与生活。《新一代人工智能发展规划》发布后，该技术更是成为国家战略发展的重要规划。由于金融行业提供了大量可供分析的数据，智能分析技术在该领域得到了很好的应用。通过机器学习确立最优决策，达到提升资产管理效率的目的。在国内大力发展智能科技的背景下，个体投资者自行决策的方式很有可能被智能投顾所代替，那么是否意味着前景效应也会逐渐减弱？为回答这一问题，需构建国内智能科技水平的代理变量，宝兰和科埃利（Borland & Coelli, 2017）、王瑞瑜和王森（2020）曾利用"信息传输、计算机服务和软件业全社会固定资产投资"进行度量，不过这种方法未考虑通货膨胀等因素，因此本章将"全社会固定资产投资"替换为"就业人员数量"，该数据来源于中国统计年鉴。我国智能科技水平年度变化趋势如图 7.5 所示。

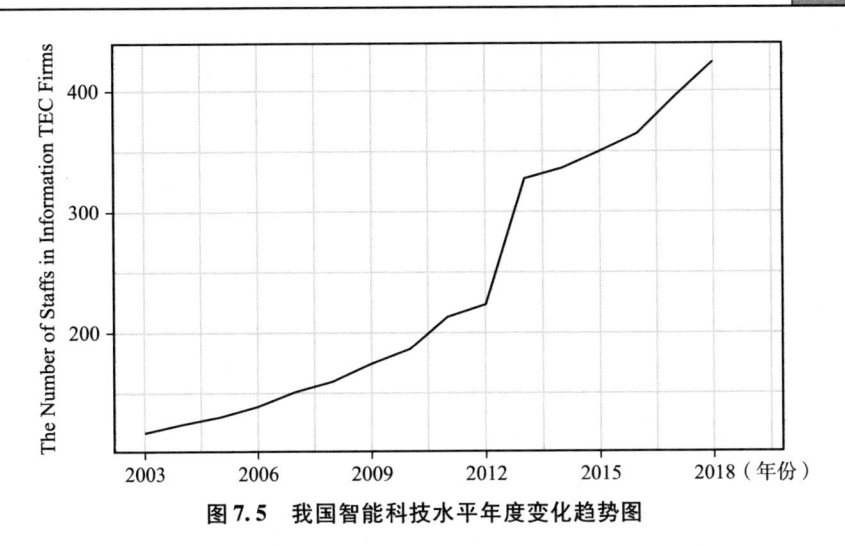

第7章 基于市场外部环境的前景效应研究

图7.5 我国智能科技水平年度变化趋势图

7.6.2 智能科技水平与前景效应的投资组合分析

根据每年信息传输、计算机服务和软件业就业人员的数量划分各年份的智能科技水平。由于数据量较少，本章只分为两组，中值以下视为智能科技水平较低，中值以上视为智能科技水平较高，相应的前景值10分组的结果如表7.25所示。

表7.25　　　　　智能科技水平与前景效应检验

	\multicolumn{6}{c|}{Panel A　Return$_t$}						
低智能科技水平	PL	P2	P3	P4	P5	P6
	2.727	2.482	2.302	2.22	2.003	2.058
	P7	P8	P9	PH	PH−PL	t值
	1.955	1.779	1.732	1.418	−1.31**	(−2.261)
高智能科技水平	PL	P2	P3	P4	P5	P6
	0.797	0.899	0.911	0.747	0.818	0.889
	P7	P8	P9	PH	PH−PL	t值
	0.72	0.532	0.541	0.541	−0.256	(−0.823)

续表

Panel B Return$_{t+1}$

低智能科技水平	PL	P2	P3	P4	P5	P6
	2.59	2.492	2.216	2.106	2.117	2.099
	P7	P8	P9	PH	PH - PL	t值
	2.012	1.871	1.8	1.436	-1.154**	(-2.078)
高智能科技水平	PL	P2	P3	P4	P5	P6
	0.816	0.826	0.801	0.801	0.827	0.819
	P7	P8	P9	PH	PH - PL	t值
	0.768	0.692	0.615	0.593	-0.223	(-0.758)

注：*、**、***分别代表10%、5%、1%显著性水平，括号中数值为t统计量。
资料来源：本表数据由不同智能科技水平下前景值10分组结果整理而得，表中收益用百分制计量。

表7.25给出了不同智能科技水平下前景值的10分组检验。可以发现，当智能科技水平较低时，组合收益与前景值显著负相关，如t期的组合收益差为-1.31%，t+1期的组合收益差为-1.154%，均在95%的置信水平下显著。而当智能科技水平较高时，t期的组合收益差仅为-0.256%，t+1期的组合收益差为-0.223%，都不显著。可见，前景效应易发生在智能科技水平较低的时期。此外，智能科技水平与股票收益负相关。当智能科技水平较低时，PL组在t期的收益为2.727%，t+1期的收益为2.59%，而当智能科技水平较高时，PL组在t期与t+1期的收益分别为0.797%、0.816%。本章认为存在两种原因导致上述检验结果：一是智能投顾出现后，个体投资者纷纷通过专业机构进行操作。但结合Wind数据中依旧庞大的个体投资者交易占比，这种可能性并不大。二是智能科技水平提升后，前景因子被机器识别，相应的超额收益被套利操作消除。

7.6.3 智能科技水平与前景效应的回归分析

$$R_{i,t} = \alpha + \beta_1 PV_{i,t} + \beta_2 DTEC_{i,t} + \beta_3 PV_{i,t} \times DTEC_{i,t} + \sum_{j=4}^{n} \beta_j Control_{i,j,t} + \varepsilon_{i,t}$$

(7.23)

式 (7.23) 中，$DTEC_{i,t}$ 是智能科技水平的虚拟变量，$PV_{i,t} \times DTEC_{i,t}$ 是前景值与虚拟变量的交乘项。同样，为增强不同智能科技的对比性，本章进行了两次回归，第一次令 $TEC_{i,t}$ 小于中值时 $DTEC_{i,t}$ 为 1，以凸显低智能科技水平时的系数。第二次令 $TEC_{i,t}$ 大于中值时 $DTEC_{i,t}$ 为 1，以凸显高智能科技水平时的系数。

表 7.26 是加入科技水平后的 Fama – Macbeth 检验。可以发现，Panel A 中的 DTEC 回归系数显著为正，Panel B 中的 DTEC 显著为负，意味着低智能科技时期的股票收益高，高智能科技时期的股票收益低。同时，Panel A 中 PV * DTEC 的回归系数为 – 0.005，在 95% 的置信水平下显著，表明低智能科技时期会加重前景值对股票收益的负向影响，这一结果与再平衡投资组合分析的结论一致。

表 7.26　　智能科技水平与前景值 Fama – Macbeth 稳健性回归

Panel A　TEC 小于中值为 1

PV	Size	BM	Skew	Kurt	DTEC	PV * DTEC
– 0.001	– 0.223	0.001	– 0.01	– 0.078 *	0.015 **	– 0.005 **
(– 0.394)	(– 0.989)	(0.711)	(– 1.063)	(– 1.949)	(2.108)	(– 2.167)

Panel B　TEC 大于中值为 1

PV	Size	BM	Skew	Kurt	DTEC	PV * DTEC
– 0.001	– 0.223	0.001	– 0.01	– 0.078 *	– 0.015 **	0.004
(– 0.394)	(– 0.989)	(0.711)	(– 1.063)	(– 1.949)	(– 2.108)	(1.478)

注：*、**、*** 分别代表 10%、5%、1% 的显著性水平，括号中的数值为 t 统计量。
资料来源：本表数据由 Fama – Macbeth 回归结果整理而得，表中收益用百分制计量。

7.6.4　相关稳健性检验

上述检验表明，前景效应存在于智能科技水平较低的年份。接下来，采用参照收益率为 RDR_Fra_26、样本期为 156 周的前景值，重新进行稳健性检验，结果如表 7.27、表 7.28 所示。

表 7.27　　　　　　　智能科技水平与前景效应稳健性检验

Panel A　Return$_t$

低智能水平	PL	P2	P3	P4	P5	P6
	2.7	2.458	2.291	2.337	2.012	2.157
	P7	P8	P9	PH	PH - PL	t 值
	1.737	1.826	1.766	1.396	-1.304**	(-2.023)
高智能水平	PL	P2	P3	P4	P5	P6
	0.806	0.892	0.866	0.814	0.843	0.749
	P7	P8	P9	PH	PH - PL	t 值
	0.851	0.557	0.605	0.394	-0.411	(-1.271)

Panel B　Return$_{t+1}$

低智能水平	PL	P2	P3	P4	P5	P6
	2.599	2.436	2.183	2.305	2.081	2.031
	P7	P8	P9	PH	PH - PL	t 值
	1.909	1.924	1.806	1.468	-1.131*	(-1.825)
高智能水平	PL	P2	P3	P4	P5	P6
	0.763	0.795	0.818	0.764	0.97	0.628
	P7	P8	P9	PH	PH - PL	t 值
	0.879	0.633	0.774	0.466	-0.297	(-0.972)

注：*、**、*** 分别代表 10%、5%、1% 的显著性水平，括号中的数值为 t 统计量。
资料来源：本表数据由不同智能科技水平下前景值 10 分组结果整理而得，表中收益用百分制计量。

表 7.28　　　　　　智能科技水平与前景值 Fama - Macbeth 稳健性回归

Panel A　TEC 小于中值为 1

PV	Size	BM	Skew	Kurt	DTEC	PV * DTEC
0	0.195	0.001	0.001	-0.033	0.012	-0.005*
(-0.088)	(-0.844)	(0.809)	(0.128)	(-0.666)	(1.507)	(-1.87)

Panel B　TEC 大于中值为 1

PV	Size	BM	Skew	Kurt	DTEC	PV * DTEC
-0.003	-0.281	0.001	-0.006	-0.048	-0.014*	0.003
(-0.838)	(-1.347)	(0.498)	(-0.689)	(-1.462)	(-1.925)	(0.883)

注：*、**、*** 分别代表 10%、5%、1% 的显著性水平，括号中的数值为 t 统计量。
资料来源：本表数据由 Fama - Macbeth 回归结果整理而得，表中收益用百分制计量。

由表 7.27 的稳健性检验可知，不同智能科技水平下，高低前景值组合的收益差明显不同。当智能科技水平较低时，股票在 t 期与 t+1 期的收益随前景值的增大而减小。而当智能科技水平较高时，t 期与 t+1 期的组合收益差未达到显著性水平。此外，前者对应的股票收益明显更高，如 PL 组合在 t 期的收益为 2.7%，t+1 期的收益为 2.599%，PH 组合在 t 期的收益为 1.396%，t+1 期的收益为 1.468%。而后者 PL 组合在 t 期的收益为 0.806%，t+1 期的收益为 0.763%，PH 组合在 t 期的收益为 0.394%，t+1 期的收益为 0.466%。可见，即使替换了前景值，再平衡投资组合分析的结果依然稳健。

表 7.28 的 Panel A 中，PV * DTEC 的回归系数为 -0.005，在 90% 的置信水平下显著，意味着智能科技水平较低时会加重前景值对股票收益的负向影响。而 Panel B 中的 DTEC 显著为负，表明智能科技水平较高时，股票收益较低。

7.7 小　　结

前景理论研究之初，不确定性被设定为一种简单、基本的概率条件，因此所得结论是未受环境影响、趋于本能的决策偏好。然而，投资者所处市场十分复杂，且在不断变化中，有必要对前景效应展开更细致的探索。

为此，本书对第 5 章模型进行了扩展，以分析信息质量、宏观不利冲击以及主观价值对股票收益的交叉影响机制。理论研究表明，市场外部环境与主观效用都会影响股票收益，但它们的作用恰好相反——当信息质量或外部不利冲击增强时，前景效应有所减弱；而当信息质量或外部不利冲击减弱时，前景效应有所增强。为验证上述推论，本章逐一构建了市场外部指标，所得结论可归结为以下五个层面：

第一，前景效应在低信息效率的环境中更加明显。通过再平衡投资组合分析发现，当市场整体信息效率较低时，t 期与 t+1 期的股票收益随前景值的增大显著降低。Fama-Macbeth 两阶段回归也表明，低信息效率会加重前景值对股票收益的负向影响。

第二，经济政策不确定性较低时，前景效应显著存在。再平衡投资组合分析与 Fama-Macbeth 两阶段回归均表明前景效应在低经济政策不确定性时期更明显。同时，股票收益在低政策不确定时期更高，表明经济政策不确定性较高时并不利于市场整体的发展。此外，由《人民日报》《光明日报》构建的经济政策不确定性指数比《南华早报》更能有效反映前景效应。

第三，前景效应在投资者情绪低落的时期更加明显。高低前景值组合收益差在投资者情绪低落时显著为负，且只在易志高和茅宁（2009）构建的中国投资者情绪指数中体现。

第四，牛市中存在前景效应，熊市中为反向前景效应。再平衡投资组合分析表明牛市中股票收益与前景值负相关，熊市中正相关。这一结果与 Fama–Macbeth 两阶段回归一致。

第五，前景效应存在于智能科技水平较低的时期，随着技术的不断发展，前景效应逐渐减弱。本章研究增强了前景效应与外部环境的联系，进一步细化、丰富了相关方向的研究。

第8章

结论与展望

8.1 研究结论

　　行为金融学充分结合了金融学与心理学的内容，以社会人的非理性特征为研究切入点，探索心理因素在投资决策过程中产生的影响。诸多行为研究中，卡尼曼和特沃斯基提出的"前景理论"影响最为深远，该理论的核心内容是行为人在不确定情况下的投资决策，随参考点动态变化的风险偏好是其最大特点。我国股票市场无论是交易量还是股市规模都已居世界前列，不过由于成立时间较晚，相关制度尚待完善，市场存在公开信息有效性差、个体投资者占比高的特点。由于信息不足，技能孱弱，个体投资者交易时的非理性特征十分明显，对金融市场的稳定运行有着潜在隐患。同时，源于成熟资本市场的行为金融理论在我国存在适用性问题，这为探索市场背后的行为机制增添了难度，故需要找到一个恰当的研究切入点。对投资者而言，股票收益是最重要的指标之一，具有极强的引导作用，因此本书围绕前景理论与股票收益展开探索。

　　前景理论研究的第一个环节便是寻找合适的价格参考点。作为投资者心目中动态变化的参考标准，参考点的构建过程存在较大难度。为此，本书从现有文献中整理出6类计算方式，分别是基于移动平均法、指数平滑法、历史最大值、历史最小值、交易频度以及初始交易构建的参考价格。与此同时，考虑到参考期这一影响因素，进一步构建了短、中、长三种周期下的价格参考点。后续的研究可分为如下四个部分：

　　第一，缺乏信息的个体投资者易对价格参考点的正、负反馈反应过度，也会因盈亏状态的不同改变风险态度，因此本书率先研究了价格参考点的特性。借鉴丹尼尔等（1998）与格林布拉特和韩（2005）的方法，通过模型推导的方式探索了参考点引起的过度反应、参照依赖如何影响股票收益。同时，采用6类股票参考价格，分别从短、中、长三种周期视角验证相关研究假设。

理论推导表明，极端的正反馈与负反馈使投资者降低市场噪声的估计权重，致使连续两期的股票收益负相关。同时，过度反应的投资者在"追涨"时买入风险较小的股票，在"杀跌"时保留风险较大的股票，这种追求主观价值最大化的过程导致盈亏状态下不同的风险收益关系——盈利时，预期收益与风险负相关；损失时，预期收益与风险正相关。

实证研究支持了上述推论，具体可归结为以下四点：（1）参照收益率与下一期收益负相关性较强，依赖正负反馈进行的交易会产生反转效应，这种效果在高风险组合中尤为明显。（2）交易频率会影响过度反应，股票收益是否发生反转与交易频率有关。低交易频率的股票不存在反转效应，高交易频率的股票反转效应明显。（3）"追涨"特征明显的盈利组合中，下一期收益与风险负相关，而"杀跌"特征明显的亏损组合中，二者关系显著为正，利用这一特性构建的多空组合能够在未来获取超额收益。（4）参照依赖效应在短周期下更为明显，意味着国内投资者存在短期偏好。理论与实证的研究结果都表明，价格参考点会影响追涨杀跌投资者的决策偏好，是资产定价研究中不可忽视的部分。

第二，前景理论描述的投资者行为可归结为参照依赖、确定效应、反射效应、损失规避以及小概率迷恋。无论哪种行为都会影响投资者的决策，进而影响股票收益。为了兼顾五种行为，本书采用卡尼曼和特沃斯基（1992）累积前景理论的方法，利用之前计算的价格参考点，将这些行为表征转化成一种指标——前景值。同时，以马科维茨（1952）的均值方差模型为基础，理论推导了前景投资者对股票收益的影响。此外，通过再平衡投资组合分析法检验了各类前景值与股票收益的关系。

本部分的研究结果可归结为以下四点：（1）理论推导表明，前景投资者并不会选择有效前沿上的资产组合，而是在其基础上根据各股票的前景值调整配置权重，这种投资偏好导致高前景值的股票收益低，低前景值的股票收益高。（2）实证结果表明，低前景值组合的收益显著大于高前景值的组合，且这种收益差在CAPM、Fama - French三因子、Carhart四因子以及Fama - French五因子模型下均有显著的 α 收益。这一结果不仅支持了本书的模型推导，也意味着前景效应无法用基于理性角度的资产定价模型解释。(3) 综合比较各类前景值的检验结果，发现彼此之间存在较大的相似性。经过一系列筛选后，将样本期为 156 周的 PV_Gri_26 作为代表性的前景值进行后续研究。(4) 前景值具有较强的收益预测能力，利用这一特性构建的多空组合收益差在未来 5 个月内无法被资产定价模型解释。

  第三，股票市场中不同指标之间存在一定的内在联系，因此有必要探索前景值与其他指标之间的关联。本书分别从机构持股比例、规模、账市比、特质波动率、偏度、峰度等角度，通过再平衡投资组合分析的方法探索高前景值股票具备的属性，同时也研究了哪些情况下会产生前景效应，并通过流动性解释前景效应的组间差异。此外，市场中存在多种收益异象，其中不乏与投资者偏好有关，因此，本书研究了前景效应对收益异象的解释力。进一步，构建前景效应定价因子，通过 Fama - Macbeth 两阶段回归、GRS 检验等方法检测了该因子对传统定价模型效率的增益作用。

  本部分的研究结果可总结为五个层面：(1) 前景值与基本面指标、技术面指标以及机构持股比例之间有显著的相关性，且高前景值股恰好是传统理论中的优质股。具体地，股票前景值与流动性、市值、价格、机构持股比例正相关，与风险、账市比、特质波动率、偏度、峰度负相关。(2) 从基本面看，前景效应更多发生在非优质股中，如小规模股、价值型股、高 Beta 股、低价股。从投资者类型看，前景效应发生在机构持股比例较小的股票中，这也说明了机构投资者专业性更强、信息渠道更广，增加其持股比例可以抵御前景效应的发生。(3) 围绕股票流动性对前景效应的组间差异进行了机制分析，结果表明，套利行为消除了优质股的组合收益差，而非优质股流动性较差，套利行为受到限制，故存在显著的组合收益差。(4) 双重分组的结果表明，前景效应能够较大程度解释 Beta、偏度、峰度的收益异象，但对换手率、价格、特质波动率的解释只有在前景值较高时有效。对规模、账市比的收益异象不仅没有弱化，反而有所加强。(5) 对前景值以及前景因子都进行了 Fama - Macbeth 两阶段回归，其中前景值对股票收益的影响显著为负，前景因子对股票收益的影响显著为正。表明获取前景值的代价是承受一定的收益损失，而购买低前景值股票、未购买高前景值股票也存在一定的偏好补偿。此外，相关的 GRS 检验、截距项检验结果均表明，将前景因子加入 Fama - French 五因子模型后，模型的定价效果显著提升。

  第四，行为是心理机制和外部环境共同作用的结果，因此投资者的决策行为受市场整体信息效率、未来经济政策稳定性、市场整体情绪、股市行情的影响。此外，随着人工智能技术的不断提升，智能投顾也在不断改变投资者的决策习惯。为此，本书将外部环境因素加入前景理论的模型框架中，推导了前景偏差、外部环境、股票收益之间的关系，并逐一构建上述市场外部指标予以验证。通过分析不同外部条件下前景值的影响效力，不仅更加细致地增加了非理性偏差识别性，而且通过对外部条件的归纳得出前景效应产生的规律性结论。

本部分的理论推导表明：市场外部环境与主观效用都会影响股票收益，但它们的作用恰好相反——当信息质量或外部不利冲击增强时，前景效应有所减弱；而当信息质量或外部不利冲击减弱时，前景效应有所增强。实证结论可归结为以下五个层面：(1) 再平衡投资组合分析表明，前景效应存在于低信息效率的环境中。同时，Fama-Macbeth 两阶段回归显示，信息效率较低时会加重前景值对股票收益的负向影响。(2) 经济政策不确定性较高时，前景效应不再明显。反观低经济政策不确定时期，股票收益随前景值的增大而减小，存在明显的前景效应。同时，低政策不确定时期的收益更高，意味着经济政策不确定性较高时并不利于市场整体的发展。此外，由《人民日报》《光明日报》构建的经济政策不确定性指数比《南华早报》更能有效反映前景效应。(3) 高低前景值组合收益差在低投资者情绪时期显著为负，考虑到投资者情绪高涨时伴随充足的流动性，因此低投资者情绪时期的前景效应与流动性有关。(4) 再平衡投资组合分析与 Fama-Macbeth 两阶段回归的结果均表明，牛市中存在前景效应，熊市中为反向前景效应。(5) 前景效应存在于智能科技水平较低的时期，可见随着技术的不断发展，前景效应逐渐减弱。

8.2 研究展望

本书试图以前景理论视角探索投资者行为对股票收益的影响，但因客观研究条件以及主观研究水平的局限，仍存在一些不足。

第一，从研究的全面性看，分析对象仍需扩充。首先是宏观资本市场的选择，本书以股票市场为研究对象的原因主要是样本时间跨度较大、相关数据较为完整，且个体投资者参与度较高，这为非理性研究提供了夯实的基础。不过，前景理论的核心内容是行为人在不确定条件下的决策，因此相关结论应该具有一定的普适性。股票市场并非唯一的资本市场，相信期货、ETF、债券等其他资本市场同样存在前景效应。在拥有这些市场数据的情况下，比较各类市场之间异同，将极大丰富前景理论的相关研究。与此同时，在微观投资群体的选择上，本书主要围绕个体投资者展开，虽然部分章节出现过机构投资者，但并非研究重点。后者的交易频率在市场总体中占比不高，但基于机构投资者的重要性，有必要将其纳入统一的研究框架中。

第二，从研究的精准性看，数据选择以及方法设计仍需完善。全书的实证研究以周数据、月数据为主，虽获得了较为稳健的结果，但仍有探索空间。比如频度更高的日数据、日内数据尚未挖掘，虽然这些数据的噪声较大，但经有效过滤，也可以进行前景效应的相关检验。通过对比高、中、低频数据的研究结果，不仅可以增加前景理论研究的全面性，也可以观测不同数据视角下的反应强度。另外，市场公开交易数据可以反映任意股票任意时刻的信息，且由于是所有投资者交易的总和，在反映横截面收益的研究中具有一定的优势。但公开交易数据在抓取微观行为特征方面存在一定的局限性，为此可以通过以下三种方式进行补充：（1）通过合作等方式获取某些证券营业部的私人交易数据，对本书的研究结果再次进行验证。（2）通过调查问卷的方式让投资者自己描述交易时的大致背景、决策原因以及当时的情绪，以此对本书的研究予以完善。（3）通过行为实验、仿真模拟等方式调整相应的计算参数，进一步提升本研究的准确性。

第三，从研究的内容上看，本书仅聚焦于股票收益的微观研究，并未涉及宏观风险层面，而资本市场的整体波动常常依托于微观主体的行为偏差。那么作为社会各界关注的热点，宏观金融风险是否也会受前景效应的影响？延续这一思路，后续研究可将内容进一步扩展至宏观风险范畴，这将会大幅提升本书的现实意义。

参 考 文 献

[1] 陈国进, 张润泽, 赵向琴. 经济政策不确定性与股票风险特征 [J]. 管理科学学报, 2018, 21 (4): 1-27.

[2] 陈国进, 张润泽, 赵向琴. 政策不确定性、消费行为与股票资产定价 [J]. 世界经济, 2017, 40 (1): 116-141.

[3] 陈国进, 张贻军, 王景. 再售期权、通胀幻觉与中国股市泡沫的影响因素分析 [J]. 经济研究, 2009, 44 (5): 106-117.

[4] 陈磊, 曾勇. 基于股市下跌背景的处置效应研究 [J]. 管理评论, 2005 (3): 24-29+63-64.

[5] 陈鹏程, 周孝华. 机构投资者私人信息、散户投资者情绪与 IPO 首日回报率 [J]. 中国管理科学, 2016, 24 (4): 37-44.

[6] 陈文博, 陈浪南, 王升泉. 投资者的博彩行为研究——基于盈亏状态和投资者情绪的视角 [J]. 中国管理科学, 2019, 27 (2): 19-30.

[7] 陈智颖, 陈苗臻, 许林. 基于前景理论的股票反转交易策略及其有效性检验 [J]. 商业研究, 2019 (12): 116-125.

[8] 迟骏, 杨春鹏. 投资者情绪、投资者交易行为与 ETF 折溢价 [J]. 武汉金融, 2020 (1): 49-56.

[9] 崔婧, 杨扬, 程刚, 赵秀娟. 周内效应在牛市、熊市中的异化现象——关于中国证券市场的一个实证研究 [J]. 系统工程理论与实践, 2008 (8): 17-25.

[10] 邓雪春, 郑振龙. 中国股市存在"特质波动率之谜"吗? [J]. 商业经济与管理, 2011 (1): 60-67+75.

[11] 丁际刚, 兰肇华. 前景理论述评 [J]. 经济学动态, 2002 (9): 64-66.

[12] 董锋, 韩立岩. 中国股市透明度提高对市场质量影响的实证分析 [J]. 经济研究, 2006 (5): 87-96+127.

[13] 高利苹, 李纾, 时勘. 从对框架效应的分析看风险决策的神经

基础 [J]. 心理科学进展, 2006, 14 (6): 859-865.

[14] 高秋明, 胡聪慧, 燕翔. 中国A股市场动量效应的特征和形成机理研究 [J]. 财经研究, 2014, 40 (2): 97-107.

[15] 顾夏铭, 陈勇民, 潘士远. 经济政策不确定性与创新——基于我国上市公司的实证分析 [J]. 经济研究, 2018, 53 (2): 109-123.

[16] 何诚颖, 陈锐, 蓝海平, 徐向阳. 投资者非持续性过度自信与股市反转效应 [J]. 管理世界, 2014 (8): 44-54.

[17] 何诚颖. 人工智能炒股能跑赢大盘吗? [J/OL], 人民论坛·学术前沿: 1-10 [2020-5-11], http://knscnkinet/kcms/detail/101050C201910161745002html.

[18] 何飞. 基于Kahneman前景理论的风险规避与风险寻求决策的脑机制研究—从认知神经机制探究风险决策 [D]. 第四军医大学, 2009.

[19] 贺宏, 崔学刚. 信息环境、证券分析题追踪与综合收益的价值相关性——基于中国A股上市公司的经验证据 [J]. 财政研究, 2015 (6): 98-102.

[20] 贺京同, 赵子沐, 那艺.《心理核算与消费者选择》精粹——诺贝尔经济学奖得主理查德·塞勒经典文献导读 [J]. 经济学动态, 2017 (12): 144-152.

[21] 贺显南. 中国股市政策市研究述评 [J]. 国际经贸探索, 2009, 25 (4): 52-58.

[22] 胡荣才, 龙飞凤. 中国股票市场政策市的新特征 [J]. 财经理论与实践, 2010, 31 (3): 48-52.

[23] 黄超. 卖空机制与负面信息披露质量——来自业绩预告制度的经验证据 [J]. 金融理论与实践, 2019 (9): 95-104.

[24] 黄宏斌, 刘树海, 赵富强. 媒体情绪能够影响投资者情绪吗——基于新兴市场门槛效应的研究 [J]. 山西财经大学学报, 2017, 39 (12): 29-44.

[25] 黄乃静, 于明哲. 机器学习对经济学研究的影响研究进展 [J]. 经济学动态, 2018 (7): 115-129.

[26] 姜超. 证券分析师、内幕消息与资本市场效率——基于中国A股股价中公司特质信息含量的经验证据 [J]. 经济学 (季刊), 2013, 12 (2): 429-452.

[27] 姜富伟, 涂俊, Rapach D E, Jack K S, 周国富. 中国股票市场

可预测性的实证研究 [J]. 金融研究, 2011 (9): 107-121.

[28] 姜新旺. 对提高上市公司质量的制度思考 [J]. 经济论坛, 1998 (6): 30-31.

[29] 李斌, 林彦, 唐闻轩. ML-TEA: 一套基于机器学习和技术分析的量化投资算法 [J]. 系统工程理论与实践, 2017, 37 (5): 1089-1100.

[30] 李斌, 邵新月, 李玥阳. 机器学习驱动的基本面量化投资研究 [J]. 中国工业经济, 2019 (8): 61-79.

[31] 李凤羽, 杨墨竹. 经济政策不确定性会抑制企业投资吗?——基于中国经济政策不确定指数的实证研究 [J]. 金融研究, 2015 (4): 115-129.

[32] 李俊声, 卓建伟. 中国A股市场价格效应异像研究 [J]. 价格理论与实践, 2018 (1): 106-109.

[33] 李争光, 赵西卜, 曹丰, 卢晓璇. 机构投资者异质性与企业绩效——来自中国上市公司的经验证据 [J]. 审计与经济研究, 2014, 29 (5): 77-87.

[34] 梁丽珍. 中国股市"高价股溢价"现象的实证研究 [J]. 中大管理研究, 2008, 3 (2): 136-151.

[35] 林建浩, 李幸, 李欢. 中国经济政策不确定性与资产定价关系实证研究 [J]. 中国管理科学, 2014, 22 (11): 222-226.

[36] 林树, 夏和平, 张程. 价值投资策略在中国A股市场的可行性——基于几项财务指标的研究 [J]. 上海立信会计学院学报, 2011, 25 (1): 27-39.

[37] 刘炳茹. 宏观经济调控与股市波动的相关性研究 [J]. 产业与科技论坛, 2008 (3): 149+180.

[38] 刘捷, 侯卫真. 信息经济学视角下中国股市半强式有效的经验证据 [J]. 财经问题研究, 2018 (3): 70-77.

[39] 刘维奇, 刘新新. 个人和机构投资者情绪与股票收益——基于上证A股市场的研究 [J]. 管理科学学报, 2014, 17 (3): 70-87.

[40] 刘维奇, 武翰章. 投资者情绪会影响股票市场的误定价吗?——基于上证A股市场的实证研究 [J]. 金融与经济, 2018 (3): 19-25.

[41] 刘维奇, 邢红卫, 张信东. 投资偏好与"特质波动率之

谜"——以中国股票市场 A 股为研究对象 [J]. 中国管理科学, 2014, 22 (8): 10 - 20.

[42] 陆蓉, 徐龙炳. "牛市"和"熊市"对信息的不平衡性反应研究 [J]. 经济研究, 2004 (3): 65 - 72.

[43] 罗剑宏, 徐子涵. 投资者情绪、拥挤交易行为与股票风险溢价关系研究 [J]. 价格理论与实践, 2019 (10): 83 - 86.

[44] 骆颖, 何小锋. 中国股市政策市中的正反馈交易机制 [J]. 经济经纬, 2005 (2): 144 - 147.

[45] 潘越, 戴亦一, 林超群. 信息不透明、分析师关注与个股暴跌风险 [J]. 金融研究, 2011 (9): 138 - 151.

[46] 乔桂明. 中国股票市场"政策市"之博弈分析 [J]. 经济科学, 2004 (2): 65 - 73.

[47] 阙登峰, 李群. 中国股市低价股效应研究及其实证分析 [J]. 数学的实践与认识, 2016, 46 (22): 123 - 128.

[48] 饶育蕾, 杨琦. 我国封闭式基金折价交易的行为金融学实证分析 [J]. 中南大学学报 (社会科学版), 2003, 9 (3): 346 - 350.

[49] 任德平, 龚旭, 文凤华, 杨晓光. 中国股票投资者的处置效应检验和参考价格选择 [J]. 中国管理科学, 2013, 21 (3): 1 - 10.

[50] 舍默. 当经济学遇上生物学和心理学 [M]. 中国人民大学出版社, 2009.

[51] 石勇, 唐静, 郭琨. 社交媒体投资者关注、投资者情绪对中国股票市场的影响 [J]. 中央财经大学学报, 2017 (7): 45 - 53.

[52] 时勘, 范红霞, 许均华, 李启亚, 付龙波. 个体投资者股市风险认知特征的研究 [J]. 管理科学学报, 2005 (6): 74 - 82.

[53] 宋光辉, 董永琦, 陈杨炀, 许林. 中国股票市场流动性与动量效应——基于 Fama - French 五因子模型的进一步研究 [J]. 金融经济学研究, 2017, 32 (1): 36 - 50.

[54] 孙碧波. 移动平均线有用吗？——基于上证指数的实证研究 [J]. 数量经济技术经济研究, 2005 (2): 149 - 156.

[55] 孙美, 刘亚萍. 分行业研究价值投资在中国股市的适用性 [J]. 决策与信息 (财经观察), 2008 (10): 24 - 25.

[56] 孙友群, 陈小洋, 魏非. 价值投资与中国股市对接的思考 [J]. 财经理论与实践, 2002 (12): 65 - 67.

[57] 汪荣飞, 张然. 基本面分析在中国 A 股市场有用吗? ——来自季度财务报表的证据 [J]. 金融学季刊, 2018, 12 (1): 81 – 105.

[58] 王春峰, 程帆, 房振明. 小股票具有博彩效应吗? [J]. 经济与管理评论, 2019, 35 (5): 84 – 98.

[59] 王春艳, 欧阳令南. 价值投资于中国股市的可行性分析 [J]. 财经科学, 2004 (1): 32 – 36.

[60] 王红建, 李青原, 邢斐. 经济政策不确定性、现金持有水平及其市场价值 [J]. 金融研究, 2014 (9): 53 – 68.

[61] 王化成, 卿小权, 张伟华, 李志华. 会计投资价值指数与股票收益——来自 A 股市场的经验证据 [J]. 中国软科学, 2012 (6): 102 – 112.

[62] 王美今, 孙建军. 中国股市收益、收益波动与投资者情绪 [J]. 经济研究, 2004 (10): 75 – 83.

[63] 王瑞瑜, 王森. 老龄化、人工智能与产业结构调整 [J]. 财经科学, 2020 (1): 80 – 92.

[64] 王曦, 叶茂. 我国股票市场"政策市"现象的理论阐释 [J]. 学术研究, 2011 (1): 81 – 90 + 159.

[65] 王志刚. 中国股票市场技术分析有效性研究 [D]. 电子科技大学, 2009.

[66] 吴承尧, 刘海飞, 李心丹. 利好、利空信息与证券市场稳定性 [J]. 管理科学, 2011, 24 (2): 85 – 93.

[67] 吴冲锋, 王承炜, 吴文锋. 交易量和交易量驱动的股价动力学分析方法 [J]. 管理科学学报, 2002 (1): 1 – 11.

[68] 吴晶, 王燕鸣. 股价前期高点、投资者行为与股票收益 [J]. 金融经济学研究, 2015, 30 (4): 53 – 64 + 85.

[69] 吴战篪, 乔楠, 余杰. 信息披露质量与股票市场流动性——来自中国股市的经验证据 [J]. 经济经纬, 2008 (1): 138 – 141.

[70] 伍燕然, 黄文婷, 苏凇, 江婕. 基金投资者处置效应的个体差异 [J]. 国际金融研究, 2016 (3): 84 – 96.

[71] 向为民, 牛玉龙, 王霜. 公司基本面、市场行为与股票投资收益 [J]. 重庆理工大学学报 (社会科学), 2017, 31 (1): 67 – 75.

[72] 项韶明, 王方华. 中国股市的政策特征和诱因 [J]. 当代财经, 2004 (3): 55 – 58.

[73] 肖军, 徐信忠. 中国股市价值反转投资策略有效性实证研究

[J]. 经济研究, 2004 (3): 55-64.

[74] 邢红卫. Mispricing failed to capture the risk preferences dependent on market states, 2019, Working Paper.

[75] 邢红卫, 刘维奇. 非线性资产定价模型与特质波动率之谜 [J]. 系统工程学报, 2019, 34 (3): 357-371.

[76] 邢红卫, 刘维奇, 王汉瑛. 尾风险度量与定价能力分析 [J]. 管理科学, 2017, 30 (6): 65-78.

[77] 邢红卫. 特质波动率研究 [D], 山西大学, 2015.

[78] 熊家财. 审计行业专长与股价崩盘风险——基于信息不对称与异质信念视角的检验 [J]. 审计与经济研究, 2015, 30 (6): 47-57.

[79] 徐浩峰. 信息与价值发现过程——基于散户微结构交易行为的实证研究 [J]. 金融研究, 2009 (2): 133-148.

[80] 亚当·斯密. 道德情操论 [M]. 高格译, 中华工商联合出版社, 2017.

[81] 杨宝臣, 张涵. 技术分析、主体异质性与资产定价 [J]. 管理科学学报, 2017, 20 (6): 101-110.

[82] 杨虎涛. "异象"的演化心理学解释——兼论行为经济学对新古典经济学的"颠覆" [J]. 经济学动态, 2018, 690 (8): 71-81.

[83] 杨洁, 詹文杰, 刘睿智. 媒体报道、机构持股与股价波动非同步性 [J]. 管理评论, 2016, 28 (12): 30-40.

[84] 杨欣, 金秀. 高交易量回报溢酬与盈余公告效应结合研究 [J]. 财会通讯, 2014, (30): 102-105.

[85] 杨勇华. 我们为何偏好损失厌恶: 一个演化视角的解释 [J]. 学术研究, 2014 (8): 80-85+159-160.

[86] 易志高, 茅宁. 中国股市投资者情绪测量研究: CICSI 的构建 [J]. 金融研究, 2009 (11): 174-184.

[87] 尹昱乔. 中国 A 股市场资产定价模型实证研究 [D], 东北财经大学, 2016.

[88] 俞红海, 陆蓉, 徐龙炳. 投资者名义价格幻觉与管理者迎合——基于基金拆分现象的研究 [J]. 经济研究, 2014, 49 (5): 133-146.

[89] 袁知柱, 鞠晓峰. 股价信息含量测度方法、决定因素及经济后果研究综述 [J]. 管理评论, 2009, 21 (4): 42-52.

[90] 袁知柱, 吴粒, 鞠晓峰. 股价信息含量对企业资源配置效率影

响实证研究 [J]. 东北大学学报（自然科学版），2012，33（11）：1664 – 1668.

[91] 袁知柱，吴粒，鞠晓峰. 股票市场发展与国家资源配置效率：基于股市信息效率视角的研究 [J]. 商业经济与管理，2012（2）：76 – 89.

[92] 曾劲松. 技术分析与中国股票市场有效性 [J]. 财经问题研究，2005（8）：27 – 30.

[93] 张安宁，金德环. 牛市和熊市下投资者关注对股票收益影响的非对称性分析 [J]. 投资研究，2014，33（10）：132 – 148.

[94] 张腊凤，刘维奇. 中国股票市场资产增长效应——基于套利限制的视角 [J]. 系统工程，2014，32（10）：9 – 16.

[95] 张然，汪荣飞. 投资者如何利用财务报表盈余信息：现状、问题与启示 [J]. 会计研究，2017（8）：41 – 47 + 94.

[96] 张原野，白彩全. 机构交易规模与市场信息环境——基于信息不对称视角的理论与实证研究 [J]. 预测，2019，38（5）：66 – 74.

[97] 张峥，刘力. 换手率与股票收益：流动性溢价还是投机性泡沫？[J]. 经济学（季刊），2006（2）：871 – 892.

[98] 赵胜民，刘笑天. 引入投资者偏好的多因子模型——基于前景理论视角的分析 [J]. 中国经济问题，2019（2）：106 – 121.

[99] 赵学军，王永宏. 中国股市"处置效应"的实证分析 [J]. 金融研究，2001（7）：92 – 97.

[100] 郑振龙，王磊，王路跖. 特质偏度是否被定价？[J]. 管理科学学报，2013，16（5）：1 – 12.

[101] 周志华. 机器学习 [M]. 北京：清华大学出版社，2016.

[102] 朱东辰，余津津. 中国股市波动与经济增长关系的实证分析 [J]. 经济科学，2003（2）：32 – 39.

[103] 邹燕，郭菊娥. 对期望理论的两个重要推进——损失厌恶系数 λ 及参考点研究 [J]. 运筹与管理，2007，16（5）：87 – 89.

[104] Amaldoss W, He C. Reference-dependent utility, product variety, and rrice competition [J]. Management Science, 2018, 64 (9): 4302 – 4316.

[105] Amihud Y. Illiquidity and stock returns: cross-section and time-series effects [J]. Journal of Financial Markets, 2002, 5 (1): 31 – 56.

[106] Ang A, Hodrick R J, Xing Y. The cross-section of volatility and

expected returns [J]. The Journal of Finance, 2006, 61 (1): 259 -299.

[107] An L, Wang H, Wang J, Yu J. Lottery-related anomalies: the role of reference-dependent preferences [J]. Management Science, 2020, 66 (1): 473 -501.

[108] Athey S, Imbens G W. Machine learning methods that economists should know about [J]. Annual Review of Economics, 2019, 11 (1): 1 -41.

[109] Baker M P, Greenwood R, Wurgler J. Catering through nominal share prices [J]. The Journal of Finance, 2009, 64 (6): 2559 -2590.

[110] Baker M, Wurgler B J. Benchmarks as limits to arbitrage: understanding the low-volatility anomaly [J]. Financial Analysts Journal, 2011, 67 (1): 40 -54.

[111] Baker M, Wurgler J. Investor sentiment and the cross-section of stock returns [J]. The Journal of Finance, 2006, 61 (4): 1645 -1680.

[112] Baker M, Wurgler J. The equity share in new issues and aggregate stock returns [J]. The Journal of Finance, 2000, 55 (5): 2219 -2258.

[113] Baker M, Wurgler J, Yuan Y. Global, local, and contagious investor sentiment [J]. The Journal of Finance, 2012, 104 (2): 272 -287.

[114] Baker S R, Bloom N, Davis S J. Measuring economic policy uncertainty [J]. Quarterly Journal of Economics, 2016, 131 (4): 1593 -1636.

[115] Bali T G, Brown S J, Murray S. A lottery demand based explanation of the beta anomaly [J]. Journal of Financial and Quantitative Analysis, 2017, 52 (6): 2369 -2397.

[116] Bali T G, Cakici N, Whitelaw R F. Maxing out: stocks as lotteries and the cross-section of expected returns [J]. Journal of Financial Economics, 2011, 99 (2): 427 -446.

[117] Bali T G, Hovakimian A. Volatility spreads and expected stock returns [J]. Management Science, 2009, 55 (11): 1797 -1812.

[118] Banz R W. The relationship between return and market value of common stocks [J]. Journal of Financial Economics, 1981, 9 (1): 3 -18.

[119] Barberis N, Huang M. Stocks as lotteries: the implications of probability weighting for security prices [J]. The American Economic Review, 2008, 98 (5): 2066 -2100.

[120] Barberis N, Mukherjee A, Wang B. Prospect theory and stock returns: an empirical test [J]. The Review of Financial Studies, 2016, 29 (11): 3068-3107.

[121] Barberis N, Shleifer A, Vishny R. A model of investor sentiment [J]. Journal of Financial Economics, 1998, 49 (3): 307-343.

[122] Bartram S M, Grinblatt M. Agnostic fundamental analysis works [J]. Journal of Financial Economics, 2018, 128 (1): 125-147.

[123] Baucells M, Weber M, Welfens F. Reference-point formation and updating [J]. Management Science, 2011, 57 (3): 506-519.

[124] Benartzi S, Thaler R H. Myopic loss aversion and the equity premium puzzle [J]. Quarterly Journal of Economics, 1995, 110 (1): 73-92.

[125] Black F, Jensen M C, Scholes M S. The Capital Asset Pricing Model: Some Empirical Tests [J]. Studies in The Theory of Capital Markets, 1972: 79-121.

[126] Black F, Scholes M. The pricing of options and corporate liabilities [J]. Journal of Political Economy, 1973, 81 (3): 637-654.

[127] Blume M E, Friend I. A new look at the capital asset pricing model [J]. The Journal of Finance, 1973 (1): 19-34.

[128] Bollerslev T, Tauchen G, Zhou H. Expected stock returns and variance risk premia [J]. The Review of Financial Studies, 2009, 22 (11): 4463-4492.

[129] Bollerslev T, Todorov V. Tails, fears and risk premia [J]. The Journal of Finance, 2011, 66 (6): 2165-2211.

[130] Bollerslev T, Todorov V, Xu L. Tail risk premia and return predictability [J]. Journal of Financial Economics, 2014, 118 (1): 113-134.

[131] Borland J, Coelli M. Are robots taking our jobs? [J]. Australian Economic Review, 2017 (4): 377-397.

[132] Bucciol A, Miniaci R. Household portfolios and implicit risk preference [J]. Review of Economics and Statistics, 2011, 93 (4): 1235-1250.

[133] Campbell J Y, Shiller R J. The dividend-price ratio and expectations of future dividends and discount factors [J]. The Review of Financial Studies, 1988, 1 (3): 195-228.

[134] Carhart M M. On persistence in mutual fund performance [J]. The

Journal of Finance, 1997, 52 (1): 57 – 82.

[135] Chandrashekaran R, Grewal D. Assimilation of advertised reference prices: the moderating role of involvement [J]. Journal of Retailing, 2003, 79 (1): 53 – 62.

[136] Chen J, Jiang F, Tong G. Economic policy uncertainty in China and stock market expected returns [J]. Accounting and Finance, 2017, 57 (5): 1265 – 1286.

[137] Conrad J, Dittmar R F, Ghysels E. Ex ante skewness and expected stock returns [J]. The Journal of Finance, 2013, 68 (1): 85 – 124.

[138] Cowles A. Can stock market forecasters forecast? [J]. Econometrica, 1933, 1 (3): 309 – 324.

[139] Crawford V P, Meng J. New York city cab drivers' labor supply revisited: reference-dependent preferences with rational-expectations targets for hours and income [J]. The American Economic Review, 2011, 101 (5): 1912 – 1932.

[140] Daniel K, Hirshleifer D, Subrahmanyam A. Investor psychology and security market under and overreactions [J]. The Journal of Finance, 1998, 53 (6): 1839 – 1885.

[141] Daniel, K., S. Titman. Evidence of the Cross Sectional Variation in Common Stock Returns [J]. Journal of Finance, 1997, 40 (1): 383 – 399.

[142] Davis S J, Liu D, Sheng X. Economic policy uncertainty in China since 1949: the view from mainland newspapers, 2019, Working paper.

[143] De Bondt W F, Thaler R H. Further evidence on investor overreaction and stock market seasonality [J]. The Journal of Finance, 1987, 42 (3): 557 – 581.

[144] Delikouras S. Where's the kink? disappointment events in consumption growth and equilibrium asset prices [J]. The Review of Financial Studies, 2017, 30 (8): 2851 – 2889.

[145] De Long J B, Shleifer A, Summers L H, Waldmann R J. Noise trader risk in financial markets [J]. Journal of Political Economy, 1990, 98 (4): 703 – 738.

[146] Demsetz H. The cost of transacting [J]. Quarterly Journal of Eco-

nomics, 1968, 82 (1): 33 – 53.

[147] Deng Y, Liu X, Wei S J. One fundamental and two taxes: when does a Tobin tax reduce financial price volatility? [J]. Journal of Financial Economics, 2018, 130 (3): 663 – 692.

[148] Ericson K M, Fuster A. Expectations as endowments: evidence on reference dependent preferences from exchange and valuation experiments [J]. Quarterly Journal of Economics, 2011, 126 (4): 1879 – 1907.

[149] Faber M T. A quantitative approach to tactical asset allocation [J]. Journal of Wealth Management, 2013, 9 (4): 69 – 79.

[150] Fama E F, French K R. A five-factor asset pricing model [J]. Journal of Financial Economics, 2015, 116 (1): 1 – 22.

[151] Fama E F, French K R. Common risk factors in the returns on stocks and bonds [J]. Journal of Financial Economics, 1993, 33 (1): 3 – 56.

[152] Fama E F, French K R. Multifactor explanations of asset pricing anomalies [J]. The Journal of Finance, 1996, 51 (1): 55 – 84.

[153] Fama E F, French K R. The cross-section of expected stock returns [J]. The Journal of Finance, 1992, 47 (2): 427 – 465.

[154] Fama E F, Macbeth J D. Risk, return, and equilibrium: empirical tests [J]. Journal of Political Economy, 1973, 81 (3): 607 – 636.

[155] Fama E F. Market efficiency, long-term returns and behavioral finance [J]. Journal of Financial Economics, 1998, 49 (2): 283 – 306.

[156] Fama E F. Two pillars of asset pricing [J]. The American Economic Review, 2014, 104 (6): 1467 – 1485.

[157] Fernando C S, Gatchev V A, Spindt P A. Institutional ownership, analyst following, and share prices [J]. Journal of Banking & Finance, 2012, 36 (8): 2175 – 2189.

[158] Fiorillo, C D. Discrete coding of reward probability and uncertainty by dopamine neurons [J]. Science, 2003, 299 (5614): 1898 – 1902.

[159] Frazzini A, Pedersen L H. Betting against beta [J]. Journal of Financial Economics, 2014, 111 (1): 1 – 25.

[160] Frazzini A. The disposition effect and underreaction to news [J]. The Journal of Finance, 2006, 61 (4): 2017 – 2046.

[161] French K R, Schwert G W, Stambaugh R F. Expected stock returns

and volatility [J]. Journal of Financial Economics, 1987, 19 (1): 3-29.

[162] Frey B S, Benz M, Stutzer A. Introducing procedural utility: not only what, but also how matters [J]. Journal of Institutional and Theoretical Economics JITE, 2004, 160 (3): 377-401.

[163] Friedman D. Economics and evolutionary psychology [J]. Advances in Austrian Economics, 2001, 7 (2): 17-33.

[164] Goetzmann W N, Huang S. Momentum in imperial russia [J]. Journal of Financial Economics, 2018, 130 (3): 579-591.

[165] Green J, Hand J R M, Zhang F. The characteristics that provide independent information about average US monthly stock returns [J]. The Review of Financial Studies, 2017, 30 (12): 4389-4436.

[166] Green T C, Hwang B H. Initial public offerings as lotteries: Skewness preference and first-day returns [J]. Management Science, 2012, 58 (2): 432-444.

[167] Grinblatt M, Han B. Prospect theory, mental accounting, and momentum [J]. Journal of Financial Economics, 2005, 78 (2): 311-339.

[168] Gu S, Kelly B T, Xiu D. Empirical asset pricing via machine learning [J]. National Bureau of Economic Research, 2018, 5 (5): 2223-2273.

[169] Han Y, Huang D, Zhou G. Anomalies enhanced: the use of higher frequency information [J]. 2015, Working Paper.

[170] Han Y, Zhou G, Zhou Y. A trend factor: any economic gains from using information over investment horizons? [J]. Journal of Financial Economics, 2016, 122 (2): 352-375.

[171] Harris L. Liquidity trading rules and electronic trading systems [M]. Monograph Series in Finance and Economice, 1990.

[172] Hastie T, Tibshirani R, Friedman J H. The elements of statistical learning: data mining, inference, and prediction [J]. The Mathematical Intelligencer, 2005, 27 (2): 83-85.

[173] Heath C, Huddart S J, Lang M H. Psychological factors and stock option exercise [J]. Quarterly Journal of Economics, 1999, 114 (2): 601-627.

[174] Hirshleifer D A, Luo G Y. On the survival of overconfident traders

in a competitive securities market [J]. Journal of Financial Markets, 2001, 4 (1): 73 –84.

[175] Hou K, Xue C, Zhang L. Replicating anomalies [J]. The Review of Financial Studies, 2020, 5 (5): 2019 –2133.

[176] Hsu J C, Viswanathan V, Wang C. Anomalies in Chinese a-shares [J]. The Journal of Portfolio Management, 2018, 44 (7): 108 –123.

[177] Huberman G, Regev T. Contagious speculation and a cure for cancer: a nonevent that made stock prices soar [J]. The Journal of Finance, 2001, 56 (1): 387 –396.

[178] Huddart S J, Lang M H, Yetman M H. Volume and price patterns around a stock's 52 – week highs and lows: theory and evidence [J]. Management Science, 2009, 55 (1): 16 –31.

[179] Hwang S, Lu C. Is Share Price Relevant? [J]. Working Paper, 2009.

[180] Jacobsen B, Marshall B R, Visaltanachoti N. Stock market predictability and industrial metal returns [J]. Management Science, 2019, 65 (7): 3026 –3042.

[181] Janiszewski C, Lichtenstein D R. A range theory account of price perception [J]. Journal of Consumer Research, 1999, 25 (4): 353 –368.

[182] Jensen M C, Bennington G A. Random walks and technical theories: some additional evidence [J]. The Journal of Finance, 1970, 25 (2): 469 –482.

[183] Jiang F, Lee J, Martin X. Manager sentiment and stock returns [J]. Journal of Financial Economics, 2019, 132 (1): 126 –149.

[184] Jiang F, Qi X, Tang G. Q – theory, mispricing, and profitability premium: evidence from China [J]. Journal of Banking & Finance, 2018, 87 (2): 135 –149.

[185] Jiang J, Petroni K R, Wang I Y. Private intermediary innovation and market liquidity: evidence from the pink sheets market [J]. Contemporary Accounting Research, 2016, 33 (3): 920 –948.

[186] Jin L, Myers S C. R^2 around the World: New Theory and New Tests [J]. Journal of Financial Economics, 2006, 79 (2): 257 –292.

[187] Kahneman D, Tversky A. Prospect theory: an analysis of decision

under risk [J]. Econometrica, 1979, 47 (2): 263-291.

[188] Kelly B, Pruitt S. The three-pass regression filter: a new approach to forecasting using many predictors [J]. Journal of Econometrics, 2015, 186 (2): 294-316.

[189] Kong L, Bai M, Wang P. Is disposition related to momentum in Chinese market? [J]. Managerial Finance, 2015, 41 (6): 600-614.

[190] Koop G J, Johnson J G. The use of multiple reference points in risky decision making [J]. Journal of Behavioral Decision Making, 2012, 25 (1): 49-62.

[191] Koszegi B, Rabin M. A model of reference-dependent preferences [J]. Quarterly Journal of Economics, 2006, 121 (4): 1133-1165.

[192] Koszegi B, Rabin M. Reference-dependent consumption plans [J]. The American Economic Review, 2009, 99 (3): 909-936.

[193] Lakonishok J, Vishny S R W. Contrarian investment, extrapolation, and risk [J]. The Journal of Finance, 1994, 49 (5): 1541-1578.

[194] Lee C M C, So E. Alphanomics: the informational underpinnings of market efficiency [J]. Foundations & Trends in Accounting, 2015, 9 (2-3): 59-258.

[195] Lee C, Shleifer A, Thaler R H. Investor sentiment and the closed-end fund puzzle [J]. The Journal of Finance, 1991, 46 (1): 75-109.

[196] Lintner J. Distribution of incomes of corporations among dividends, retained earnings, and taxes [J]. The American Economic Review, 1956, 46 (2): 97-113.

[197] Liu J, Stambaugh R F, Yuan Y. Absolving beta of volatility's effects [J]. Journal of Financial Economics, 2018, 128 (4): 1-15.

[198] Liu J, Stambaugh R F, Yuan Y. Size and value in china [J]. Journal of Financial Economics, 2019, 134 (1): 48-69.

[199] Liu W. A liquidity-augmented capital asset pricing model [J]. Journal of Financial Economics, 2006, 82 (3): 631-671.

[200] Li X, Subrahmanyam A, Yang X. Can financial innovation succeed by catering to behavioral preferences? Evidence from a callable options market [J]. Journal of Financial Economics, 2018, 128 (1): 38-65.

[201] Li Y, Yang L. Prospect theory, the disposition effect, and asset

prices [J]. Journal of Financial Economics, 2013, 107 (3): 715 –739.

[202] Lo A W, Mackinlay A C. Stock market prices do not follow random walks: evidence from a simple specification test [J]. The Review of Financial Studies, 1988, 1 (1), 41 –66.

[203] Malkiel B G, Fama E F. Efficient capital markets: A review of theory and empirical work [J]. The Journal of Finance, 1970, 25 (2): 383 –417.

[204] Malkiel B G, Mullainathan S, Stangle B. Market efficiency versus behavioral finance [J]. Journal of Applied Corporate Finance, 2005, 17 (3): 124 –136.

[205] Markowitz H. Portfolio selection [J]. The Journal of Finance, 1952, 7 (1): 77 –91.

[206] Mazumdar T, Papatla P. Loyalty differences in the use of internal and external reference prices [J]. Marketing Letters, 1995, 6 (2): 111 –122.

[207] Merton R C. A simple model of capital market equilibrium with incomplete information [J]. The Journal of Finance, 1987, 42 (3): 483 –510.

[208] Merton R C. Theory of rational option pricing [J]. Bell Journal of Economics & Management Science, 1973, 4 (1): 141 –183.

[209] Miffre J, Brooks C, Li X. Idiosyncratic volatility and the pricing of poorly-diversified portfolios [J]. International Review of Financial Analysis, 2013, 30: 78 –85.

[210] Mitton T, Vorkink K. Equilibrium underdiversification and the preference for skewness [J]. The Review of Financial Studies, 2007, 20 (4): 1255 –1288.

[211] Morgenstern O, Von Neumann J. Theory of games and economic behavior [M]. Princeton University Press, 1953.

[212] Mossin J. Equilibrium in a capital asset market [J]. Econometrica: Journal of the Econometric Society, 1966, 34 (4): 768 –783.

[213] Neely C J, Rapach D E, Tu J, Zhou G. Forecasting the equity risk premium: the role of technical indicators [J]. Management Science, 2014, 60 (7): 1772 –1791.

[214] Newson L, Postmes T, Lea S E G. Influences on communication about reproduction: the cultural evolution of low fertility [J]. Evolution and Human Behavior, 2007, 28 (3): 199 –210.

[215] Niedrich R W, Sharma S, Wedell D H. Reference price and price perceptions: A comparison of alternative models [J]. Journal of Consumer Research, 2001, 28 (3): 339 –354.

[216] Odean T. Are investors reluctant to realize their losses? [J]. The Journal of Finance, 1998, 53 (5): 1775 –1798.

[217] Park C H, Irwin S H. What do we know about the profitability of technical analysis? [J]. Social ence Electronic Publishing, 2010, 21 (4): 786 –826.

[218] Peng L, Xiong W. Investor attention: overconfidence and category learning [J]. Journal of Financial Economics, 2006, 80 (3): 563 –602.

[219] Pohl W, Schmedders K, Wilms O. Higher order effects in asset pricing models with long-run risks [J]. The Journal of Finance, 2018, 73 (3): 1061 –1111.

[220] Putler D S. Incorporating reference price effects into a theory of consumer choice [J]. Marketing Science, 1992, 11 (3): 287 –309.

[221] Quiggin J. A theory of anticipated utility [J]. Journal of Economic Behavior & Organization, 1982, 3 (4): 323 –343.

[222] Ranyard R, Missier F D, Bonini N. Perceptions and expectations of price changes and inflation: A review and conceptual framework [J]. Journal of Economic Psychology, 2008, 29 (4): 378 –400.

[223] Rapach D E, Ringgenberg M C, Zhou G. Short interest and aggregate stock returns [J]. Journal of Financial Economics, 2016, 121 (1): 46 –65.

[224] Rapach D E, Zhou G. Forecasting stock returns [J]. Handbook of Economic Forecasting, 2013, 2: 328 –383.

[225] Roberts H V. Stock-market "patterns" and financial analysis: methodological suggestions [J]. The Journal of Finance, 1959, 14 (1): 1 –10.

[226] Rogers R D, Ramnani N, Mackay C. Distinct portions of anterior cingulate cortex and medial prefrontal cortex are activated by reward processing in separable phases of decision-making cognition [J]. Biological Psychiatry,

2004, 55 (6): 594-602.

[227] Roll R. A simple implicit measure of the effective bid-ask spread in an efficient market [J]. The Journal of Finance, 1984, 39 (4): 1127-1139.

[228] Roll R. R^2 [J]. The Journal of Finance, 1988, 43 (2): 541-566.

[229] Ross S A. The arbitrage theory of capital asset pricing [J]. Journal of Economic Theory, 1976, 13 (3): 341-360.

[230] Routledge B R, Zin S E. Generalized disappointment aversion and asset prices [J]. The Journal of Finance, 2010, 65 (4): 1303-1332.

[231] Sadka G, Sadka R. Predictability and the earnings-returns relation [J]. Journal of Financial Economics, 2009, 94 (1): 87-106.

[232] Samuelson P A. Proof that properly anticipated prices fluctuate randomly [J]. Management Review, 1965, 6 (2): 41-49.

[233] Schmeidler D. Subjective probability and expected utility without additivity [J]. Econometrica, 1989, 57 (3): 571-587.

[234] Sharpe W F. A simplified model for portfolio analysis [J]. Management Science, 1963, 9 (2): 277-293.

[235] Shleifer A, Vishny R W. The Limits of Arbitrage [J]. Journal of Finance, 1997, 52 (1): 35-55.

[236] Tang Y, Whitelaw R. Time-varying sharpe ratios and market timing [J]. Quarterly Journal of Finance, 2011, 1 (3): 465-493.

[237] Thaler R H. Mental accounting matters [J]. Journal of Behavioral Decision Making, 1999, 12 (3): 183-206.

[238] Tobin J. On the efficiency of the financial system [J]. Lloyd's Banking Review, 1982, 153: 1-15.

[239] Tooby J, Cosmides L. Evolutionary psychology: conceptual foundations [M]. The Handbook of Evolutionary Psychology, Wiley-Blackwell, 2009.

[240] Tversky A, Kahneman D. Advances in prospect theory: cumulative representation of uncertainty [J]. Journal of Risk and Uncertainty, 1992, 5 (4): 297-323.

[241] Tversky A, Kahneman D. Judgment under uncertainty: heuristics

and biases [J]. Science, 1974, 185 (4157): 1124-1131.

[242] Wang H, Yan J, Yu J. Reference-dependent preferences and the risk-return trade-off [J]. Journal of Financial Economics, 2017, 123 (2): 395-414.

[243] Wang X T, Johnson J G. A tri-reference point theory of decision making under risk [J]. Journal of Experimental Psychology: General, 2012, 141 (4): 743.

[244] Wang X T. Risk communication and risky choice in context [J]. Annals of the New York Academy of Sciences, 2008, 1128 (1): 78-89.

[245] Weber M, Camerer C F. The disposition effect in securities trading: An experimental analysis [J]. Journal of Economic Behavior & Organization, 1998, 33 (2): 167-184.

[246] Welch I, Goyal A. A comprehensive look at the empirical performance of equity premium prediction [J]. The Review of Financial Studies, 2008, 21 (4): 1455-1508.

[247] Wermers R. Mutual fund herding and the impact on stock prices [J]. The Journal of Finance, 1999, 54 (2): 581-622.

[248] Wurgler J. Financial markets and the allocation of capital [J]. Journal of Financial Economics, 2000, 58 (1): 187-214.

[249] Yaari M E. The dual theory of choice under risk [J]. Econometrica, 1987, 55 (1): 95-115.

[250] Yuan Y. Market-wide attention, trading, and stock returns [J]. Journal of Financial Economics, 2015, 116 (3): 548-564.

[251] Zaremba A, Okoń S, Nowak A, Konieczka P. The low price anomaly: the intriguing case of the polish stock market [J]. The Engineering Economics, 2016, 27 (2): 163-174.

[252] Zeelenberg M, Pieters R. Beyond valence in customer dissatisfaction [J]. Journal of Business Research, 2004, 57 (4): 445-455.

[253] Zhang X F. Information uncertainty and stock returns [J]. The Journal of Finance, 2006, 61 (1): 105-137.

附　　录

附录1　参照收益率描述性统计

表1　　　　　参照收益率 RDR_SMA 描述性统计

	RDR_4	RDR_8	RDR_26	RDR_52	RDR_156	RDR_260
观测值数	2337738	2322444	2254157	2156687	1800849	1501209
最小值	-98.844	-99.052	-128.824	-126.554	-263.561	-101.135
最大值	0.947	0.966	0.926	0.926	0.931	0.913
中值	0.000	-0.001	-0.020	-0.050	-0.107	-0.093
均值	-0.012	-0.022	-0.061	-0.116	-0.253	-0.312
标准误	0.000	0.000	0.000	0.000	0.001	0.001
方差	0.038	0.057	0.178	0.430	1.738	1.181
标准差	0.196	0.238	0.421	0.656	1.318	1.087
变异系数	-15.730	-10.822	-6.939	-5.651	-5.210	-3.485

资料来源：本表由移动平均法计算的 RDR_SMA 计算而得。

表2　　　　　参照收益率 RDR_EMA 描述性统计

	RDR_4	RDR_8	RDR_26	RDR_52	RDR_156	RDR_260
观测值数	2337738	2322444	2254157	2156687	1800849	1501209
最小值	-100.756	-109.962	-136.817	-143.926	-256.216	-100.945
最大值	0.942	0.926	0.926	0.918	0.899	0.912
中值	-0.002	-0.012	-0.059	-0.110	-0.152	-0.173
均值	-0.019	-0.037	-0.117	-0.209	-0.374	-0.441
标准误	0.000	0.000	0.000	0.001	0.001	0.001
方差	0.044	0.082	0.355	0.989	3.025	2.045
标准差	0.211	0.286	0.596	0.994	1.739	1.430
变异系数	-10.993	-7.653	-5.107	-4.765	-4.652	-3.239

资料来源：本表由指数平滑法计算的 RDR_EMA 计算而得。

表3　　参照收益率 RDR_Max 描述性统计

	RDR_4	RDR_8	RDR_26	RDR_52	RDR_156	RDR_260
观测值数	2236098	2221296	2152781	2059582	1712105	1417964
最小值	-131.515	-103.348	-210.479	-315.071	-1255.684	-804.831
最大值	0.926	0.926	0.926	0.926	0.926	0.913
中值	-0.039	-0.078	-0.209	-0.383	-0.979	-1.300
均值	-0.072	-0.135	-0.345	-0.611	-1.517	-2.090
标准误	0.000	0.000	0.001	0.001	0.006	0.006
方差	0.084	0.138	0.705	3.439	61.974	51.063
标准差	0.290	0.372	0.839	1.855	7.872	7.146
变异系数	-4.011	-2.760	-2.435	-3.036	-5.190	-3.419

资料来源：本表由最大值计算的 RDR_Max 计算而得。

表4　　参照收益率 RDR_Min 描述性统计

	RDR_4	RDR_8	RDR_26	RDR_52	RDR_156	RDR_260
观测值数	2236098	2221296	2152781	2059582	1712105	1417964
最小值	-97.333	-97.333	-97.333	-51.749	-28.192	-24.440
最大值	0.990	0.991	0.994	0.994	0.994	0.992
中值	0.035	0.063	0.136	0.193	0.360	0.478
均值	0.045	0.082	0.168	0.232	0.372	0.451
标准误	0.000	0.000	0.000	0.000	0.000	0.000
方差	0.021	0.024	0.037	0.046	0.066	0.068
标准差	0.145	0.154	0.192	0.214	0.257	0.260
变异系数	3.220	1.879	1.142	0.923	0.691	0.576

资料来源：本表由最小值计算的 RDR_Min 计算而得。

表5　　　　　　　　参照收益率 RDR_Fra 描述性统计

	RDR_4	RDR_8	RDR_26	RDR_52	RDR_156	RDR_260
观测值数	2079191	2066684	1998740	1922951	1599406	1322991
最小值	-98.935	-99.231	-128.680	-122.349	-223.955	-105.117
最大值	0.902	0.862	0.800	0.921	0.933	0.923
中值	-0.007	-0.016	-0.050	-0.096	-0.203	-0.215
均值	-0.019	-0.036	-0.092	-0.164	-0.358	-0.436
标准误	0.000	0.000	0.000	0.000	0.001	0.001
方差	0.033	0.054	0.159	0.405	1.416	1.066
标准差	0.182	0.231	0.399	0.637	1.190	1.032
变异系数	-9.409	-6.422	-4.330	-3.882	-3.323	-2.369

资料来源：本表根据交易频率计算的 RDR_Fra 计算而得。

附录2　参照收益率描述性统计

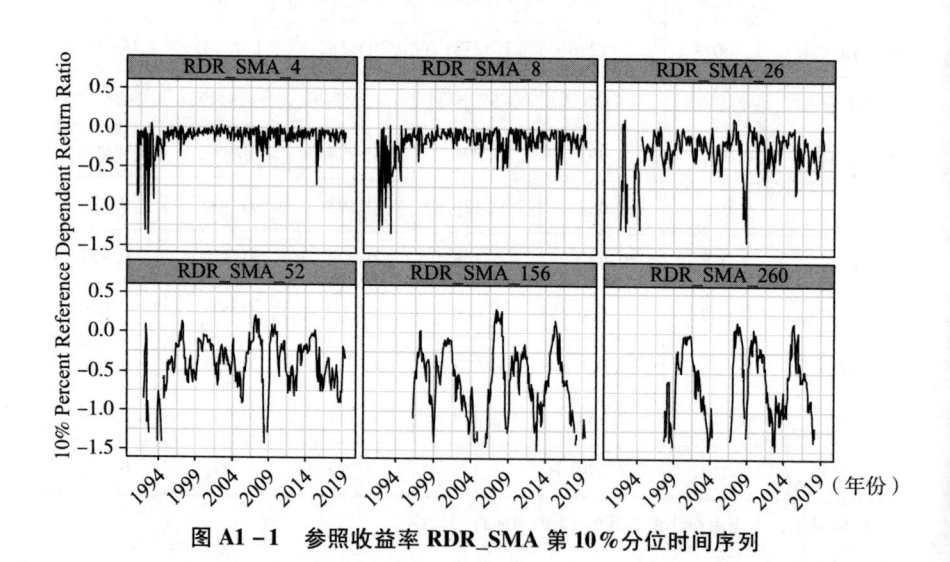

图A1-1　参照收益率 RDR_SMA 第10%分位时间序列

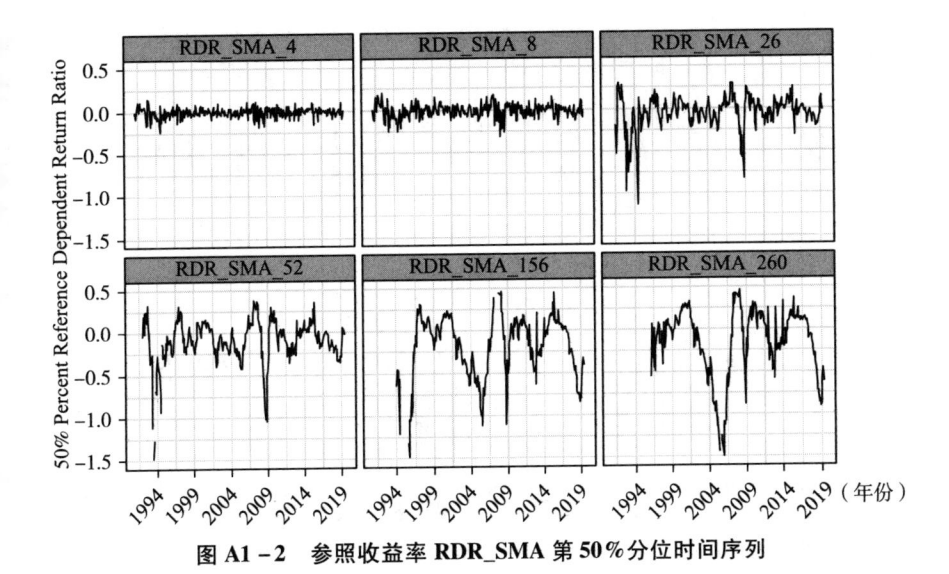

图 A1-2　参照收益率 RDR_SMA 第 50% 分位时间序列

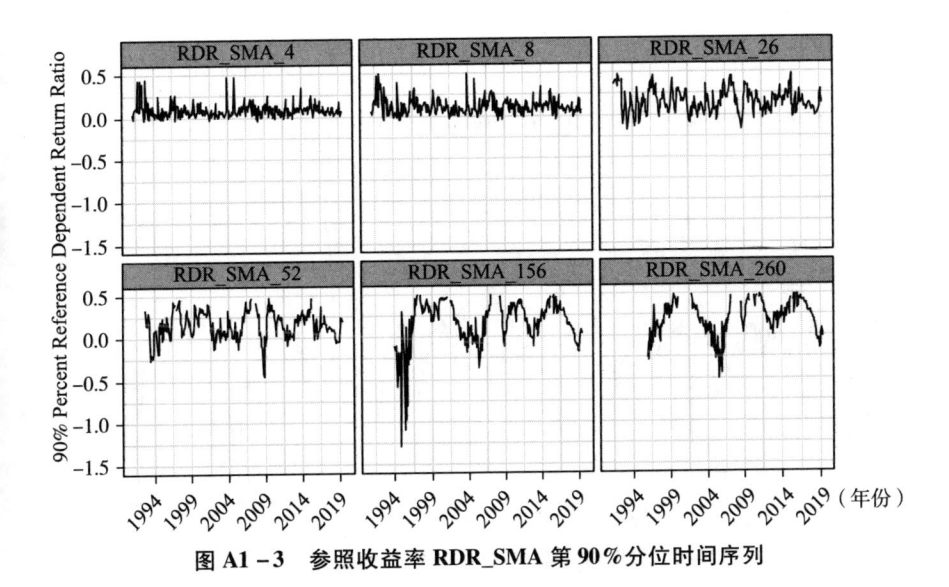

图 A1-3　参照收益率 RDR_SMA 第 90% 分位时间序列

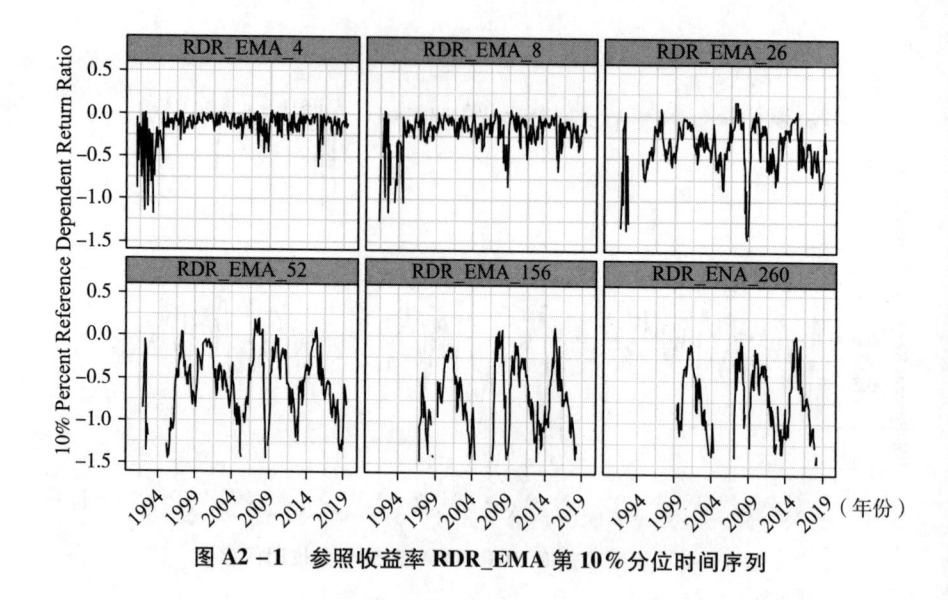

图 A2－1　参照收益率 RDR_EMA 第 10% 分位时间序列

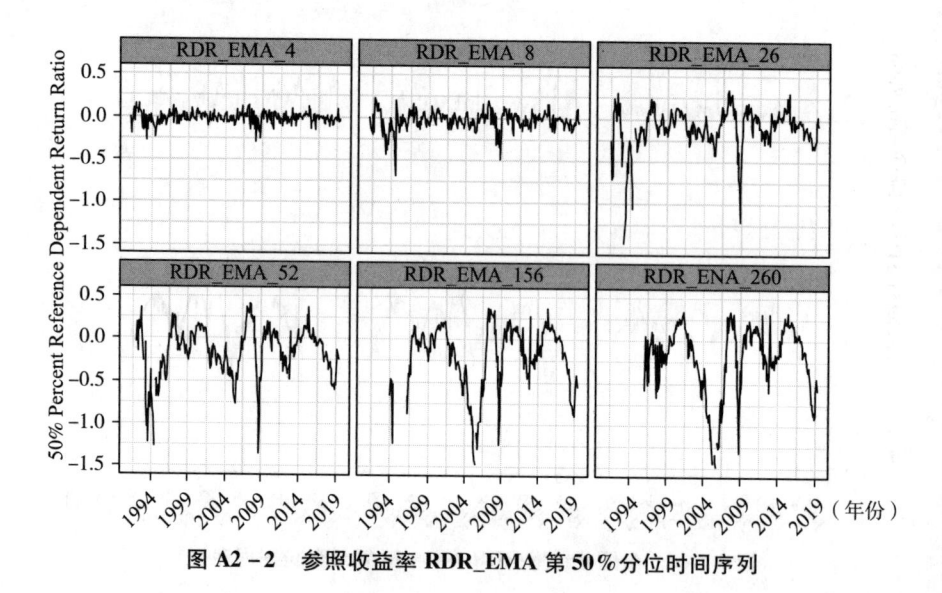

图 A2－2　参照收益率 RDR_EMA 第 50% 分位时间序列

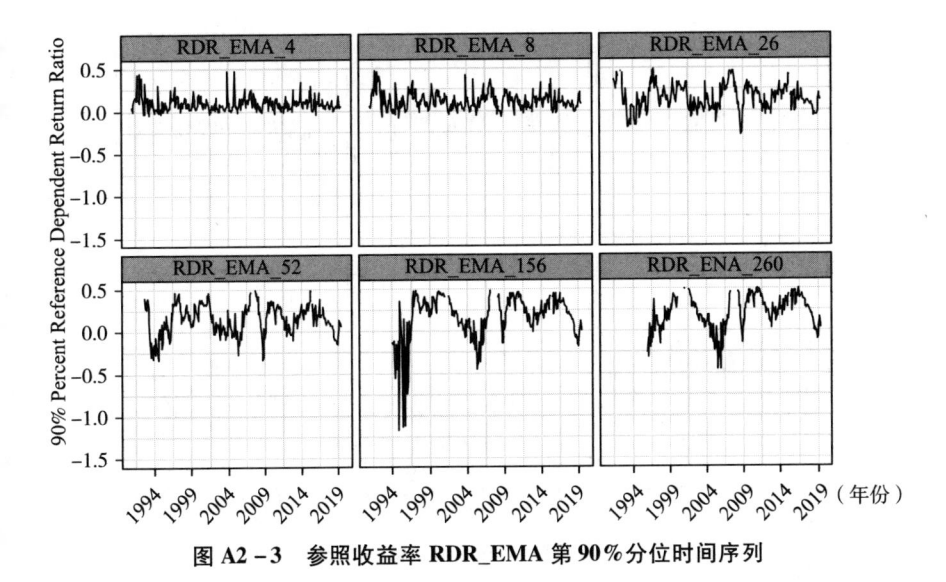

图 A2－3　参照收益率 **RDR_EMA** 第 **90%** 分位时间序列

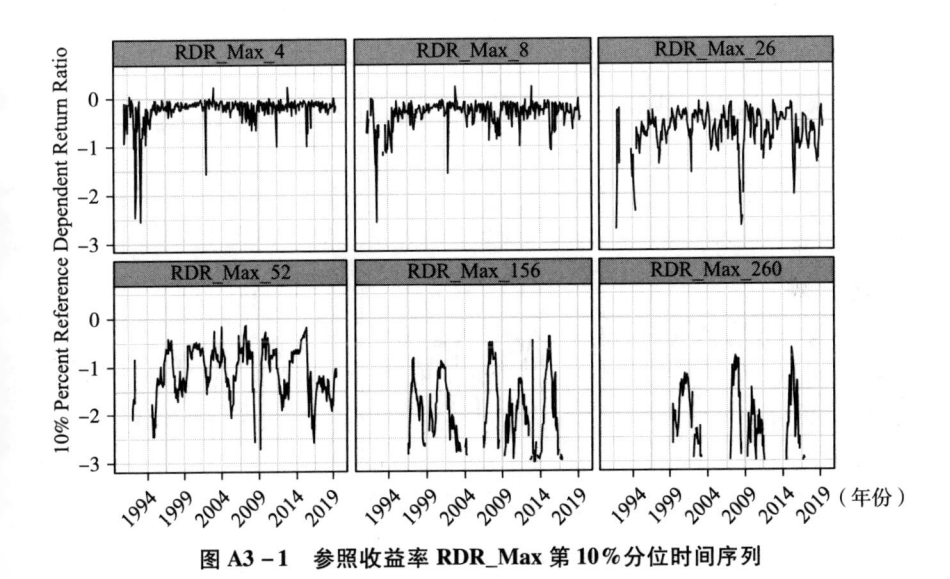

图 A3－1　参照收益率 **RDR_Max** 第 **10%** 分位时间序列

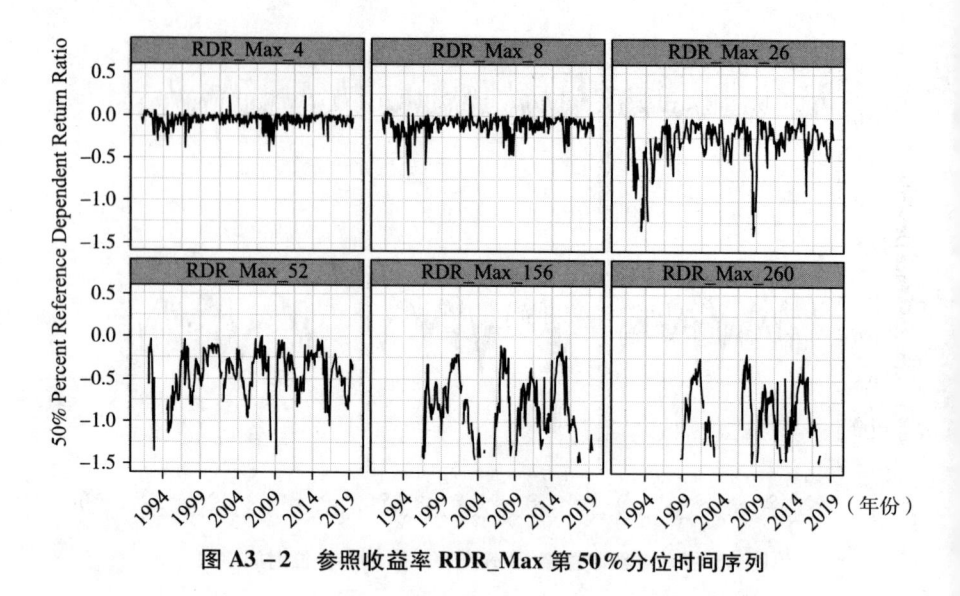

图 A3-2 参照收益率 RDR_Max 第 50% 分位时间序列

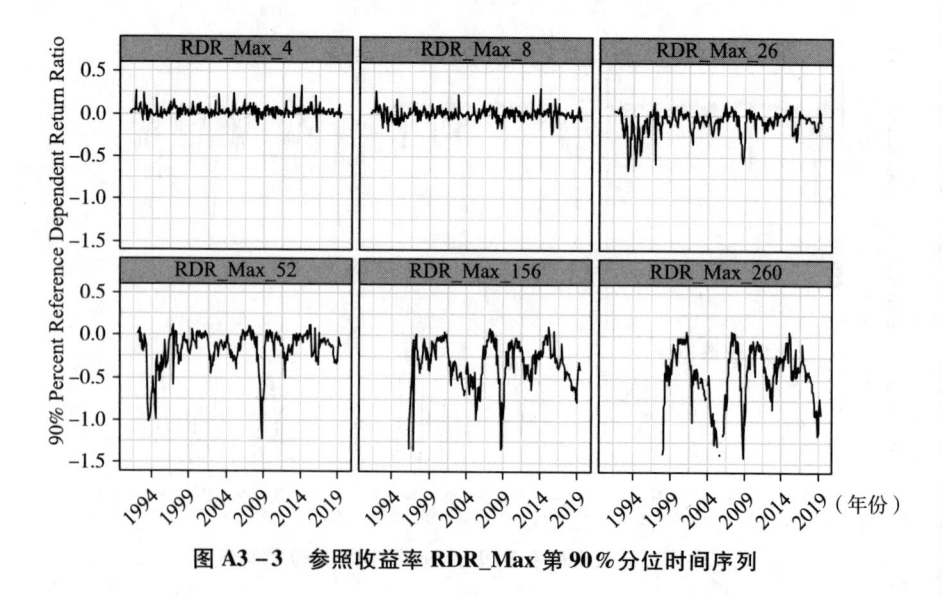

图 A3-3 参照收益率 RDR_Max 第 90% 分位时间序列

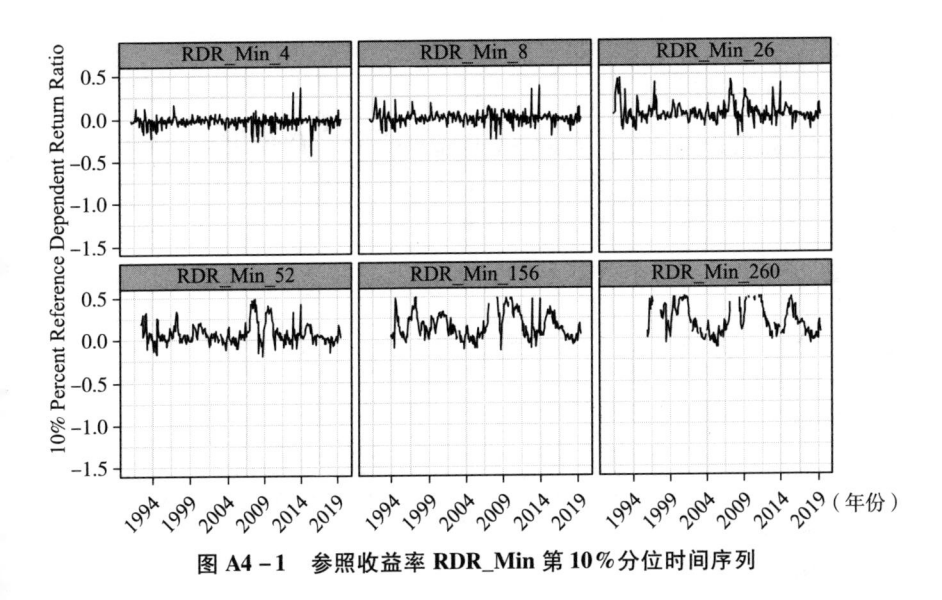

图 A4 – 1　参照收益率 RDR_Min 第 10% 分位时间序列

图 A4 – 2　参照收益率 RDR_Min 第 50% 分位时间序列

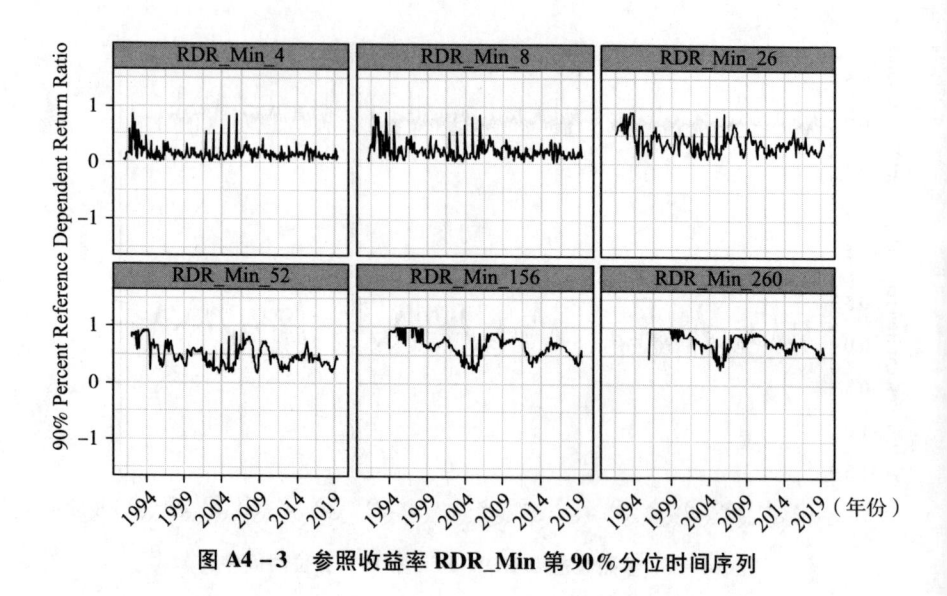

图 A4-3　参照收益率 RDR_Min 第 90% 分位时间序列

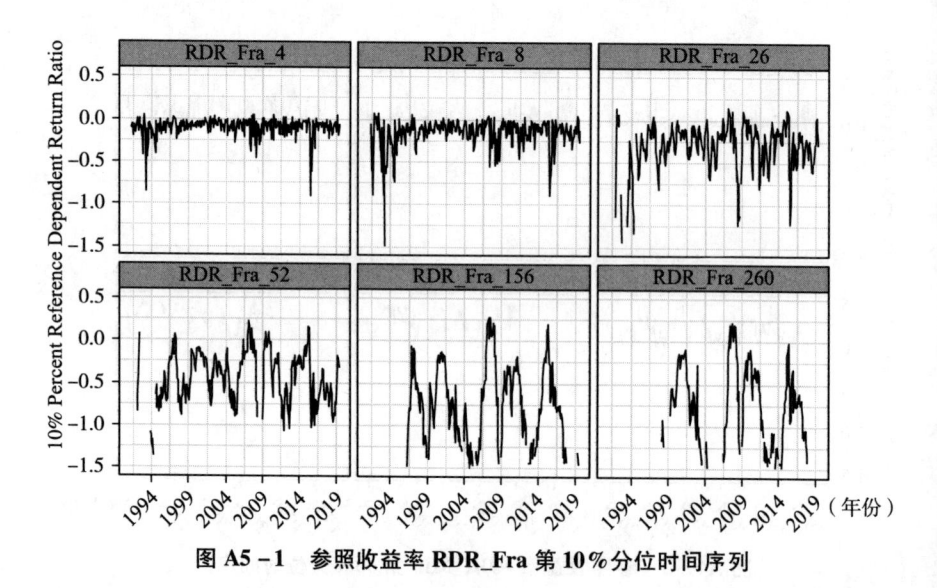

图 A5-1　参照收益率 RDR_Fra 第 10% 分位时间序列

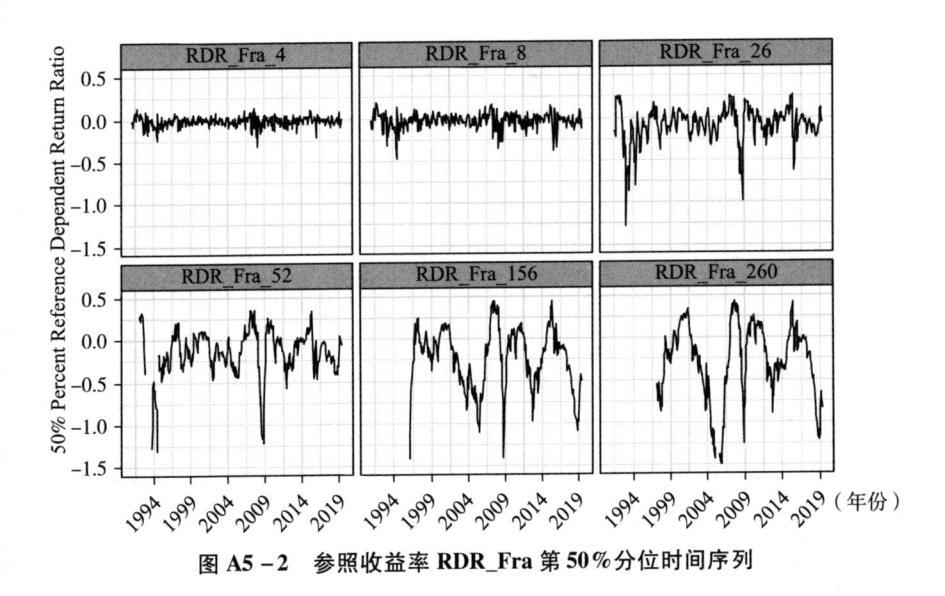

图 A5-2　参照收益率 RDR_Fra 第 50% 分位时间序列

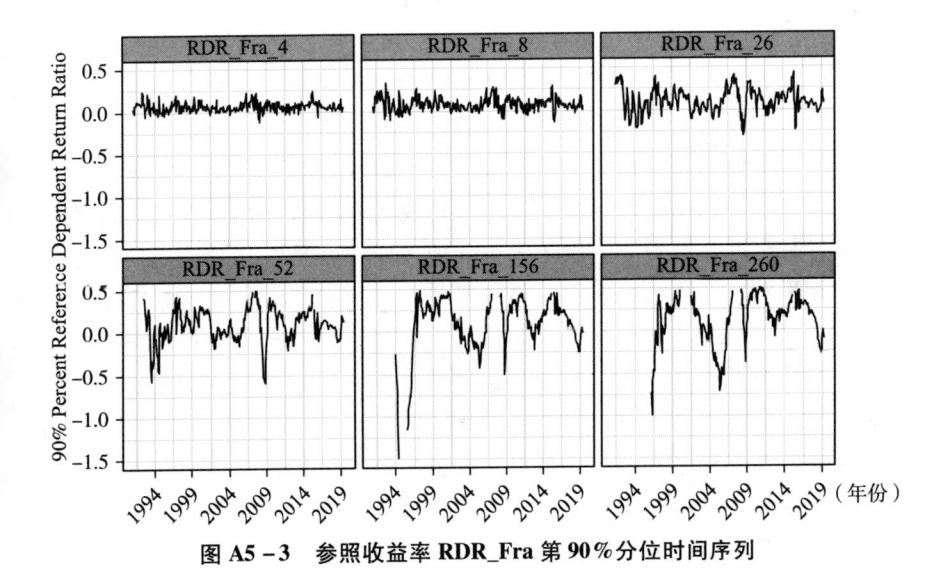

图 A5-3　参照收益率 RDR_Fra 第 90% 分位时间序列

后　记

　　随着研究不断深入，以收益为核心的市场异象愈发常见。在此背景下，行为金融学应运而生，通过充分融合心理学的研究成果，进而产生理论洞见，以更合理地分析异象。行为金融学之所以受到多数学者认可，不仅因其研究设定更贴近实际，以人的真实行为展开探索，而且该理论谨慎地调试传统金融学的假设条件，是经典理论的一种平滑外延。面对愈发精细的研究需求，不断审视已存在的理论与方法，并逐步完善，是解决复杂环境下各类难题的不二法门。我国上交所与深交所无论是交易频度还是资金规模均处于世界前列，但相比成熟金融市场，国内股市存在公开信息有效性较差、个体投资者占比高的特点。因关注力有限、信息获取难度大、专业技能不足，个体投资者极易表现出非理性行为。巨大的散户占比与庞大的资金规模增加了市场波动的可能性与影响力。同时，由于逐利性原因，拥有信息与技术优势的机构投资者通过供求影响短期价格，获取高额利润，增加市场整体的投机性与风险性，加大资产价格的扭曲程度。目前我国正处于结构调整转型升级的关键阶段，建立合理、稳定、健康的资本市场的必要性与迫切性日益突出。为完善我国股票市场体系，充分发挥其在优化资源配置、分散市场风险等方面的功能，需要重视投资者的非理性行为。众多行为学派的研究中，由卡尼曼和特沃斯基提出的前景理论影响十分巨大。与风险厌恶的理性人不同，前景理论中行为人的风险偏好在盈亏状态下呈动态变化，这一研究结论更贴近不确定条件下的真实决策，也得到包括金融在内各大学科的广泛支持。因此，本书以前景理论为框架，探索中国股票市场投资者行为偏差对收益的影响路径，并综合量化多种行为偏差，分析前景理论与其他异象之间的联系，甄别不同外部环境下的效应差异，达到系统研究的目的。本书研究不仅能发掘切实有效的投资组合策略，提高资产模型的定价效率，丰富相关领域的研究内容，而且有助于监管机构了解投资者行为规律，制定有效的监管政策。

　　本书在我博士论文基础上修改完善形成，过程虽然艰辛，但自己获得了全方位的成长。学识逐步提高，眼界日渐开阔，心智愈发成熟，这一切都离不开老师和亲友的帮助与支持，在此我向他们表示深深的谢意！

首先，感谢恩师刘维奇教授，他是良师益友，更是奋斗楷模。他常常鼓励我们要怀揣崇高的理想，树立长远的目标，要带着一颗成为该领域"专家"的决心与信心解决所遇到的问题。身教重于言传，刘老师始终以身作则，立言立行，这种潜移默化的影响不仅成为规范自己行为的戒尺，也成为鞭策自己前进的动力。在刘老师的影响下，我逐渐养成了"吸收他人成果要海纳百川，探寻背后真理要精雕细琢"的学习观与研究观。刘老师对我生活、学习、认知、思想等方面的影响无处不在，感谢老师的教导，金玉良言定铭记于心！

感谢师母张信东教授，感谢她对团队的无私付出，感谢她对我的悉心照顾。从一开始，我就深刻体会到张老师严谨的科研态度，尤其在论文框架搭建、研究方法选用等细节方面，她带领我们反复打磨，不断探索改进可能。在工作学习之余，张老师又极具亲和力，经常组织体育、文娱活动，不仅缓解了大家的学习压力，也增强了团队的凝聚力。学术上严格要求，生活中和蔼可亲，能够在求学之路接受张老师的教导，是一种缘分，更是一种幸运。

感谢张文龙教授，正是他的推荐，我才能走上读博这条道路，也正是他的培养，让我夯实了编程与计量的研究基础。求学期间，张老师一直关心我的学习与生活状况。在自己情绪消沉时，张老师耐心、亲切的鼓励让我如沐春风，而在自己沾沾自喜时，他及时又严厉的提醒让我恢复冷静。仍记得自己投稿碰壁的那段日子，张老师耐心地帮我挑选期刊，为我推送会议，这些点点滴滴，每每想起，心头都会涌上一股暖意。在此深深地谢过张老师，感谢您的支持与鼓励！

感谢好友王晓婷老师，她的建议让我快速进入状态，少走了很多弯路。感谢王婧鋆与刘旭东，书稿撰写过程中凝聚了你们的智慧与汗水。感谢邢红卫师兄、丁月华师兄、李林波师兄、薛海燕师姐、张燕师姐、李林熹师姐在研究方法上的帮助。感谢同级的邹美凤、刘唤、田洁，我们彼此之间的勉励和支持永远难忘。感谢金融学院的李智楠、武翰章、任正红、胡中立、潘扬、刘源、赵晨、卫飞扬、戴外林等小伙伴，奋斗路上幸好有你们。

最后，我要特别感谢陪伴左右的家人，谢谢你们充分的理解与支持。每当我遇到困难，你们总是竭尽全力，帮我出谋划策。每当我情绪低落，你们总是试着理解，给我加油打气。是你们的负重前行，扫清了学习之外的障碍，好让我心无旁骛地钻研。你们以一种特殊的方式展示了不平凡的爱，默默无闻，又无比坚定，感谢你们，你们是我最坚强的后盾！

　　寥寥数语道不尽我的感激之情，向所有指导、帮助过我的老师、亲友致敬！我会带着你们的期望与祝福继续前行。及时当勉励，岁月不待人，愿赋时光以生命，而非赋生命以时光。路漫漫，吾熙知行，吾熙谨行，吾熙敏行！

郑　睿

2021 年 7 月 15 日